本书作为"金融创新与发展"丛书之一，受到中国民生银行与北京大学的
合作课题"中国商业银行金融脱媒之殇：危机与转型"的资助

主　编：刘伟　洪崎
副主编：杨农　肖宇

The Ordeal of
Financial Disintermediation

金融脱媒之殇

冯 科 / 著

图书在版编目(CIP)数据

金融脱媒之殇/冯科著. —北京:北京大学出版社,2015.2
ISBN 978-7-301-25568-1

Ⅰ.①金… Ⅱ.①冯… Ⅲ.①金融—研究—中国 Ⅳ.①F832

中国版本图书馆 CIP 数据核字(2015)第 034489 号

书　　　名	金融脱媒之殇
著作责任者	冯　科　著
责 任 编 辑	郝小楠
标 准 书 号	ISBN 978-7-301-25568-1
出 版 发 行	北京大学出版社
地　　　址	北京市海淀区成府路 205 号　100871
网　　　址	http://www.pup.cn
电 子 信 箱	em@pup.cn　　　QQ:552063295
新 浪 微 博	@北京大学出版社　@北京大学出版社经管图书
电　　　话	邮购部 62752015　发行部 62750672　编辑部 62752926
印 刷 者	北京大学印刷厂
经 销 者	新华书店
	730 毫米×1020 毫米　16 开本　18 印张　282 千字
	2015 年 2 月第 1 版　2015 年 2 月第 1 次印刷
印　　　数	0001—5000 册
定　　　价	58.00 元

未经许可,不得以任何方式复制或抄袭本书之部分或全部内容。
版权所有,侵权必究
举报电话: 010-62752024　电子信箱: fd@pup.pku.edu.cn
图书如有印装质量问题,请与出版部联系,电话: 010-62756370

前　言

在中国目前的金融体系中,商业银行仍占据主要地位,但在利率市场化、金融改革、互联网金融兴起等背景下,商业银行面临着"金融脱媒"现象。这种经营环境的剧烈变化将倒逼商业银行进行转型与改革。本书从社会融资总量、信贷管制、企业融资结构、商业银行业务格局变化等角度对其出现的原因与后果进行了深入的探讨,并与美国、西欧等国家的金融脱媒过程进行了细致的比较,最后从优化资产负债业务、深化金融创新、推进资产证券化、大力发展金融衍生品与结构化理财产品、发展互联网金融等角度提出针对银行转型的全方位改革建议。

本书运用了大量数据。例如,在对社会融资总量与商业银行业务的分析中,本书运用相关数据,进行指标运算来度量中国金融脱媒的程度;在进行不同国家的金融脱媒状况比较时,使用了美国、西欧等金融发达地区发布的股市债市的数据;在银行改革建议部分收集了多个中小板及创业板市场企业的财务状况数据,通过分析这些财务数据确定不同类型企业适合的供应链融资模式。本书也进行了很多案例分析。例如,在推进资产证券化建议中,以 2013 年 5 月 14 日设立的"隧道股份 BOT 项目专项资产管理计划"为案例,分析券商在资产证券化方面的优势和特点;通过建设银行"汇贷盈"系列产品的介绍以及分析"广发金管家"多空杠杆集合资产管理计划,形象地展示了金融衍生品与结构化理财产品;在发展互联网金融建议中,分析了互联网金融领先企业布局规划,为商业银行推进互联网金融提供了参考。

本书作为"金融创新与发展"丛书之一,受到中国民生银行与北京大学的合作课题"中国商业银行金融脱媒之殇:危机与转型"的资助,在此表示衷心感谢!丛书主编为北京大学常务副校长刘伟、中国民生银行行长洪崎;副主编为中国银行间市场交易商协会副秘书长杨农、中国民生银行公司银行部副总经理肖宇;主笔为北京大学经济学院副教授冯科。北京大学经济学院博士后贾甫、李泽涵,北京大学硕士研究生周靓、刘海蛟、王一宇、刘兆、翟晓东、李钊、肖丹晨、刘文雯、何鹏飞、徐鸿毅、林汉华、黄荒原、林李吉、林淑君等协助编写。北京大学经济学院副院长张辉副教授,北京大学软件与微电子学院窦尔翔教授,对外经济贸易大学蓝庆新教授,北京师范大学韩晶教授,中国社会科学院胡怀国研究员,北京大学光华管理学院路磊老师等,对本书的编写提供了很多帮助与建议。中国民生银行的石慧梅、马蒙蒙,中国银行间市场交易商协会的王壮哉、俞洁、张鹏、朱满洲,北京大学软件与微电子学院的邢恩泉,华西证券的张建龙,中金公司的蔚辉,天津财经大学的王德赛,北京大学经济研究所的王存苟、冯文、严开旭等,对本书的编写亦有贡献。

  本书在编写过程中,引用了大量文献资料和数据,大都注明了来源,少部分无法查明来源的,欢迎读者指出。由于编者水平有限,书中的不足和疏漏之处,还盼读者批评指正。希望越来越多的人关注金融脱媒现象。

冯　科

2015 年 1 月

目 录 / contents

第 1 章　金融脱媒概况 ·· 1
　1.1　金融脱媒的背景 ··· 1
　1.2　金融脱媒的内涵 ··· 2
　1.3　金融脱媒的表现 ··· 5
　1.4　金融脱媒的类型 ··· 6
　1.5　金融脱媒出现的原因 ·· 7

第 2 章　社会融资总量与金融脱媒 ·· 11
　2.1　社会融资规模概述 ··· 11
　2.2　中国社会融资规模总量的分析 ··· 14
　2.3　金融脱媒下的社会融资结构变化 ·· 18
　2.4　我们的观点 ·· 27

第 3 章　信贷管制与金融脱媒 ··· 28
　3.1　信贷管制概述 ··· 28
　3.2　中国的信贷管制 ·· 31
　3.3　中国的金融脱媒——二重脱媒 ··· 34
　3.4　我们的观点 ·· 41

第4章　企业融资结构与金融脱媒 …………………………… 44
4.1　企业融资结构概述 …………………………………… 44
4.2　中国企业融资结构现状 ……………………………… 48
4.3　中国企业融资结构特点 ……………………………… 57
4.4　中国企业融资决策的分析 …………………………… 65
4.5　中国企业特有的金融脱媒——默许脱媒 …………… 68
4.6　我们的观点 …………………………………………… 80

第5章　商业银行与金融脱媒 ………………………………… 81
5.1　金融脱媒的深化对商业银行资产负债表的影响 …… 81
5.2　金融脱媒的深化对商业银行贷款创造存款能力的影响 … 86
5.3　金融脱媒的深化对商业银行利息差的影响 ………… 90

第6章　金融脱媒的国际比较研究 …………………………… 95
6.1　西方发达国家的金融脱媒 …………………………… 95
6.2　新兴市场经济的金融脱媒 …………………………… 103
6.3　中国与西方发达国家金融脱媒的对比分析 ………… 108
6.4　西方发达国家商业银行应对金融脱媒的经营战略 … 110
6.5　我们的观点 …………………………………………… 115

第7章　优化商业银行传统资产负债业务 …………………… 117
7.1　优化资产业务：发展供应链金融 …………………… 117
7.2　优化负债业务：重启大额可转让定期存单 ………… 128

第8章 深化商业银行金融创新 133
8.1 大力发展债务融资业务 133
8.2 创新并购业务 149
8.3 积极准备融资融券业务 164

第9章 "大资管时代"下的商业银行资产证券化 184
9.1 资产管理行业与"大资管时代" 184
9.2 商业银行资产证券化业务 191
9.3 "大资管时代"下商业银行的竞争策略 199
9.4 案例分析——隧道股份BOT项目专项资产管理计划 203

第10章 大力发展金融衍生品与结构化理财产品 207
10.1 金融衍生品 207
10.2 结构化理财产品 215

第11章 发展互联网金融 225
11.1 互联网金融概述 225
11.2 互联网金融发展环境分析 230
11.3 互联网金融行业发展优势 236
11.4 互联网金融模式研究 246
11.5 互联网金融领先企业布局规划 265
11.6 商业银行应对互联网金融的对策 272

第12章 结 语 276

第1章 金融脱媒概况

1.1 金融脱媒的背景

发达国家早在20世纪70年代起,就陆续经历了"金融脱媒"的浪潮。"金融脱媒"现象使商业银行传统业务规模缩水,具体而言,从银行的资金去向来看,银行资产脱媒体现在原有的贷款资金更多地分布在了股票市场、债券市场等。银行的负债脱媒则体现在企业和个人更多地选择投资成本更低或投入回报更多的投资方式,例如更少地投资于定期存款,更多地进行个人理财投资;同时,企业也将其资金更多地分散投资于金融市场上。这样,原来流入银行的资金被直接融资方式分流,从而导致商业银行长期资金来源减少。此时,银行只能更多地依赖短期存款来发放长期贷款,也即负债短期化、资产长期化。这就让银行的资金来源变得空前紧张,传统盈利模式已经无法满足商业银行自身运营和监管机构的要求。原有的贷款"金融脱媒"直接导致了中国企业的融资需求的变化,并且随着权限的层层下放,政府对银行开展融资业务也提出了更加具体的要求,尤其是在对风险的控制和向中小型企业提供合适的融资手段方面。因此,分析讨论这一背景下企业融资结构变化,并讨论为适应这种变化商业银行如何开展进一步的竞争举措具有十分重要的意义。

随着中国金融市场的不断开放和发展,加上信贷调控、利率管制、外汇政策以及通货膨胀的影响,资金的流动很大部分开始绕过商业银行这个传统端口,直接融资方式因其借款成本低的特点成为借款人筹资渠道的优先选择。"金融脱媒"成了商业银行需要面对的重大挑战之一。如何在满足政策要求的同时,又保持资产的流动性,严格控制风险,也需要对现有的银行运营模式进行突破和改变。本书着力于从银行本身的处境和社会融资局势两方面着手,围绕"金融脱媒"的主题,对中国商业银行的定位和竞争战略进行进一步的探究,对中国金融脱媒的程度进行衡量,对企业融资结构的变化进行剖析,并结合金融管制的政策变化与国内外的金融发展趋势,针对商业银行从传统银行转型成为现代银行的过程,提出一系列可行的改革举措建议。

1.2 金融脱媒的内涵

金融脱媒也即"金融非中介化"(Financial Disintermediation),是指随着金融服务实体经济能力的增强、资本市场发育进程的加快,资金的供给需求双方绕开商业银行这一金融中介,通过股票、债券等金融工具直接达成资金供需协议。在金融脱媒的过程中,投资风险被分散到各个投资主体,通过减少风险在商业银行的集中,可以增加金融体系的弹性。随着现代金融业的发展,金融非中介化是大势所趋,也是国际金融业发展的主流。自1960年以来,美国因为Q条例对存款利率进行管制,当银行可支付的存款利率低于市场利率时,一些类似存款的金融产品被住房贷款公司、养老基金、信托公司等一些非银行金融机构开发出来,从而使得本来流向商业银行的存款资金流向了非银行金融机构,造成银行可贷资金减少。这是最初的金融脱媒。[1] 2000年以来,因为美国金融创新的脚步加快,金融脱媒趋势加强。2002年,美国股票市值三倍于银行贷款余额,相比居民银行存款的不足3%,居民股票、基金、保险等资产的占比超过了45%。1960年,美国基金和投资公司的资产占比为12.6%,美国商业银行的资产占比为58%,到了2003年,美国基金和投资公司的资产占比升至47%,而美国商业银行的资产占比则下降为23%。到目前为止,国内外学者对金融脱媒问题已经有了深入、广泛的认识。

在前文提到的美国1960年定期存款利率管制造成的资金外流是最早出现的金融脱媒(Mishkin,2001)。许多学者在此以后提出了不同的定义,Hester(1969)定义金融脱媒为资金交易体系由依赖中间人服务转变为没有金融交易存在或者资金供需双方直接交易。Hamilton(1986)[2]则将金融脱媒简洁定义为企业直接在市场上借款,不通过商业银行或其他非银行金融中介机构。而Harmes(2001)[3]定义金

---

[1] Mishkin F. S. The Economics of Money, Banking, and Financial Markets[M].7th ed. Addison-Wesley, 2001.
[2] Hamilton A. The Financial Revolution[M]. Penguin, 1986.
[3] Harmes A. Mass Investment Culture[J]. New Left Review, 2001(9):103—124.

融脱媒为绕过中介机构的资金交易直接发生在投资者或金融工具购买者与生产者之间。

在中国,辛琪(1990)[①]认为金融脱媒是指融资行为直接发生于投资者与筹资者之间,资金在金融中介机构体外循环的现象。唐旭(2006)[②]等认为,在狭义上金融脱媒是指,因为对存款利率进行管制,尤其是在分业经营体制下,当银行可支付的存款利率低于货币市场利率时,在追求收益的动机下,原本流向存款机构的资金转向其他非存款性资金工具,从银行体系流失的现象;金融脱媒广义上涵盖一切直接融资行为,不仅包含狭义上的资金流向高收益的非存款性资金工具,还包括筹资者与投资者不经过金融中介直接在各类金融市场发行和购买短期或长期融资工具如债券、股票等的行为。李扬(2007)[③]认为,"媒"即指金融中介机构,金融脱媒指在分业经营与监管的制度下,各投融资方式相互竞争,投资者与筹资者在追求投资收益和融资成本的动机下,选择不通过银行等金融中介机构的高投资收益、低融资成本的投融资方式,直接进行资金交易的现象。根据这个观点,结合现在"阿里金融"的兴起,不仅是传统的商业银行,投资银行也存在着一定的脱媒现象,许多公司在进行股票融资时选择通过阿里金融提供的平台,投资银行的中介作用也遭到了弱化。

本书中定义金融脱媒为资金直接在资金盈余者与资金短缺者之间调剂并产生资产负债的关系。"媒"在狭义上指银行,广义上指所有金融部门,由于银行是中国资金的主要渠道,因此本书中,金融脱媒特指银行脱媒。同时,金融脱媒既可能发生在资产方,也有可能发生在负债方,也有可能在两方同时发生。资产方的脱媒是指资金短缺者不通过金融中介获得资金,即金融中介对于资金短缺者不存在要求权;负债方的金融脱媒是指资金盈余者的资金不流入金融中介,资金盈余者没有对于金融中介的要求权。具体详见表1-1。

---

① 辛琪. 意大利金融脱媒简介[J]. 国际金融研究,1990(8).
② 唐旭. 金融脱媒与多层次金融市场[J]. 新金融,2006(S1).
③ 李扬. 脱媒:中国金融改革发展面临的新挑战[J]. 新金融,2007(11).

表 1-1　金融脱媒的定义

金融中介	资产方	负债方
银行	银行资产方的金融脱媒	银行负债方的金融脱媒
金融部门	金融部门资产方的金融脱媒	金融部门负债方的金融脱媒

如图 1-1 所示,当资金流 A 减少时,银行负债方出现金融脱媒,当 B 减少时,银行资产方出现金融脱媒。McKean(1949)[①]强调,分析总投资组合行为时,必须同时考虑资产负债表的两方面。当 B 总量减少时,银行就出现了表面上的负债脱媒,但是由于很多是银行的"主动脱媒",主要由 A 来体现,因此 A + B 才是实际上的负债脱媒。同理,D 的减少只能体现名义上的资产脱媒,C + D 整体才能衡量银行的资产脱媒情况,另外随着 E + G 的分流增加,资金更多地直接通过资本市场或者非法经济、民间集资等手段到达资金短缺部分,这是直接融资手段导致的金融脱媒。

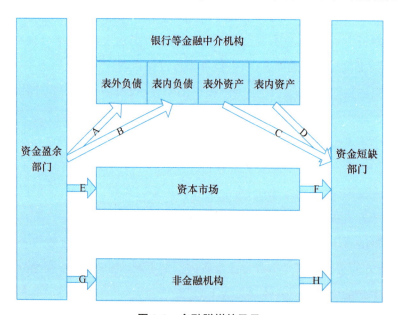

图 1-1　金融脱媒的盈亏

---

① McKean R. N. Liquidity and a National Balance Sheet[J]. The Journal of Political Economy, 1949, 57: 508—522.

1.3 金融脱媒的表现

金融脱媒的出现在某种程度上是一种金融制度的自然演进,其中市场情绪可以从凯恩斯的货币需求论中追根溯源。随着资本市场的发展和演变,人们持有货币的三种动机也跟着变动。当剩余资产大量出现的时候,市场对固定收益类的存款品种产生厌倦,持币的预防动机减弱,而投机动机增强。人们会追求更丰富的风险收益组合的投资产品,这同时也体现了金融市场的深化。

在现实中,受信贷政策、利率管制、通货膨胀以及外汇管制的影响,"金融脱媒"主要有以下两种表现。

第一是直接融资规模的扩张。随着居民投资理念不断提高,市场融资工具层出不穷,企业融资渠道趋于多元化,直接融资规模扩大。主要体现在以下三个方面:由于存款是金融机构资金的主要来源,当金融市场上股票、债券、基金、保险等生息工具的收益高于存款收益时,居民就会直接购买收益更高的生息工具而减少存款;各类金融机构,如证券、保险、信托公司、投资基金以及商业银行,为了迎合投资者和筹资方需求,大力开发各类融资衍生工具和理财产品,以顺应直接融资发展的趋势;由于各种因素的影响,企业等融资单位不再单一地通过金融机构贷款获得资金,企业直接在金融市场上发行商业票据、债券、股票等融资工具以获得更为便利的融资通道和更低的融资成本,随着股票债券发行额之和与贷款之比总体提高,直接融资的比重越来越大。

第二是由于大量资金的体外循环造成银行业务格局发生变化,资金以更多形式掌握在企业和个人手中。这主要体现在银行传统业务的规模和结构两个方面。一方面,中国现金漏损的现象严重,税收的严苛引致了许多地下经济活动的发生,这是导致现金进入体外循环的主要原因之一。每年向市场上投放大量资金还是解决不了资金融通难的问题,历史文献显示,1998—2008 年地下经济活动占据地上经济的总比例约为 20%,根据冯科(2010)的模型估计,在 GDP 增速维持在 8% 时,地下经济活动所需要的资金需求约占正常经济活动所需资金的 10% 左右。另一方面,随着金融脱媒的发展,作为商业银行传统业务的吸收存款、发放贷款愈发受到挤压。由于商业银行的存款与贷款增幅同时下降,而贷款增幅大多低于存款增幅,因此出现了存贷差趋于扩大,而存贷比不断下降的情况。金融脱媒同时也造成商业银行存款短期化和贷款长期化。随着资本市场的快速成长,金融脱媒呈现愈演愈烈之势,企业和个人更多地选择投资成本更低或投入回报更高的投资方式,例如更少地投资于定期存款,更多地进行个人理财投资。同时,企业也将其资金更多地分散投资于金融市场上。这样,原来流入银行的资金被直接融资方式分流,从而导致商业银行长期资金来源减少。此时,银行只能更多地依赖短期存款来发放长期贷款,也即负债短期化、资产长期化。

1.4 金融脱媒的类型

金融脱媒分为资产脱媒、负债脱媒和结算脱媒。

第一,资产脱媒。资产脱媒即贷款的脱媒,是指资金短缺者不通过银行等资金中介机构进行直接资本融通的现象。资产脱媒的主要原因是资本市场的发展为企业提供了更多发行证券等直接筹措资金的机会。这也就意味着在社会融资过程中,金融机构的收益形式和角色分别从贷款的利息收入向手续费收入和从融资中介向服务中介转换,融资体系的风险由金融体系向全社会分散。资产脱媒将推动全社会金融结构构成比例的变化:间接融资比例下降,直接融资比例上升。

第二,负债脱媒。负债脱媒即存款的脱媒,是指资金盈余者不通过银行等资金中介机构进行资金存储的活动,即存款资金流向高息资产。收入的增长以及资产价格的上涨,导致居民财富流向收益更高的投资理财工具。负债脱媒意味着金融机构的收益形式的变化,金融机构收入来源将更多地依靠资产管理以及渠道代理的手续费收入,同时吸收存款—资金运用过程中的净利息收入在总收入构成中会下降。负债脱媒导致银行资金结构发生变化,同时银行可用资金产生波动并趋紧,影响银行业务经营。

第三,结算脱媒。结算脱媒主要是由现代支付体系中活跃的、颇具发展潜力的重要组成部分——第三方支付的发展带来的。随着移动通信、互联网等技术与消费者生活的结合日益密切,银行现有资源难以覆盖客户群体的各种实时的网络支付需求,而第三方支付平台以个性化、多样化的产品广泛地参与各类支付服务,并且它与商业银行由最初的完全合作逐步转向了竞争与合作并存。一方面,第三方支付平台利用其互联网资源的优势,帮助银行结算业务、电子银行业务向互联网领域延伸。另一方面,第三方支付平台又给银行的传统业务如银行的基础支付功能、中间业务领域带来变革,与银行竞争客户和存贷款,并对银行的系统安全运行和未来创新发展构成威胁和挑战。银行在这些业务领域流失的资源造成了银行的结算脱媒。

1.5 金融脱媒出现的原因

国内外学者认为随着金融市场发展、技术进步,在政府政策的导向下,金融体系在金融机构、投资者和筹资者等市场参与者获取收益的驱动下,发生了金融脱媒。继美国之后,在新的政策环境下,金融脱媒也在一些市场经济国家出现了。Roldos(2006)[1]发现,1980年,随着全球金融市场环境的变化以及加拿大银行法案的修订和加拿大金融市场条件的变化,加拿大出现了明显的金融脱媒现象。Tan和Goh(2007)[2]的研究也表明,1990年马来西亚也出现了金融脱媒现象,主要原因是金融政策向市场主导方向的转变。同样,中国金融脱媒现象的产生也与政府的措施密不可分。下面探讨一下中国金融脱媒的发展和中国金融脱媒的成因。

第一方面,中国金融脱媒的发展。改革开放时期,中国开始出现了金融脱媒。十一届三中全会以前,中国的金融体系实行的是从属于财政体制的计划经济下的银行体制,不存在金融脱媒;改革开放以后,中国金融体制开始步入转轨阶段,银行从财政体制中脱离出来,开始协调社会资金供需的矛盾,金融市场开始逐步形成。20世纪80年代中期,"拨改贷"政策颁布施行,银行贷款成为国家预算安排的基本建设投资资金来源,财政拨款不再负责基本建设投资。该政策的颁行,拉开了中国投融资体制改革的序幕。此时开始显现"资金体外循环",也就是我们今天讲的金

---

[1] Roldos J. Disintermediation and Monetary Transmission in Canada[Z]. IMF Working Paper, 2006.
[2] Tan A. C. K., Goh K. Financial Disintermediation in the 1990s: Implications of Monetary Policy in Malaysia[Z]. Paper Prepared for the 15th Annual Conference on Pacific Basin Finance, Economics, Accounting and Management, 2007.

融脱媒现象。20世纪90年代,国家为降低国有企业负债率又推行了"债转"改革。证券市场的不断发展,尤其是资本市场的创建和扩张,让直接融资占比大幅增加,金融脱媒呈现出加速发展的态势。社会各界广泛关注金融脱媒创造的丰富的交易载体和广阔的发展空间,中国金融改革与发展的主流趋向可以说就是金融脱媒。

但是从股权融资规模与银行贷款规模的占比变化来看,中国的社会融资又呈现了一段回归依赖银行间接融资的阶段,1990年至2000年年底股票总市值与GDP的比重一直在攀升,在2000年创9年新高,达到48.7%。但是在2005年,这一比重仅有17.7%。证券市场萎缩是由于中国的制度创新和技术创新不匹配。中国的技术创新远超制度创新,证券市场没有相应的制度作为依托,没有办法实现真正的开放融资,融资的效率也大打折扣。制度创新的后发劣势已经影响到了整个金融市场的发展,也体现在中国的金融市场发展受政府的影响十分严重。从2012年的最新数据来看,单纯从资产负债表体现的银行贷款占社会融资总量的比重达到52.0%,股票融资的占比为1.6%,显示出中国的金融脱媒经历了一段回归又再涌现的发展阶段,再度涌现的金融脱媒现象和银行业务结构的变化有着密切的联系,这也是本书提出的"抑制脱媒"的表现。

根据金融脱媒背景下商业银行经营策略研讨会(2006),中国经济转轨阶段金融脱媒的一个重要特征就是政府主导型的金融脱媒。李扬(2007)认为,为获得资本市场发展带来的好处,确立发展直接融资战略,金融脱媒就成为必须接受的事实。

第二方面,中国金融脱媒的成因。体制改革和现实需要同时造就了中国的金融脱媒。金融脱媒在中国之所以迅速发展,主要有以下几方面的原因。

第一,直接动因来自政府的积极性。近年来,为了分散高度集中在银行体系的金融风险,一系列推动金融脱媒和金融非中介化的举措纷纷出台。直接融资方式在政府主导下发展较快。不允许利率随金融市场资金的供需变化而上下浮动,对利率实施不同程度的管制,自建立市场经济体制以来,中国银行系统一直在遵循这样的政策。当银行存款利率低于同期资本市场和货币市场的资金平均收益率时,在追求高收益的动机下,金融脱媒就产生了——资金的供给者将把资金投向资本市场和货币市场,从银行体系取出,商业银行资金的来源从而减少。

然而,政府的政策的制定目标与实际上达到的效果相差甚远,目前在中国全部金融资产中,银行资产占绝对优势,同时银行总资产占 GDP 的比值也大于其他国家银行总资产占 GDP 的比值。金融资产相对集中在银行资产中,使其风险加大。政府对银行各种风险指标的监控一定程度上催生了"影子银行"的出现,从银行自身主动脱媒的角度来说,这也必将会使银行业金融脱媒现象的发展加快,对银行业间接融资带来一定的冲击和挑战。

第二,随着信息技术、互联网、移动网络技术不断与金融的结合,金融中介劣势逐渐显现,金融脱媒难以避免。一方面,金融中介能为客户提供便利和收益,缓解金融市场上的信息不对称等问题,降低交易成本;另一方面,中国的金融市场效率低下,融资成本高企。中小企业融资困难已经成了整个行业的难题,民间融资手段的兴起也从侧面反映了中国金融市场的活力不足。除此之外,抵押制度的不足也增加了银行放贷和信用评估的难度。大额贷款的最常见抵押资产就是房屋与土地,许多企业为了能够顺利从银行融资,动用运营资金来购买各种土地与房屋,这又进一步催生了房地产泡沫,房地产价格的一路攀升,又畸形地加固了银行抵押制度中对土地类抵押品的依赖,银行贷款信用违约风险逐渐积累。与此同时,互联网金融随着金融信息技术的发展,比银行有更强大的信息优势,各种非银行金融机构逐渐侵蚀原来属于银行的利润。在金融体制改革以前,由于中国金融市场不完善,企业或个人由于缺乏信息和投融资渠道,只能选择银行作为资金供需双方的中介。银行在整个金融体系中的垄断性,不用担心金融脱媒。然而,自 1990 年以来,随着国外先进管理方法和信息处理技术的引用,中国改革金融体制,使金融制度不断完善,资本市场不断走向成熟,各种证券如股票、企业债、国债市场的规模、流通性得到迅速增长和提高,金融市场蓬勃发展。这必然形成直接融资对间接融资的替代,商业银行资产在整个金融体系的资产比重必然下降,金融脱媒就产生了。

第三,企业投资融资渠道的多样化使得中国企业资金需求和运用出现脱媒化。中国企业与银行的业务往来主要体现在银行的两大传统业务,一是资金结算业务,二是存贷款业务。企业常常会把用于日常结算的资金存入商业银行以方便企业之间进行的日常资金结算。企业出于自身生存和发展的需要,在产生资金需求时会向商业银行融资。随着中国金融市场化改革的日益推进,金融创新和金融产品的日益丰富,企业的融资渠道不再限于银行,表现为以下几点:第一,企业根据自身的实际情况通过发行企业短期融资券在金融市场上进行多样化的融资和投资。第二,在中国金融政策的导向下,企业在金融市场进行直接融资更加便利,融资成本也更低,投资者投资报酬得到提高。企业不再局限于向商业银行进行贷款融资,为筹集自身生存和发展所需要的资金完全可以通过大量发行股票、债券等直接融资方式得到满足。企业选择直接融资方式除了具有低融资成本和快速获得信息的优势以外,通过股票和债券的发行还可以促进公众对企业的监督,提高企业在公众中的知名度和影响力。企业进行的财务、管理方面的信息披露还能提高企业的可信度。此外,这类可以流通的有价证券在金融市场上获得的流通性还能提高投资者资产的流动性,提高其金融产品的吸引力。综合上述直接融资的优势,银行贷款和存款在融资结构和社会金融资产结构中比重不断下降。第三,随着金融工具的创新和金融市场的发展,企业为规避市场利率风险和汇率风险,会将资金更多地投入金融市场做主动的风险管理,而非被动地存入商业银行,这就进一步引发了金融脱媒。

第 2 章　社会融资总量与金融脱媒

2.1　社会融资规模概述

社会融资总量最早在中央经济工作会议(2012)上提出,即"保持合理的社会融资规模"。随后,国务院第五次全体会议(2011)又提出要"保持合理的社会融资规模和节奏"的目标。在这一年的全国"两会"期间这一表述又被提出来。类似的提法"要保持合理的社会融资规模和货币总量"在同年召开的央行一季度货币政策例会上又被提出。2012 年 10 月 18 日,国务院常务会议在布置 2012 年第四季度各项工作时提出,要前瞻性地调节社会融资总规模,保持合理的市场流动性和新增贷款规模。这表明社会融资总量指标已经成为当前中国金融宏观调控的重要指标,将对市场产生深远影响。

2.1.1　社会融资总量的定义

社会融资规模常用社会融资总量指标作为衡量标准。社会融资总量的内涵在盛松成(2011)在央行网站上发表的署名文章"社会融资总量的内涵及实践意义"中首次被明确定义出来——一定时期内(每月、每季或每年)实体经济从金融体系获得的全部资金总额。其中,金融体系是资金流动工具、市场参与者和交易方式等各金融要素构成的综合体,它包括商业银行的银行、证券、保险等金融中介机构,也包括信贷市场、中间业务市场、债券市场、股票市场以及保险市场等金融市场。这一定义全面表达了金融与经济关系,并对金融对实体经济的服务能力提出了一个量化指标。

社会融资规模根据定义是一个流量概念,其值等于当期发行或发生额扣除当期兑付或偿还额的差额,也即实体经济从金融体系获得的全部资金总额期末、期初余额的差额。近年来,随着中国经济持续快速发展,金融市场不断完善,金融产品不断丰富,非银行金融机构作用明显增强,实体经济融资方式更趋多元化,融资构成比例正在发生深刻变化,金融脱媒日益深化,金融调控面临新的环境和要求,新增人民币贷款不再适合作为衡量金融与经济关系的指标,也不再适合作为统计监测指标和宏观调控中间目标。在这样的一个情况下,社会融资规模恰逢其时。

盛松成(2011)从三个方面探讨了社会融资总量的内涵:第一,金融机构资产的综合运用,主要包括金融机构持有的企业债券、非金融企业股票、保险公司的赔偿、投资性房地产以及传统商业银行办理的人民币各项贷款、外币各项贷款、信托贷款、委托贷款等,这方面衡量了金融机构通过资金运用对实体经济提供的全部资金支持。第二,实体经济在正规金融市场可利用的标准化的金融创新工具主要包括银行承兑汇票、非金融企业股票发行以及债券净发行等。第三,除了上述融资方式以外的其他融资方式,主要包括产业基金投资、小额贷款公司贷款、贷款公司贷款等。

社会融资规模指标的内涵具有以下三个方面:第一,无论性质上是股权性资金还是债权性资金,无论融资方式是直接融资还是间接融资,无论核算方式是表内还是表外,凡是从金融体系流入实体经济的资金,都应该列入社会融资总量的统计内容。这样,社会融资规模才体现了金融体系对实体经济的服务功能。

第二,社会融资总量反映一定时期内从金融体系流入社会实体经济资金的净增加额,是时期统计。经济活动的连续性决定了社会融资总量的核算应以月、季、年为期间单位进行分期统计。比之时点核算,期间核算可以更直接地衡量一定时期内虚拟经济对实体经济的服务能力,并且还能看到社会融资总量的结构变化和来源结构的变化。同时,在这样的安排下,社会融资总量数据在不同时期得到的数据形成一个时间序列,方便经济学家进行分析研究,为构建更加稳定有效的金融秩序提供政策建议。

第三,社会融资总量等于流入实体经济资金减去流出实体经济资金,是一个流量概念。社会融资总量反映的是金融体系对社会实体经济资金投入的净增加额,因此社会融资总量数据在一定时期内可正可负。

综上所述,在一定时期内,社会融资总量 = 人民币各项贷款的净增加额 + 外币各项贷款的净增加额 + 委托贷款的净增加额 + 信托贷款的净增加额 + 银行承兑汇票的净增加额 + 企业债券的净增加额 + 非金融企业股票的净增加额 + 保险公司赔偿＋保险公司投资性房地产＋贷款公司、小额贷款公司贷款的净增加额＋典当行、私募股权投资资金为企业融入的资金净额。

2.1.2 社会融资规模核算内容

根据上面的论述,下列金融工具是社会融资总量核算的主要内容:

第一,一定时期内银行等金融机构(包含小额贷款公司及贷款公司)发放的贷款净额。包括以下几类:一是人民币贷款和外币贷款的净额,二是信托投资公司发放的信托贷款的净额,三是商业银行发放的委托贷款的净额。

第二,一定时期内由商业银行经过资信认可的企业签发的商业银行保证到期承兑的承兑汇票的净额。包括银行表内业务和表外业务合计的银行承兑汇票净金额,即新签发的承兑汇票减去到期支付或者提前贴现的承兑汇票的净金额。

第三,一定时期内非金融企业股票发行的净额,等于非金融企业在一定时期内在上交所和深交所发行的A股和B股股票融资(包括首发、增发、配股、行权等筹集方式)减去股票回购、退市等金额后的净额。

第四,一定时期内非金融企业发行企业债券净额,即新发行的债券金额减去到期清偿的债券金额。包括短期融资券(含超短期融资券)、中期票据、非公开定向融资工具(期限1年以上)、企业债和公司债(含集合债、可转债和可分离债等)等。

第五,一定时期内保险公司赔偿。包括意外伤害险赔款、健康险赔款和财产险赔款等,是保险公司在一定时期内保险合同的赔偿义务生效下,向投保对象赔付的赔偿金。

第六,一定时期内投资性房地产。指金融机构为赚取租金或资本增值,或者两者兼有而持有的房地产,其中的金融机构包括银行业和保险业金融机构。

第七,一定时期内贷款公司、小额贷款公司的贷款的净增加额以及典当行、私募股权投资资金为企业融入的资金净额。目前人民银行全机构信贷收支表尚未将贷款公司、小额贷款公司的贷款纳入统计范围,但是这两项也是金融体系对实体经济的服务。此外,中国的新型金融机构和创新型金融工具如典当行、私募股权投资资金等,也具有向实体经济融入资金的特征,但在性质上还不完全属于金融机构,所以上述两项也应该包含进去。

2.2 中国社会融资规模总量的分析

一个合理的社会融资总量应同时在总量和结构上保持合理。其中,总量上的合理首先与宏观调控目标相一致,其次与稳健的货币政策相吻合,再次应有助于保持物价的基本稳定。结构上的合理主要指直接融资和间接融资的结构要合理,要有利于调整经济结构,要重视对经济薄弱环节的支持。

简单观察表 2-1 不难发现,随着利率市场化的深化,人民币贷款的增长与社会融资总量的增长数额出现了比较大的差额,即社会融资方式从最开始的以银行贷款为主,逐步开始向多元化的融资方式过渡。

表 2-1　2002—2012 年社会融资总量　　　　　　　　（单位:亿元人民币）

年份	社会融资总量	其中:						
		人民币贷款	外币贷款（折合人民币）	委托贷款	信托贷款	未贴现的银行承兑汇票	企业债券	非金融企业境内股票融资
2002	20 112	18 475	731	175	—	−695	367	628
2003	34 113	27 652	2 285	601	—	2 010	499	559
2004	28 629	22 673	1 381	3 118	—	−290	467	673
2005	30 008	23 544	1 415	1 961	—	24	2 010	339
2006	42 696	31 523	1 459	2 695	825	1 500	2 310	1 536
2007	59 663	36 323	3 864	3 371	1 702	6 701	2 284	4 333
2008	69 802	49 041	1 947	4 262	3 144	1 064	5 523	3 324
2009	139 104	95 942	9 265	6 780	4 364	4 606	12 367	3 350
2010	140 191	79 451	4 855	8 748	3 865	23 346	11 063	5 786
2011	128 286	74 715	5 712	12 962	2 034	10 271	13 658	4 377
2012	157 631	82 038	9 163	12 839	12 846	10 498	22 551	2 508
占比(%)								
2002	100	91.9	3.6	0.9	—	−3.5	1.8	3.1
2003	100	81.1	6.7	1.8	—	5.9	1.5	1.6
2004	100	79.2	4.8	10.9	—	−1.0	1.6	2.4
2005	100	78.5	4.7	6.5	—	0.1	6.7	1.1

(续表)

年份	社会融资总量	其中：						
		人民币贷款	外币贷款（折合人民币）	委托贷款	信托贷款	未贴现的银行承兑汇票	企业债券	非金融企业境内股票融资
2006	100	73.8	3.4	6.3	1.9	3.5	5.4	3.6
2007	100	60.9	6.5	5.7	2.9	11.2	3.8	7.3
2008	100	70.3	2.8	6.1	4.5	1.5	7.9	4.8
2009	100	69.0	6.7	4.9	3.1	3.3	8.9	2.4
2010	100	56.7	3.5	6.2	2.8	16.7	7.9	4.1
2011	100	58.2	4.5	10.1	1.6	8.0	10.6	3.4
2012	100	52.0	5.8	8.1	8.1	6.7	14.3	1.6

从总量上看（见图2-1），2012年社会融资规模总量是2002年的7.84倍，10年间，中国社会融资规模总量已经由2.01万亿元扩大到15.76万亿元，年均增长22.86%。具体看，社会融资规模在经历了2005—2009年的爆发式增长之后，2010年和2011年社会融资规模稳定在12万亿—14万亿元。在货币政策真正回归稳健的2012年，也维持在此区间。

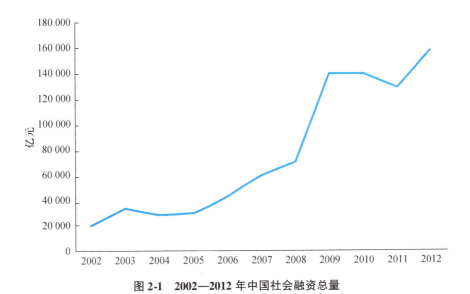

图2-1　2002—2012年中国社会融资总量

从社会融资规模的时间结构上看（见图2-2），除2002年外，各年度上半年与下半年社会融资规模的比约为6∶4，上半年社会融资规模占全年的比率在56%—64%。

这主要是因为中国融资体系长期以来主要以银行信贷为主,而信贷投放传统上按照 3∶3∶2∶2 的季度比例分配。

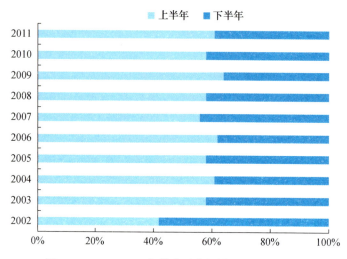

图 2-2　2002—2011 年社会融资规模上、下半年占比

再从社会融资总量的各个核算项目的年均增长率来看,通过观察其各自的年均增长率(见表 2-2)可以看出,企业债券、委托贷款在 10 年来保持了较快的增长速度,而人民币贷款、外币贷款以及非金融企业境内股票融资的增长则有限。这似乎意味着在社会融资总量调控模式下,债券市场将迎来较大发展。

表 2-2　2002—2012 年社会融资总量各核算内容的年均增长率　　（单位:%）

社会融资规模	人民币贷款	外币贷款	委托贷款	信托贷款	企业债券	非金融企业境内股票融资
22.86	16.08	28.77	53.66	31.59	50.96	14.85

最后,从社会融资总量与 GDP 的关系看(见图 2-3),2002—2012 年,中国社会融资总量占 GDP 的比例平均为 23.29%。在 2005—2009 年的社会融资总量快速增长时期,该比率也随之上升,2009 年这一比率达到 40.80%,为历史平均水平的 1.75 倍。2010 年和 2011 年,货币政策"稳中偏紧",社会融资总量与 GDP 之比向常态回归。

图 2-3 2002—2012 年社会融资总量、新增人民币贷款及直接融资占 GDP 比重

其实仔细观察不难发现,经过 2009 年和 2010 年 GDP 的高速增长,自 2011 年以来,经济增长表现乏力,而这一时期的社会融资总量仍然保持高速增长的态势,社会融资总量数据与实体经济表现不相匹配。综合分析本书认为原因有以下几点:

第一,从经济运行逻辑上看,社会融资总量的增长超前于 GDP 增长。首先,由于实体经济投资建设周期等原因,其资金运用对经济产生效果需要相当时间。其次,资金由金融体系流向实体经济也需要一定时间。近年来,受经济增长方式转变和经济发展周期的影响,GDP 增速出现一定回落,但是社会融资总量在一定程度上代表了投资人对经济未来形势的预期,未来在各方面条件都满足的情况下,经济增长有望再次回到快速增长的轨道上来。

第二,社会融资规模快速增长,但融入的资金未能在实体经济中产生有效投资。这又有两种情况:一是金融市场改革期间,市场发育不成熟,在各个市场间或者市场内套利机会的存在,使得一些在融资上存在优势的企业为获得短期高额的套利利润,利用融入资金再次投向金融市场,而非用于生产性投资。这样就出现了社会融资总量在提高,同时实体经济却未见增长的情形。二是经济下行时期,对未来经济走势担忧的情绪在一些企业中蔓延,它们往往选择持有货币,以期经济回暖的时候再进行投资。

第三,在中国金融体制下,对拉动就业、经济增长和社会进步的重要内生力量中小企业的融资服务能力不足是造成社会融资规模增长而经济增速下降矛盾的一个重要原因。中小企业在中国目前的金融体制安排下融资能力有制度上的劣势。社会融入资金绝大多数都流入了基建和地产融资。相比较政府融资平台和大型国有企业,中小企业融资远远不足。而这些中小企业对市场把握更加敏锐,投资意愿也更加强烈。

第四,一般而言,货币流通速度会在经济低迷时期下降,此时就需要更多的货币来完成交易。虽然社会融资规模在增加,但是货币流通速度下降,因此实际用于交易的资金的增长被压抑,此时就不能期待 GDP 同融资规模一同增长了。

再进一步分析图 2-3 还能发现,新增人民币贷款/GDP 大体与社会融资总量/GDP 呈同方向变动;直接融资与 GDP 的比率有所提升,但比率均维持在 5% 以下的低水平。这表明,在直接融资方面,中国还有很大的发展空间。推进直接融资渠道的发展,将进一步有效地扩大中国社会融资规模。

2.3　金融脱媒下的社会融资结构变化

2012 年中国社会融资结构如图 2-4 所示。

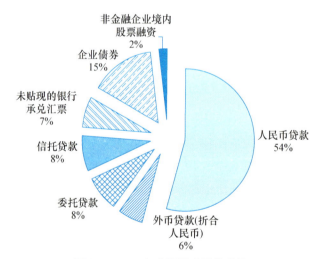

图 2-4　2012 年中国社会融资结构

根据社会融资总量的定义及构成,本书参照索彦峰(2012)[①]的分类方法,将社

---

① 索彦峰. 社会融资结构变迁与商业银行战略转型[J]. 理论研究,2012(12).

会融资总量的各个核算项目进行合并分类,如表 2-3 所示。

表 2-3 社会融资总量分类

序号	项目	分类 I	分类 II
1	人民币贷款	银行表内贷款	间接融资
2	外币贷款		
3	委托贷款	银行表外贷款	
4	信托贷款		
5	银行承兑汇票		
6	企业债券	企业债/股票融资	直接融资
7	非金融企业股票		
8	保险公司赔偿	其他	
9	投资性房地产		
10	其他		

也就是说,社会融资总量包括银行表内贷款、银行表外贷款、企业债/股票融资及其他,"银行表内贷款"包括人民币贷款和外币贷款;将委托贷款、信托贷款和银行承兑汇票合并为"银行表外贷款";将企业债和股票命名为"企业债/股票融资";将其他占比较小的项目合并为"其他"。再进一步简化,还可以按照资金的来源,把依托于银行的两大融资方式——银行表内贷款和银行表外贷款合并成"间接融资";而把债券、股票和保险等融资方式合并成"直接融资"。

本书将基于这样的分类,从全社会以及商业银行两个角度来分析中国社会融资规模与金融脱媒的关系。

2.3.1 全社会角度

表 2-3 绘制成图 2-5,可以总结出当前中国社会融资结构的两大主要特点,即人民币贷款占比的显著下降与直接融资的快速发展。其中,以企业债、股票市场等为代表的直接融资新增总额从 2002 年的 995 亿元增加到 2012 年的 2.5 万亿元,年均增速达 38.07%,在社会融资总量中的占比由 2002 年的 4.90% 快速提高至 2012 年的 15.90%。

图 2-5 2002—2012 年中国社会融资结构

本书使用除银行表内信贷的其他融资渠道的融资额在社会融资总量中的占比来作为衡量银行脱媒程度的指标,设该指标为 i,如图 2-6 所示,可以看出 i 值总体呈现上升趋势,由 2002 年的 4.50% 上升至 2012 年的 42.14%,增长了近 10 倍。

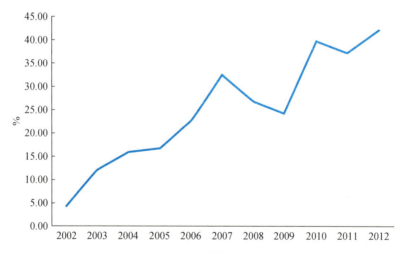

图 2-6 2002—2012 年中国银行脱媒资产占社会融资总规模比例

从这个角度来看,中国目前金融脱媒似乎已经达到了比较高的程度。但是同时我们应该可以认识到,中国债权融资仍然大有可为。

中国直接融资市场上,仍然是以股权融资为主,债权融资发展缓慢。在相当一段时间内,企业融资只能选择或者通过发行股票,或者向银行借款的方式融资。为改变这一局面,政策部门一方面鼓励企业利用债券工具融资,另一方面不断降低企业发债门槛,创新债券品种,这些政策都在试图对以股权融资为主的资本市场格局带来一些改变,从而导致债券市场进入了历史上的高速发展时期。

较2011年,2012年企业债券净融资2.25万亿元,猛增超过六成。这警示着我们,商业银行必须顺应投资结构的变化。未来中西部地区基建投资仍有较大的增长空间,且其主要依靠发城投债、中期票据和短期融资券融资,政策也有相应的支持。商业银行应及时调整主要依赖授信支持平台类客户的经营策略,加强与银行间市场交易商协会、券商的战略合作,通过发展承销、财务顾问等投资银行业务,维系客户关系,获取中间业务收入。此外,还应大力发展中小企业、小微企业客户,以积极的姿态应对金融脱媒和利率市场化带来的冲击。

2.3.2 商业银行角度

从商业银行的角度来说,其脱媒主要包括了资产脱媒和负债脱媒两个方面。资产脱媒主要指企业为寻求更为便利的融资渠道和更低的融资成本,脱离银行等受到较强管制且融资成本较高的金融机构,直接通过在金融市场上发行股票、债券、商业票据和融资票据等直接证券来筹措资金。负债脱媒则主要指居民在信贷管制、利率管制、外汇管制或因物价上涨导致存款资产出现负收益的环境下,为寻求更高的回报率和更为多样化的资产形式,脱离银行等受到管制的金融中介机构,在金融市场上购买并持有股票、债券、保险、基金等直接证券。关于资产脱媒的具体分析本书在第4章"企业融资结构与金融脱媒"中有专门的论述,本章重点从负债脱媒的角度来分析社会融资结构与商业银行所面临的金融脱媒挑战。

第一方面,居民金融资产配置的变化。银行负债方的脱媒主要表现为银行存款来源的持续变化,本书选取居民部门存款在其金融资产中的占比来衡量资产方的脱媒程度。从图2-7可以看出,居民存款在其资产配置结构中总体呈现下降趋势,从2004年的71.8%下降至2010年的63.8%。2007年由于股市高涨,存款占比一度下降至54.2%。

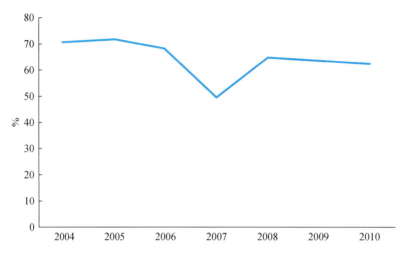

图 2-7　银行负债方脱媒度量:居民存款在金融资产中的占比

从居民资产配置的角度来看(见图 2-8),居民在股票、保险等金融资产配置上的占比逐步上升,分别从 2004 年的 10.9%、7.8% 上升至 2010 年的 11.4%、10.6%;此外,理财产品成为居民资产配置的一个新渠道,2010 年居民配置在理财产品和信托计划上的资金合计占比已达到 3.7%。

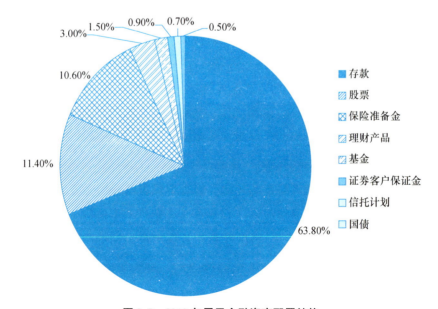

图 2-8　2010 年居民金融资产配置结构

由以上分析,可以得出居民的存款主要流向了以下几个方向:

第一,商业银行理财产品。根据普益理财统计,2008—2010年,银行理财产品发行规模分别为2.6万亿、5万亿和7.05万亿元。2012年银行发行的个人理财产品规模更是高达24.71万亿元,2013年达到56.43万亿元。部分存款仍在商业银行内部,但是由表内转移到了表外。

第二,民间借贷渠道。在信贷资源紧缺、市场资金面紧张的形势下,民间借贷自2011年以来格外火爆。据估计,仅浙江民间资本一度高达万亿元。

第三,贷款提前偿还增加。人民币存贷款利率的连续上调,使贷款成本增加,同时,房地产调控的逐渐推进,使多数城市的购房贷款利率上调,增加了个人客户的还款利息,促使客户加快还款速度,无形中造成商业银行储蓄存款的快速分流。

第二方面,银行表外业务的扩张。从银行体系看,表外融资(主要包括银行承兑汇票、保函、信用证等)占比在波动中逐步提高(见图2-9)。

图2-9 2002—2012年商业银行表外业务占比趋势

从商业银行表外业务在社会融资总量中的地位来看,银行新增表外融资总额从2002年的-520亿元快速上升至2012年的3.6万亿元。银行表外业务在全部业务中的占比在2010年4月达到32.9%的历史最高水平,然后受银监会表外业务监管政策的影响,又降至2012年2月13.5%的历史新低,此后又逐步有所回升,2012年全年,该比例为28.40%。

通常将以委托贷款和信托贷款为主的表外融资通道称为商业银行的"影子"。影子银行在2012年发展迅速,有以下三个方面的因素。一是2012年信贷收紧,一些难以获得银行信贷支持而又敢于承受高成本资金的企业单位,如资金链紧绷的企业、房企以及政府融资平台等,资金需求异常旺盛。二是同期信托等理财产品回报率比银行存款利率高,居民存款追求高额收益就流入到这类影子银行。三是政策部门出于防范金融风险过度集中于银行体系的考虑,对这一趋势也表现出鼓励的态度。尽管市场上关于借道信托理财的信托贷款究竟是属于金融改革创新成果,还是属于庞氏骗局颇具争议,但影子银行融资数量在近年呈现高速增长已是不争的事实。2012年,信托贷款占比8.15%,未贴现的银行承兑汇票占比6.66%,委托贷款占同期社会融资规模的8.14%。

那么商业银行表外贷款究竟能否被看作已经脱媒的资产呢？本书认为答案是否定的。首先,金融脱媒的实质是资金的供给绕开商业银行这个媒介体系,直接输送到需求方和融资者手里,造成资金的体外循环。然而,现阶段中国金融体系中影子银行得到快速发展也具有间接融资的属性,但这些产品和业务仍然是属于商业银行,跟商业银行有莫大的关系,这种为避开信贷规模的限制追求更高收益,将资产不断表外化的做法仍然把风险集中在银行系统,金融风险未能够分散。

从银行角度来说,一些大型资金富余的商业银行等金融机构为找到资金生息渠道,纷纷通过银行理财产品业务的方式借道银信合作、委托贷款、信贷理财产品等影子银行体系,避开银行信贷资金的严格监管,办理了大量实质上是贷款的业务,事实上扩大了信贷规模,银行仍然在间接承担风险。

从企业角度来说,由于中国信贷方面存在的各种监管政策的限制,中小企业、民营企业在商业银行体系内进行融资都存在一定的难度,因此其对于资金的需求无法在银行表内得到满足,于是大量的融资活动转向了表外,导致社会融资总量与贷款总量两个指标在近年出现以往并不常见的背道而驰的走势。

因此,这部分表外资产并不是商业银行真正为应对利率市场化的挑战、实现金融脱媒而开展的,其本质是在信贷管制下,为了开辟更多融资渠道、实现更高收益而进行的"受压脱媒"。

本书进行了粗略的估算,将这部分表外贷款从脱媒资产中剔除,认为只有直接融资部分(企业债/股票融资、其他)才算是商业银行的"主动脱媒"资产,仅仅将社会融资总量中的直接融资占总量的比作为金融脱媒的指标,设该指标为 j,可以得到如图 2-10 所示的趋势图。

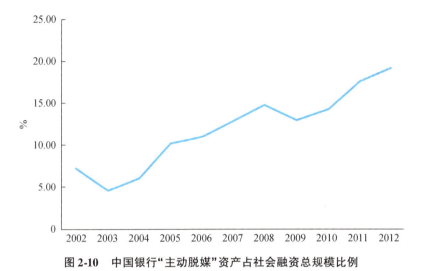

图 2-10　中国银行"主动脱媒"资产占社会融资总规模比例

可以看到,j 值从 2002 年的 7.09% 上升至 2012 年的 19.19%,增长约 2.7 倍。从这个指标来看,中国目前的金融脱媒程度并没有表面上那么深入,直接融资占社会融资总量的比值还有很大的提升空间。

当然,这个指标只是一个粗略的测算,商业银行的表外业务必然也有一部分是为了应对市场利率化挑战而实现的主动脱媒,但其具体数量的估算难度较大,因此本书采取了这样的简便方法,旨在说明中国目前金融脱媒很大程度上是"假性脱媒",真正实现脱媒的资产只占少数。对比美国,金融脱媒在美国利率市场化过程中起着明显的"助推器"作用,Q 条例的最终取消就拜金融脱媒所赐。而在中国目前,规模空前的银行理财产品并非真正意义上的金融脱媒。

近年来,中国商业银行为应对严格的存贷比考核,竞相发行超短期银行理财产品来"揽储"(见图 2-11),这一行为本身不属于真正意义上的银行负债方的金融脱媒。事实上,1978—2012 年间,中国银行负债方的金融脱媒程度并未明显加深,住户部门对银行的资产中介化比率(HBA)一直比较平稳(见图 2-12)。近几年,随着住户持有股票价值的严重缩水,该比率甚至呈现略为上行的趋势。

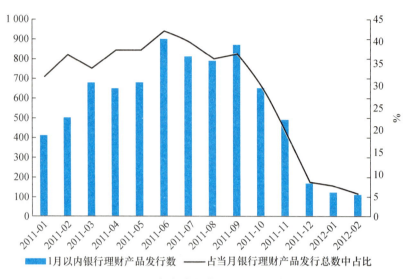

图 2-11　银行大量发行短期理财产品

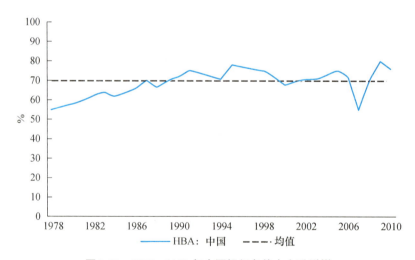

图 2-12　1978—2010 年中国银行负债方金融脱媒

由于监测范围的扩大,商业银行表内外资金转换不会给社会融资总量指标带来多大干扰。不过,要想把握真正意义上的银行负债方的金融脱媒,可能需要进一步修订和完善社会融资总量这一指标。

2.4 我们的观点

当前的许多研究都认为,中国商业银行的"金融脱媒"已经达到了相当程度的深入,但本书通过对社会融资规模的结构进行解剖分析发现,这种脱媒实质上是"假性"的,即当前中国金融脱媒的程度还远远不足。

这是因为通常认为的脱媒资产包括商业银行表外贷款、企业债/股票融资以及其他直接融资。近年来,信贷业务的蓬勃发展在很大程度上拉动了这部分融资额占社会融资总量的比例。然而,商业银行追求资产表外化并不是其为了应对金融脱媒与利率市场化的挑战而主动进行的资产脱媒。究其根源,应该是由于在贷款额度管理的金融管制背景下,商业银行为了绕开信贷规模的限制,追求更高收益而开发出的一种盈利途径。因此,本书认为这部分资产并不是真正的脱媒资产,而是"受压脱媒"资产。

真正的脱媒资产应是商业银行积极应对直接融资(包括企业债、股票融资以及其他直接融资方式)的挑战,而主动进行的其他业务创新,应包括商业银行充分利用当前债券市场扩张的机会,及时调整主要依赖授信支持平台类客户的经营策略,加强与银行间市场交易商协会、券商的战略合作,通过发展承销、财务顾问等投资银行业务维系客户关系,获取中间业务收入,以及大力发展中小企业、小微企业客户,以积极的姿态应对金融脱媒和利率市场化带来的冲击。

第 3 章 信贷管制与金融脱媒

3.1 信贷管制概述

商业银行在一国经济发展中发挥着非常重要的作用,是现代社会经济运转的枢纽之一。经过多年的制度完善,中国已经建立了以国有银行为主体的完整的商业银行体系。商业银行多年来快速增长的存贷款总额,为中国国民经济的迅速发展打下了坚实的资金基础。过去的十几年里,中国年均 GDP 增长迅速,商业银行也经过了快速发展的机遇期——尤其是中国 2000 年取消信贷管制以后,作为商业银行主要盈利来源的贷款业务保持了相当增长速度,在盈利持续增长的同时,不良贷款率也出现了下降的现象。

信贷管制在中国经历了数度启废,在改革开放初期,信贷管制确实为中国经济平稳运行提供了法制保障,但是随着市场经济的深入发展,信贷管制这一带有明显计划经济色彩的措施已经显露出弊端。信贷管制使得中国银行业的盈利水平过高,银行业的暴利盘剥了工业企业利润,甚至可以说拖了实体经济发展的后腿。

从目前的状况来看,在未来一段时间里,由于信贷管制,商业银行还是会继续依靠存贷款的高利差而获得高额盈利。但是信贷管制在带来银行高利润的同时,也催生了影子银行的出现,产生了金融脱媒的现象。这里所说的影子银行与国外影子银行以资产证券化为核心不同,中国影子银行的主要功能是作为融资渠道。在商业银行资产方和负债方的双重"表外化"下,影子银行规模与日俱增;企业从商业银行贷款的难度加大,又推进了影子银行的发展。金融脱媒现象包括两个方面,一方面资金需求方绕过商业银行等金融中介机构通过资本市场等直接融资渠道获得融通,另一方面资金提供方由于自身逐利特性而将资金向直接化投资渠道转移。中国的金融脱媒有以下几个特点:第一,商业银行的人民币贷款在社会融资总量中的比例下降。人民币贷款占比变小是出于以下两个因素:一是 2008 年全球金融危机后,中国重新恢复了信贷指标管制,企业每年从商业银行获得的贷款金额有限;二是随着中国债券市场的不断发展与完善,一些大型企业特别是央企,越来越青睐企业债券这一融资渠道。这些企业正逐步通过发行短期融资债券与长期企业债的形式来降低对于银行贷款的依赖程度。从融资成本角度讲,发行企业债券的成本也远远低于银行贷款。股票和债券市场所占据的融资份额逐年递增。第二,商业银行吸收的存款量变少。中国一直存在着利率管制,居民在商业银行存款的收益并不高,但随着经济不断发展和进步,居民的投资意识逐渐加强,他们逐渐意识到银行存款并不是处理闲置资金的唯一方式,于是将资金投入到理财产品等其他收益更高的市场。有些商业银行也从发行理财产品中获得收入。以上的几个原因导致了中国商业银行业金融脱媒的发生,虽然作为银行负债的存款也受到了脱媒的影响,但是作为银行资产的贷款受到的脱媒影响最大。但是值得说明的是,由于传统信贷管制导致的金融脱媒实际上只是银行的第一次脱媒,而商业银行自己创造影子银行造成的脱媒是二次脱媒,二次脱媒并非本质上的脱媒,这一点将在后文作详细解释。

朱淑珍、朱静怡(2003)[1]解释了商业银行资产方脱媒的原因,大企业特别是上市公司偏好股权融资,因此在决策过程中是企业放弃了银行。而中小企业由于自身的种种限制和银行在客户上的选择性,很难获得贷款,因此在决策过程中是银行放弃了企业。如此状况造成了银行在企业贷款业务上的"脱媒"。她们还认为商业银行为避免负债方脱媒,在积极开展吸引企业存款同业竞争的同时,还应该考虑如何更好地为企业提供理财服务,从而从根本上吸引企业存款。刘元庆(2006)[2]认为,中国的金融脱媒趋势加快,优质企业的融资渠道日益多元化,商业银行传统的存贷利差收入是商业银行金融中介职能产生的风险收入。商业银行为了能够在激烈的竞争中崭露头角和更多地规避风险,需要调整收入结构,提高中间业务收入这一无风险收入的比例。然而,本书认为,正是由于商业银行大力发展中间业务,又加大了中国日后的金融脱媒程度。徐奕晗(2012)[3]认为,外国金融脱媒的深层次原因是资本逐利与信息技术的发展,而国内更多表现为突破金融抑制的现象。

---

[1] 朱淑珍,朱静怡. Ratio K: a New Way of Metering and Evaluating the Risk and Return of Stock Investment [J]. Journal of Dong Hua University,2003(2).
[2] 刘元庆. 资本约束、金融脱媒、利率市场化与商业银行战略转型[J]. 金融论坛,2006,11(7).
[3] 徐奕晗. 深度解析金融脱媒[J]. 国际金融,2012(11).

国内银行界在金融脱媒背景下商业银行经营策略研讨会(2006)的综述中指出,政府主导型金融脱媒是中国经济转轨阶段金融脱媒的一个重要特征。

于良春、鞠源(1999)[①]认为,政府对商业银行的管制是商业银行的政策性壁垒。而一国的经济发展必然伴随着金融深化与金融开放的过程。因此有控制地放松管制,加强监管,建立公平的竞争环境才是适合商业银行发展的环境。周业安(1999)[②]认为,政府的金融抑制政策会对企业融资能力产生影响。信贷市场上的利率管制、价格和数量歧视会导致企业过度负债、逆向选择、寻租等现象,而这些现象的后果又会给商业银行造成不良影响。谢百三、王巍(2005)[③]认为银行信贷资金启动和支撑了房地产热潮,而这种热潮具有巨大的潜在风险。因此,应该合理限制信贷,严格控制期房和商业用房抵押贷款比例。

Rose-Ackerman(1986)[④]从犯罪经济学出发,侧重腐败的局部均衡分析,即综合考虑了腐败的需求面和供给面,讨论贿赂价格和权力交易的均衡解。谢平、陆磊(2003)[⑤]认为金融监管腐败与被监管对象行为存在"下游关联"效应,下游被监管机构超额利润越高、违规动机越强,相应监管部门的腐败倾向越高。他们还提出了金融腐败的微观面,即在公众与金融部门间、金融部门上下级委托—代理关系间信息不对称情况下,代理人在衡量预期收入和风险后的理性选择,这属于权力缺乏监督与制约的产物,因而属于治理结构的范畴。而其宏观面则指体制转轨造就的"转轨利益集团"及其特定的权钱交易。FSA UK(2009)[⑥]认为经济危机后宏观审慎监管分析应包括金融系统对实体经济的信贷供给、信贷定价、借款人的杠杆程度、借贷双方承担的风险、期限转化的形式以及产生的流动性风险,比如银行期限错配的程度以及对批发性融资的依赖程度。

---

① 于良春,鞠源. 垄断与竞争:中国银行业的改革和发展[J]. 经济研究,1999(8).
② 周业安. 金融抑制对中国企业融资能力影响的实证研究[J]. 经济研究,1999(2).
③ 谢百三,王巍. 中国商业银行在房地产热潮中的两难选择[J]. 国际金融研究,2005(3).
④ Susan Rose-Ackerman. Reforming Public Bureaucracy Through Economic Incentives[J]. Journal of Law, Economics, and Organization, 1986, 2(1).
⑤ 谢平,陆磊. 治理结构、预期收入与体制转轨:金融反腐败机制设计的微观与宏观战略[J]. 金融研究,2003(9).
⑥ FSA UK. The Turner Review: a Regulatory Response to the Global Banking Crisis[R]. 2009.

Stigliz 和 Weiss(1981)[①]证明,即使没有政府干预,由于借款人方面存在的逆向选择和道德风险行为,信贷配给也可以作为一种长期均衡现象存在。魏倩(2007)[②]从"诺思悖论"入手,认为政府是"理性人",其克制"制度不均衡"、追求自身效用最大化的努力与市场化的持续推进相容。因此,政府控制银行可能会获得超额收益。易宪容(2010)[③]认为,监管当局紧缩规模、抬高利率的动机就是人为地制造贷款短缺,使得商业银行对需要贷款的机构或个人进行理性选择,这种理性选择则会提高商业银行的风险定价能力。

3.2 中国的信贷管制

3.2.1 中国信贷管制的历程

本书认为,中国现存的信贷管制包括传统意义上的信贷管制和补充管制。前者指的是直接作用于商业银行信贷规模的四种管制手段,即贷款额度配给制、法定存款准备金率、资本充足率和存贷比。后者指的是监管当局一直以来未放松过的对影子银行的补充监管措施。

中国人民银行在1979年7月11日颁布实施的《信贷差额控制试行办法》将现行的"统收统支"信贷计划管理体制改为"统一计划,分级管理,存贷挂钩,差额控制"的体制。国务院1981年1月29日颁布实施的《关于切实加强信贷管理 严格控制货币发行的决定》,要求"严格信贷管理,坚持信贷收支平衡,切实保证货币发行要集中于中央;重申财政资金和信贷资金分口管理的原则,信用集中于银行的原则;管好用好贷款,实行利率统一管理、区别对待的政策"。央行在1998年1月1日取消了对国有商业银行贷款规模的限制,调控方式改为通过利率市场间接调控。比较央行指导性参考量,商业银行2006年实际新增贷款量超过27%,2007年超过20%。2006年11月起,央行又对大型商业银行进行"道义劝告",劝其减少放款。

---

① Joseph E. Stigliz and Andrew Weiss. Credit RationingnMarkets with Imperfect Information[J]. American Economic Association,1981,71(3):393—410.
② 魏倩. 中国金融管制的历史与改革[J]. 复旦大学,2007.
③ 易宪容. 美国金融监管体系改革中几个重大理论问题[J]. 江苏社会科学,2010(1).

央行2008年又公开恢复了贷款限额,恰逢全球金融危机,央行又不得不取消贷款限额。但央行又于2009年7月恢复贷款限额。

中国的法定存款准备金制度建立于1984年。实施之初,中国央行采取的是差别存款准备金率。整体来看,中国的法定存款准备金率制度自建立以来,大体存在一个"先降后升"的过程。1985—1999年,存款准备金率处于不断下降的过程,1999—2002年,该比率保持不变,2003年以来,该比率的趋势大体处在上升过程中。原因在于,2003年之后,国内需求高涨,经济保持高速增长,人均收入大幅提高,通胀压力加大,货币供应量增长过快,金融体系流动性过剩。2007年以来,该比率的调整进入高频时期,截至当年12月份,存准率上调次数已达10次。在2008年调整9次,自2010年1月至2011年6月连续12次上调0.50%,自此中国存款准备金率达到了历史最高点21%。2012年调整至20%,至今未变。

巴塞尔协议Ⅲ要求商业银行资本充足率不低于8%。2011年5月,中国银监会下发了《中国银行业实施新监管标准的指导意见》,其中指出"正常条件下系统重要性银行和非系统重要性银行的资本充足率分别不得低于11.5%和10.5%"。

在放开贷款额度和下调存款准备金之后,2010年,银监会使出控制商业银行信用扩张的最后一个手段——存贷比指标。银监会下发的《关于调整部分信贷监管政策促进经济稳健发展的通知》中明确表示,商业银行最高的存贷比例为75%。

除了上述监管,监管当局针对影子银行的补充管制措施一直从未放松。

银监会于2008年利用非现场监管信息系统持续检测银信合作,并先后进行了三次专项调查。银监会2008年12月颁布实施了《银行与信托公司业务合作指引》,对银信合作的风险揭示与控制、受托人职责、参与各方权利与义务、信息披露等做出了明确细致的规定;银监会还颁布实施了《关于进一步加强信托公司银信合作理财业务风险管理的通知》,要求信托公司做好风险排查并制定相应的风险化解应急预案,防范交易对手风险和法律风险,提高风险意识;银监会2009年12月再次发出《关于进一步规范银信合作有关事宜的通知》,强调信托公司在银信合作中的主导地位,并对政府平台投资、权益类投资和银信合作受让信贷资产提出了明确要求。银监会还修订实施了《信托公司监管评级和分类监管指引》和《信托公司净资本管理办法》,限制个别公司过度的规模扩张,引导信托公司开展主动型信托业务。2011年第四季度起,监管当局开始集中清理中国庞大的影子银行市场,银信合作、票据信托等业务逐一被禁止。

3.2.2 中国信贷管制的原因

第一,对于传统意义上的四种管制手段,政府实施的初衷是为了控制银行放贷规模,达到抑制企业过度融资的目的。至于为什么要控制银行放贷规模,这就要从中国特有的银行体系说起。

中国的银行系统与世界其他国家不尽相同,其中最明显的差别就在于中国的银行与政府的关系。五大国有控股银行是中国商业银行体系中的主体,虽然几大商业银行已经上市,但是国有控股的局面还未改变,银行与政府的关系复杂交错。商业银行国有控股就容易造成商业银行的风险管理机制不够完善,因为它们知道一旦有了风险,政府也会帮助它们渡过风险。当市场上的贷款需求高涨时,商业银行作为营利性企业必然倾向于尽量多地发放贷款以收取息差,当企业无法还款而给商业银行造成风险时,政府作为商业银行的股东也会承担风险。这就造成这样一种情况:经营情况向好时,商业银行自负盈亏,而经营出现状况时,政府会跟着商业银行一起承担损失。商业银行的非自负盈亏使得它们的贷款风险约束机制不够完善,政府出于对商业银行风险的控制,于是开始对商业银行进行信贷管制。对于贷款额度配给制,在过去,银行信贷是企业融资的最主要手段,因此想要控制企业融资必先控制银行的信贷规模。对于存款准备金制度,监管当局本意是减少银行系统的可放款额度,间接抑制企业过度融资。对于资本充足率,监管当局是为了商业银行增强风险管理,令其安全、稳健运行而实施的,以此控制商业银行的放贷量。

第二,对于近年来的补充管制措施,则是商业银行为了规避传统管制而创造的影子银行。不过,中国的影子银行与国外资产证券化影子银行的本质不同,中国的影子银行实际上只是一种融资渠道。从本质上来说,是商业银行利用金融创新来规避利率管制,以求能与非银行金融机构竞争以保持银行存款的一种手段。中国影子银行是中国商业银行自己创造的,而创造的重要诱因就是监管当局对中国金融市场的利率管制和过度监管——金融抑制环境下居民存在旺盛的投资需求(由于存款利率管制,居民的资金宁愿投资也不愿意存在银行);房地产企业、地方融资平台以及中小企业旺盛的融资需求;商业银行为了规避存贷比、资本充足率等监管的行为。与商业银行自身的贷款不同,通过影子银行渠道发放的贷款不占商业银行的存贷比,也不占商业银行的贷款额度,更不会影响商业银行的资本充足率;商业银行在整个过程中只作为中介而非风险承担者,业务完成后还可以收取一部分中介费用。因此,商业银行出于利益驱使,有充足的理由去开辟影子银行渠道,降低自身表内风险,赚取更多收入。表面来看,影子银行业务属于表外业务,是无风险的。然而,商业银行在从事影子银行业务时,恰恰承担了对于商业银行来说最大的风险——信誉风险。因此,影子银行实则是一种逃避监管且风险巨大的业务,上文提到过,政府是商业银行的股东,政府为了加强风险控制,就不得不再对影子银行进行补充监管。

总之,信贷监管中的传统监管是政府为直接控制商业银行贷款而采取的主动型措施,对影子银行的补充监管则是传统监管过于严格的产物,是一种被动型监管。监管当局的这两轮管制给商业银行带来了很大的影响。传统管制造成了商业银行体系人民币贷款在社会融资总量中占比下降,即商业银行的第一次被迫型脱媒。而为了规避传统管制,商业银行自寻出路,大力发展银信合作又造成了商业银行自身的第二次主动型脱媒。

3.3　中国的金融脱媒——二重脱媒

3.3.1　中国金融脱媒的表现

金融脱媒现象在国际上很早就发生了。最早发生在具有完善金融体制和发达资本市场的美国,当时美国出台的 Q 条例促使商业银行出现利润下降、市场萎缩、利差收入减少的状况,金融脱媒程度非常严重。后来欧洲和日本也出现了金融脱媒,但是脱媒程度较美国来说并不明显。

近年来,中国的金融业也渐渐开始出现金融脱媒的现象。特别是 2007 年以来,政府为了抑制经济过热,对宏观调控进行强化,严格控制了银行信贷的增长,然而企业来自非金融体系的融资比重却在一直加大,金融脱媒现象越发清晰可见。

第一,间接融资占社会融资总量比重呈下降趋势。社会融资规模常用社会融资总量指标作为衡量标准。社会融资总量包括了间接融资和直接融资,是指一定时期内(每月、每季或每年)金融体系为实体经济融入的全部资金总额,这一数据全面反映了金融对实体经济的服务能力。简单来讲,社会融资总量包括了间接融资和直接融资两方面。其中,间接融资最主要指的就是商业银行的贷款,而直接融资就包括了公司发行的股票、债券、信托、某些银行理财产品等。

从图 3-1 可以看出,2002 年以来,人民币贷款的年度增量与社会融资总量的年度增量出现了比较大的差额,尤其是 2008 年人民银行公开恢复了贷款限额控制,这一管制造成历史最大差距。从人民币贷款占比来看,银行信贷在社会融资总量中的结构占比总体呈现下降趋势,由 2002 年的 91.86% 降至 2012 年的 52.04%,到了 2013 年上半年,甚至只占 50%。因此,从图 3-1 可以得知,在全社会的融资结构中,有将近 50% 的资金是通过银行信贷之外的融资方式解决的。

图 3-1　2002—2013 年社会融资总量中人民币贷款占比变化

资料来源:Wind 数据库。

第二,其他融资方式占比越来越高。从图 3-2 中可以看出,近十年来,社会融资方式从最开始的以银行贷款为主,逐步向多元化的融资方式过渡。从企业的角度来说,其融资方式逐渐多元化,直接融资占比持续升高。在当前银行渠道还具有明显优势的情况下,企业通过发行债券进行融资成为发展最为迅速融资渠道,其占比由 2002 年的 1.8% 上升至 2012 年的 14.3%。

图 3-2　2002—2012 年社会融资结构

资料来源：Wind 数据库。

除了企业债券和股票融资等直接融资方式外，还存在大量的信托贷款和理财产品等。商业银行通过大量发行银行理财产品募集资金，虽然理财产品募集到的资金不允许直接用于放贷，但是银行可以通过信托公司对银行指定的客户发放信托贷款或购买指定的信贷资产。银行理财产品近年来发展速度非常快（见图 3-3）。

2011 年各类金融机构累计发行银行理财产品 4.2 万亿元，信托产品 4.8 万亿元；而在信托产品中，银信合作类为 1.6 万亿元，非银信合作类 3.2 万亿元。2011 年 6 月，银监会叫停银行理财资金发放委托贷款和信托贷款后，理财产品的发行量仍未减少，保持持续上升趋势。截至 2012 年年末，各家银行共存续理财产品 3.2 万款，理财资金账面余额 7.1 万亿元，较 2011 年年末增长约 55%，银行理财业务更是以 7.1 万亿元的规模成为国内资产管理领域最重要的参与者之一。

中国的影子银行体系包含以下的几个方面：地下钱庄、信托产品、表外金融活动（理财产品）以及其他类信贷的金融活动（出自 2011 年 10 月 17 日澳新银行大中华区经济研究总监刘利刚在 FT 中文网撰文）。

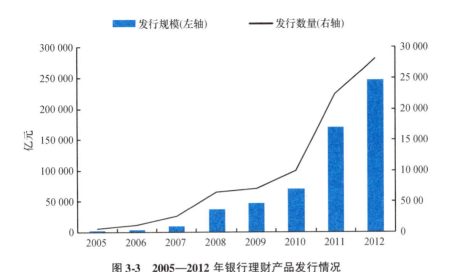

图 3-3 2005—2012 年银行理财产品发行情况

资料来源:Wind 数据库。

中国的影子银行体系自 2010 年起迅速膨胀,目前已具备相当规模。如果仅以已有的信托和理财产品数据,分别从官方数据和市场数据来看,2012 年年底中国影子银行的规模就已经达到 14.6 万亿元或 20.5 万亿元的规模。影子银行业务的壮大体现在社会融资结构中,就是在新增人民币贷款相对平稳的情况下,社会融资规模出现了大幅增长。而其主要原因就是信托贷款、委托贷款等影子银行渠道资金的快速增长。

数据显示,近年来,信托资产已经步入爆炸式增长阶段——2010 年年底,信托业全行业 65 家信托公司管理的信托资产规模是 3.04 万亿元,2011 年年底达到 4.81 万亿元,截至 2012 年年底,这一数字已经达到 7.47 万亿元。至 2012 年,信托资产已经超过保险业资产总额,成为中国金融业中第二大金融体。

银行理财产品发售的规模也在连年高涨。2012 年商业银行针对个人发行的银行理财产品数量就高达 28 239 款,较 2011 年上涨 25.84%,而发行规模更是达到 24.71 万亿元,较 2011 年增长 45.44%,发行数量和发行规模继续创下历史新高。

中国的金融脱媒目前来说主要就是以上两种表现。对于第一种金融脱媒的表现,即人民币贷款在社会融资总量中占比下降,这是商业银行被迫承受的,这种现象是商业银行不愿意看到的,是由于信贷监管和证券市场发展导致的必然后果。对于第二种金融脱媒的表现,即包括商业银行自己创造的影子银行贷款规模上升,这其实是商业银行为了规避信贷管制而自行寻求的一种出路,这种金融脱媒是一种"二次脱媒",它实则是商业银行乐于看到的情况,甚至是商业银行主动追求的。

3.3.2 中国金融脱媒产生的原因

第一,传统管制导致银行可放贷额无法满足信贷需求时,银行"被迫"脱媒。由于中国的信贷管制分为旨在控制贷款额度的传统管制和旨在抑制影子银行的补充管制,控制贷款额度使得商业银行可放贷额度受限,使得银行"被迫"脱媒,具体表现就是人民币贷款在社会融资总量中占比降低。信贷管制严格控制了商业银行的放贷量,因此即使社会上有强烈的贷款需求,由于种种限制的存在,商业银行也不能发放超过限额的贷款。商业银行所发放的贷款可能已经达到了其信贷限额,企业已经无法再从商业银行获得更多贷款,只能寻求其他的融资方式。

第二,政府鼓励企业直接融资,大力发展证券市场。金融全球化进程日益推进,尤其是2008年全球金融危机的爆发,把全球金融市场紧密联系起来。中国作为金融危机中较早复苏的国家之一,在全球金融领域已经占有重要的地位。而一国金融市场的核心是证券市场。除了银行系统的储蓄,一国的证券市场也是非常重要的财富集散地。如果一国的证券市场发展良好,可以吸引国内外投资为实体经济筹集发展资金。证券市场也是政府、企业和个人重要的融资和收益渠道,经过证券市场的直接融资与银行贷款的互补,可以促进企业快速发展壮大。发达的证券市场可以推动中国经济体制和社会资源配置方式的变革。此外,由于银行贷款数量有限,现在市场上不可避免地存在着中小企业贷款难的问题。鉴于此,各地政府纷纷出台政策鼓励中小企业直接融资以解决资金难题。十一届三中全会以后,中国政府采取了很多措施以发展证券市场,中国的证券市场在政府的支持下发展态势良好。近年来,中国政府提出了2008—2020年中国资本市场发展的战略措施,主要包括大力推进多层次股票市场体系建设、推动债券市场的市场化改革等。

从图3-4中可以看到,2003年以来,股票融资和债券融资的增速基本超过了当年的社会融资规模增速,直接融资同比增速几乎全高于社会融资规模增速。这说明政府对直接融资的鼓励措施起到了很好的引导作用,直接融资在政府支持下得到了长足发展。然而,就是因为政府的鼓励和证券市场本身的活力,直接融资将原本需要融资的企业分流了,直接融资在社会融资总量中占比不断提高,而商业银行贷款占比却下降了。

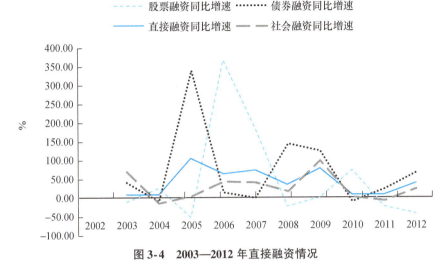

图 3-4 2003—2012 年直接融资情况

资料来源:Wind 数据库。

由于上述两点原因,商业银行的中介功能已经在信贷管制下达到了最大程度。由于信贷管制和存贷比,商业银行虽然无法通过表内业务中的贷款这条途径发放贷款赚取利差,但是许多资金可以通过信托和理财产品募集的资金来放贷。

第三,商业银行为规避传统监管,加强银信合作产生影子银行,造成"二次脱媒"。面对传统监管,对于商业银行来说,由于存在金融监管如存贷比和信贷的管制,商业银行的贷款业务受到抑制。如何尽可能多地绕开监管指标发放资金,成为它们保持高盈利的途径。在这样的背景下,商业银行积极进行金融产品创新,通过直接向客户发行信托理财产品募集资金,同时委托信托产品向客户进行贷款,或者利用信托产品购买本行信贷资产等。这种形式的贷款不反映在人民币贷款里,但事实上起到了贷款的作用,在为银行带来收入的同时,也造成了"二次脱媒",加大了金融脱媒程度。但是,"二次脱媒"是商业银行自己主动创造影子银行造成的。

因此,中国的金融脱媒实则包括两次脱媒,一次是商业银行被迫的脱媒,一次是商业银行主动的脱媒,所以我们有:

金融脱媒 = 第一次脱媒 + 第二次脱媒

3.3.3 中国金融脱媒的结果

第一,对监管当局来讲,金融脱媒意味着可交易金融资产的数量变多了。由于金融深化和创新,新型金融产品不断被创造出来,金融资产的流动性也不断提高,甚至接近于货币。这样一来,监管当局对货币的度量和调控就越发困难。此外,日益增加的金融资产也增加了对货币的需求,但是由于货币与金融资产之间的可替代性增强,货币需求会随金融资产的变化而变得越发不稳定。波动的货币需求减弱了监管当局对货币调控的能力。负债方的脱媒意味着包括货币在内的大量金融资产未进入银行体系,监管当局就无法对这些游离于银行体系之外的货币进行监管,也影响了货币政策的效力。最后,金融脱媒在一定程度上加强了货币政策在利率渠道传导的效率,但是中国未市场化的利率并不能有效地将这一作用发挥至最大化。总之,金融脱媒虽然不可避免,但在中国还不够发达的金融市场下,金融脱媒严重影响了现有的货币政策传导机制,监管当局应当采取一些措施。

第二,从商业银行角度来看,商业银行无疑是中国整个金融体系中最重要的组成部分。其中,国有商业银行的资产、负债及存贷款余额均占据了中国全部金融机构资产、负债及存贷款余额的80%以上。金融脱媒确实会对商业银行一直以来的主营业务存贷款产生一定影响。但本书认为,面对金融脱媒,国有商业银行的机遇大于挑战,能否尽快业务转型将是关键,此外还需要对盈利水平、资产质量和服务层次进行改善。

第三,从中小商业银行立场来看,金融脱媒作为必然趋势将会长期存在,这将挑战中小商业银行以资产扩张和存贷款利差为主要利润来源的经营模式,但同时也给中小商业银行的业务转型带来空前的机遇。

从全球金融发展过程可以看出,金融脱媒是一国金融市场化发展的必然性产物。全球的主要经济体在金融发展过程中均不同程度地经历过金融脱媒现象。因此,金融脱媒是一种必然历史趋势,中国也不可避免。

第一,中国虽然严格控制信贷增长,但是固定资产投资控制的难度没有减小,市场上流动性压力依然很大。这些现象反映出一个重要现状:虽然银行越来越谨慎地发放贷款,但是企业投资却未因为银行信贷的减少而降低,这说明企业投资中来自非金融体系的融资比重在持续加大。造成这种现象的一部分原因是近年中国经济形势良好,企业因为利润的增长将自有资金用于再投资的比例上升。只要企业利润在增长,企业的再投资就成为拉动中国 GDP 增长的一个重要因素。因此,只要中国 GDP 一直保持一个良好的增长势头,企业自有资金用于再投资的比例也会持续上升,企业向银行的贷款需求就会下降。

第二,由于金融改革深化,中国金融市场不断完善,证券市场得到了较大发展。通过发行股票和债券融资,特别是发行成本远低于银行贷款利率的短期融资券,一些表现优秀的大企业获得了更有优势的融资。只要证券市场发展态势良好,大企业将会逐步降低对银行信贷的依赖性。

第三,由于各种信贷管制的限制,银行信贷空间越来越小。面对市场上的信贷需求,银行"心有余而力不足",无法拿出太多的资金用于信贷。

第四,目前中国的信贷存在严重的利率期限结构问题。对于整个社会来说,利率的期限是错配的。由于中国企业普遍存在自有流动资金少的问题,因此它们长期占用银行的短期贷款。很大一部分流动资金贷款成为企业的铺底资金,银行短期内无法收回这部分贷款。虽然这部分贷款有确定期限,但到期后只能转期或借新贷还旧贷。"短贷长用"造成商业银行体系内短期流动性不足,但信贷总量本身是一直增长的,然而过多的货币将推动通货膨胀的爆发。

3.4 我们的观点

在金融脱媒的背景下,传统信贷业务规模占全社会融资总量的比重在下降,直接融资的比重在上升,不仅带来挑战,也同时带来机遇。如中小型商业银行可以利用资本市场的快速发展提高资金运用效率和水平。第一,对于闲置资金,为提高资金使用效率,增强资产盈利能力,中小型商业银行在风险可控的原则下加大对各种结构性产品的投入。第二,为迎合证券市场发展和融资渠道多样化,在保持传统存贷款业务的同时,中小商业银行可以通过金融债券、资产证券化等金融工具优化资金来源结构,满足市场融资需求,而不是单纯依靠存款来满足客户融资需求。第三,强化风险管理,建立董事会管理下横向延伸、纵向管理的风险管理组织结构,在矩阵式管理的基础上实现管理过程的扁平化,完善风险管理技术,以达到有效控制业务风险的目的。在提高风险管理水平的同时也是在创造价值,风险管理和业务发展并行不悖。

监管当局对商业银行的信贷控制加大了金融脱媒的程度,随后又对影子银行进行了严厉的管制,此举使得影子银行阻碍了金融脱媒的发展。但另一方面政府又鼓励直接融资渠道,最直接的后果就是企业对银行信贷的依赖程度降低,这又会加大金融脱媒的程度。因此,本书认为,监管当局对信贷的管制实则是一个多方博弈的过程。当政府站在自身角度,为了控制集中在商业银行系统的金融风险,会对商业银行的贷款进行限制;当政府站在商业银行角度,为了规避影子银行带来的资产结构恶化等风险,会对影子银行进行严格控制;当政府站在企业角度,为了解决中小企业融资困难,又会大力鼓励直接融资渠道。政府所做的一切虽然看似有相互矛盾的地方,但实则是站在不同立场采取的措施。政府的管制与金融脱媒的关系比较复杂,金融脱媒的程度取决于政府传统监管和补充监管以及直接融资相互作用的结果,很难明确说明在某一时刻政府的监管到底是推动了金融脱媒,还是阻碍了金融脱媒。

在面对政府的措施和金融脱媒现象时,商业银行需要担心的只是由于传统监管造成的第一次被迫脱媒,对第二次主动脱媒不仅不需要担心,甚至还可以把它当作对自身业务结构进行调整、完善自身风险管控机制的机遇。

虽说政府监管通过控制商业银行的可放贷量降低了风险,但是管制的副作用也不容忽视,那就是影子银行的发展。因此,政府在以后的监管中,可以采取差别信贷控制,并逐步放松利率管制,进而逐步放松一切信贷管制。

我们提出下列政策建议:

第一,对于大型商业银行来说,应该加快完善自身的风险管控机制,具体来讲就是加强贷款审核力度。对于效益低、贷款利率低的大型企业,尤其是国有企业的固定投资建设贷款,要谨慎投放,多将贷款发放给效益高、贷款利率高的中小企业。此外,还要加强商业银行内部管理机制,杜绝过度激励机制,加强银行内部负责贷款人员的追责制度等。

第二,对于中小型商业银行来说,金融脱媒是机遇大于挑战。由于其自身惯性比大型商业银行要小得多,因此业务转型也容易得多。对于闲置资金,为提高资金使用效率,增强资产盈利能力,在风险可控的原则下应加大对各种结构性产品的投入;为迎合证券市场发展和融资渠道多样化,在保持传统存贷款业务的同时,可以通过金融债券、资产证券化等金融工具优化资金来源结构,满足市场融资需求,而不是单纯依靠存款来满足客户融资需求;强化风险管理,建立董事会管理下横向延伸、纵向管理的风险管理组织结构,在矩阵式管理的基础上实现管理过程的扁平化,完善风险管理技术,以达到有效控制业务风险的目的。

第三,对于政府来说,应当逐步放开信贷管制,即可以选择分批次取消对银行的贷款规模控制。首先,建立存款保险制度,一方面加强对存款人的保护,另一方面又稳定了金融秩序,同时也是推进存款利率市场化的基础;其次,可以取消对国有大型商业银行的信贷管制,再逐步取消对农信社、村镇银行等主要为中小微企业贷款的中小金融机构的信贷管制,最后达到全部放开;再次,推进利率市场化,尤其是存款利率市场化,让市场的力量引导商业银行选择合适的放贷对象,使资金能真正按照市场需求决定金融脱媒的程度;最后,利率市场化后,改善对商业银行风险评估的模式,适当降低对商业银行坏账率的要求,让银行有胆量贷款给中小企业。

第 4 章 企业融资结构与金融脱媒

4.1 企业融资结构概述

4.1.1 融资结构理论

资金具有引导和配置其他资源的作用,获得资金是企业经营和生产过程的前提条件和支持系统。企业融资活动是一个动态的过程,它是企业在既定目标下融资方式的选择。企业融资有两种方式,即内源融资和外源融资,前者指企业持续将经营活动收入投入到企业经营中,对企业而言,这种融资方式有四大特性:自主性、原始性、低成本和抗风险。后者指企业通过吸收其他经济主体的资金,使之转化为自己投资的过程,具有高效性、灵活性、大量性和集中性的特点。在外源融资的过程中,根据资金融出方和资金融入方相互关联的程度不同,可以分为直接融资和间接融资两种:直接融资是资金盈余方和资金短缺方相互间直接进行协议,或者通过盈余方购买短缺方发行的有价证券的方式,完成资金融通的过程。这一过程的发生不需要金融信用媒介的帮助,因而同本书金融脱媒的主旨相联系,可以认为直接融资是一种脱媒的融资方式;而间接融资方式则是资金盈余方通过存款形式,或购买银行、信托、保险等金融机构发行的有价证券,将闲置资金提供给金融信用媒介,通过这些媒介将资金提供给资金短缺方来完成资金的融通。间接融资方式因为需要依靠金融媒介筹集资金和运用资金两个步骤来完成,所以可以认为是一种依赖金融媒介的融资方式。

由于企业融资结构会影响企业的融资成本、市场价值以及治理结构,影响企业的发展,因此如何通过融资方式实现企业价值最大化,如何确认企业最优的融资结构,早已引起了学者们的关注,目前已经形成了比较完整的理论体系。

在企业融资结构的理论体系中,起到基石作用的是 1958 年美国的 Modigliani 和 Miller 于 1958 年 6 月发表于《美国经济评论》的"资本结构、公司财务与资本"一文中提出的 MM 定理。该定理分为两个部分:MM 定理 1 指出在资本市场高度完善、充分竞争、没有税收的经济环境下,企业选择怎样的融资方式不会影响企业的市场价值;MM 定理 2 则指出在债务风险较低的情况下,企业改变资本结构,提高负债率可以提高股权预期收益率。在 MM 定理的严格假设下,企业的最优融资结构是不存在的,但是由于假设过于严格,导致该定理对于企业实践的指导性意义不大。

之后发展起来的企业融资理论,都是在逐步放开 MM 定理严格假设的背景下形成的。其中,对于现实社会的融资活动具有较强解释力的是优序融资理论(Pecking Order Theory)。该理论由 Myers 和 Majluf 于 1984 年提出。优序融资理论将 MM 理论中对于完全信息的假定拓宽,将理论建立在不对称信息的基础上,考虑交易成本的影响,认为权益融资会将企业经营的不好方面暴露出来,除此之外,外部融资需要支付的成本种类也更多。由于企业价值的最大化必须首先实现企业成本的最小化,因此在进行融资时企业需要优先考虑成本最低的方式。该理论的结论主要如下:第一,企业偏好于成本较低的内源融资;第二,如果企业需要进行外源融资,那么将会首先考虑发行债券,即企业先考虑债权融资后考虑股权融资;第三,企业的债务率将会反映公司对于外部融资的累计需求。根据以上结论,将企业融资的融资顺序总结为:先内源融资,后债权融资,其中债权融资中先发行安全系数较高的有抵押债券,后发行有一定风险的无担保债券、可转债等,最后才会考虑进行股权融资。该理论之所以受到推崇,是因为其结论同美国企业 1956—1982 年间的融资结构非常相符。这段时间中,美国企业资金来源总额中有 61% 来自内部积累,23% 来自发行债券,而只有 2.7% 来自股票发行。

该理论在之后的实践中不断受到质疑,但是也在不断完善。Noe(1988)指出,当管理层对企业未来的现金流难以把握时,会优先考虑选择股权融资而非债权融资;而 Ritter(1991,1995)[1][2]、Baker 和 Wurgler(2000,2002)[3][4]则提出了"融资机会

---

[1] Jayr Ritter. The Long-Run Performance of Initial Public Offerings[J]. The Journal of Finance, 1991, 46(1): 3—27.
[2] Timloughran, Jayr Ritter. The New Issues Puzzle[J]. The Journal of Finance, 1995, 50(1): 23—51.
[3] Malcolm Baker, Jeffrey Wurgler. The Equity Share in New Issues and Aggregate Stock Returns[J]. The Journal of Finance, 2000, 55(5): 2219—2257.
[4] Malcolm Baker, Jeffrey Wurgler. Market Timing and Capital Structure[J]. The Journal of Finance, 2002, 57(1): 1—32.

之窗"理论,认为市场高度不完善,决定企业融资的唯一依据是债务和权益的价值变化。内部权益融资、债权融资和外部权益融资三者之间,根据当下成本的高低,由低到高排列为企业的融资选择顺序。

在以上理论研究的基础上,国内学者于20世纪80年代末开始对中国企业的融资结构进行了分析和研究。

理论研究方面,中国最早进行企业融资结构研究的是朱民、刘俐俐(1989)[1],他们主要介绍了现代企业资本结构理论的主要内容和发展过程,但是并未提出新的研究方法或者研究结论。之后张维迎(1995)[2]在"公司融资结构的契约理论:一个综述"一文当中,综述了有关公司融资结构选择的三类理论模型,分别为激励模型、信息传递模型和控制权模型,同时指出企业融资结构至少受到三方面因素的制约:一是企业所处的经济制度环境;二是该企业所在行业的行业特征;三则是该企业自身的特点(如规模大小、经营者能力)。张维迎提出了对企业融资结构研究的方法,但是并未提出具体的实践该如何进行,同时也并未从实证的角度应用这些模型。同样进行综述性研究的还有沈艺峰(1999)[3]和刘淑莲(2000)[4],分别参考了大量的英文文献,对资本结构理论进行了描述性的介绍而缺乏数理的支撑;林毅夫等(2001,2004,2005,2009)[5][6][7][8]则主要对中国中小企业的融资难问题进行了研究,提出解决中小企业融资难问题的关键在于:发展地区性中小银行、发展民间担保公司、成立专门支持中小企业发展的政府结构和建立个人与企业的信用体系及评级机构。

综合以上观点,可以归纳为以下几点结论:第一,通过企业融资结构的配置来使得企业价值最大化,当所选择的衡量企业价值的指标不同时,企业的最优融资结构也会相应变化;第二,不同行业的企业融资有着显著不同的结构配置,行业是影

---

[1] 朱民,刘俐俐. 现代企业资本结构理论[M]. 1989.
[2] 张维迎. 公司融资结构的契约理论:一个综述[J]. 改革,1995(4).
[3] 沈艺峰. 资本结构理论史[M]. 经济科学出版社,1999.
[4] 刘淑莲. 企业融资论[D]. 东北财经大学,2000.
[5] 林毅夫,李永军. 中小金融机构发展与中小企业融资[J]. 经济研究,2001,1(10).
[6] 林毅夫. 后发国家如何建立信用体系[D]. 2004.
[7] 林毅夫,孙希芳. 信息、非正规金融与中小企业融资[J]. 经济研究,2005(7).
[8] 林毅夫,孙希芳,姜烨. 经济发展中的最适金融结构理论初探[J]. 经济研究,2009(8).

响企业融资结构的重要因素;第三,中国企业在选择融资顺序时,对于股权融资有着特殊的偏好。

结合以上几点结论,本书在进行相应的融资结构分析时,将会按照企业行业的不同、规模的不同来进行研究,以期通过分析中国企业融资结构的特点,来进一步得出金融脱媒与企业融资结构之间的关联。

4.1.2 本章概念的界定

在本章中,将分别对中国的大型企业和中小企业的融资结构现状进行描述和分析。为了避免概念的混淆,先对其各自的概念进行界定。

根据国家经济贸易委员会、国家发展计划委员会、财政部和国家统计局 2003 年联合发布的文件《关于印发中小企业标准暂行规定的通知》(国经贸中小企[2003]143 号)中的规定,将中小企业的标准结合行业特点,根据企业职工人数、销售额、资产总额等指标进行了定义。该文件涉及工业、建筑业、交通运输和邮政业、批发和零售业、住宿和餐饮业这五大类行业,对其他行业没有提出明确规定。近十年来,由于中国经济快速发展,原本的规定已经不能够满足经济发展的需要,于 2011 年 6 月政府颁布了《关于印发中小企业划型标准规定的通知》。该规定同国际通行标准看齐,并且涉及了 84 个行业大类、362 个行业中类以及 859 个行业小类,几乎涵盖了所有企业。与此同时,首次在中国提出了微型企业的标准,使得对于企业规模的划分更加科学、合理。

依据该规定的标准,国内的银行业务中一般将总资产规模在 2 亿元以下、融资需求主要集中在 500 万元以上的公司经营实体划归至中小企业金融服务的范畴。而小微企业则指的是比中小企业规模更小的企业,包括小型民营公司、个人合伙企业以及个体工商户等经营单位或者组织,融资需求一般在 500 万元以内。[①]

本章节中进行的划分,考虑了企业融资结构的不同特点,将大型企业定义为:以国资委管理的 118 家央企为代表的大型国有企业,这类企业的特点是企业规模大、经营效益稳定、外源融资渠道较为畅通、可以选择的融资方式较多,"企业融资

---

① 王国才. 先行先试——破解小微企业融资难题[J]. 金融管理与研究,2010(7).

难"问题在这类企业身上没有太大的反映。在样本数据的选择上,本章以中国A股主板上市企业为样本进行分析;对中小企业中中型企业的定义确认为企业存在一定的规模,经营成熟但是不够稳定,外源融资方式上以间接融资规模为主、直接融资为辅的一类企业,这一类企业从融资的角度上来说,对银行等金融媒介的依赖性最高;而小微企业则指的是尚处于创业阶段的企业,这类企业自身效益有限,又缺乏有力的担保和抵质押,难以进行间接融资,在外源融资方式的选择上主要依赖于直接融资。而在行业分类的标准上,本章采用的是中国证监会2012年颁布的行业分类依据。

4.2 中国企业融资结构现状

如前文所述,中国学者通过对企业融资进行研究,发现不同行业的企业融资结构有着很大的不同。本书在此基础上,将企业分为大型企业、中型企业和小微企业来分别进行描述与分析。本书以现象的描述为主,主要根据中国企业规模和行业的不同进行相应的现状描述,具体的分析将会在下一节中展开。

4.2.1 不同规模企业融资结构现状

依据第一节中的定义,本书将中国企业分为大型企业、中型企业和小微企业,具体的融资结构现状如下:

第一,大型企业融资现状。根据大型企业的定义,同时考虑数据获取的准确性与可能性,本书选取沪市A股和深市A股的主板上市公司数据来对大型企业的融资结构进行分析。

根据本书的定义,以大型国有企业为代表的大型企业的一大特点在于融资渠道较为畅通,融资渠道畅通的更深层含义在于,该类企业由于自身规模和经营的优势,可以进行较为高级的股权和债权融资,如上市发行股票和发行企业债券。因此,本书选取了上市公司作为研究的样本。同时,结合中国的实际情况:上交所上市企业为大中型企业,首次公开发行股票对公司股本的最低要求是5 000万元,符合本书定义;而深交所的上市主要分为主板、中小板和创业板,其中主板市场曾经是中国大型企业的主要上市场所,但后来地位逐渐被上交所取代。深交所主板市场自 2007 年后已不发行新股,目前尚有上市企业 484 家,资产规模较大,平均资产规模达到 122.58 亿元,因此也被选为本书的分析样本。

本书选取了 2008—2012 年中国上证 A 股上市企业和深证 A 股主板上市企业为样本进行分析,通过对其五年财务数据的算术平均数进行计算,得出中国大型企业融资结构的特点,如表 4-1 和表 4-2 所示。

表 4-1　沪市 A 股上市企业融资结构　　　　　　　　　　　　　　(单位:%)

年份	内源融资		外源融资			
			债权融资		股权融资	
	未分配利润	盈余公积	流动负债	非流动负债	实收资本(股本)	资本公积金
2008	11.45	4.98	33.59	14.28	20.27	15.42
2009	13.02	4.87	33.17	16.38	17.55	15.01
2010	14.65	4.97	33.66	16.04	15.88	14.81
2011	16.72	5.16	35.07	15.68	14.03	13.34
2012	17.67	5.29	35.04	16.28	12.75	12.97

资料来源:Wind 数据库。

表 4-2　深证 A 股主板上市企业融资结构　　　　　　　　　　　　(单位:%)

年份	内源融资		外源融资			
			债权融资		股权融资	
	未分配利润	盈余公积	流动负债	非流动负债	实收资本(股本)	资本公积金
2008	6.65	4.20	45.74	14.84	13.48	15.10
2009	7.92	3.68	46.07	16.70	11.51	14.11
2010	9.43	3.32	47.01	16.98	10.17	13.08
2011	10.76	3.08	48.34	16.27	9.30	12.26
2012	11.60	2.98	48.83	16.39	8.77	11.44

资料来源:Wind 数据库。

通过计算上证 A 股上市企业 2008—2012 年的数据可以发现,中国 A 股上市企业的融资渠道主要以外源融资为主。内源融资的比重 5 年来虽然处于稳步增长的趋势,但是所占比率一直在 20% 左右,5 年平均的内源融资规模为 22.96%;外源融资是上证 A 股上市企业的最主要融资渠道,所占比率为 77.04%,其中债权融资又是企业的主要融资方式,所占总融资规模的比重平均达到了 49.84%。

相比沪市,深证 A 股主板上市企业的融资结构中,内源融资所占的比率更低。5 年平均仅为 14.57%,企业依赖外源融资的情况更为严重。而在外源融资中,债权融资又占到了绝对的比重,占总融资规模的平均比重达到 63.43%。前文中,虽然有学者提出了中国企业存在着明显的股权融资偏好,但是通过数据对比不难发现,从规模上来看,债权融资还是绝对占优的。所以,综合以上两市的大型企业数据,中国大型企业的融资结构是以外源融资为主,其中又以债权融资为主要的融资渠道。在大型企业的债务结构当中,流动负债所占的比重要大于非流动负债的比重。

第二,中型企业融资现状。依据本书的定义,同时考虑数据获取的可能性,本书选择了中国中小板上市企业和创业板上市企业作为研究的样本,如表 4-3 和表 4-4 所示。

表 4-3 中小板上市企业融资结构 (单位:%)

年份	内源融资		外源融资			
			债权融资		股权融资	
	未分配利润	盈余公积	流动负债	非流动负债	实收资本(股本)	资本公积金
2008	13.75	2.46	44.66	9.19	14.54	15.39
2009	15.61	2.55	41.72	9.52	13.25	17.35
2010	15.14	2.30	37.12	7.35	11.48	26.62
2011	15.65	2.31	37.47	7.14	11.38	26.05
2012	15.96	2.40	37.91	8.98	11.48	23.26

资料来源:Wind 数据库。

表 4-4 创业板上市企业融资结构 (单位:%)

年份	内源融资		外源融资			
			债权融资		股权融资	
	未分配利润	盈余公积	流动负债	非流动负债	实收资本(股本)	资本公积金
2008	15.52	2.39	43.40	7.46	21.44	9.79
2009	15.58	2.15	31.45	6.01	17.86	26.95
2010	13.06	1.67	20.44	3.21	12.42	49.20
2011	14.17	1.85	18.96	2.51	12.58	49.93
2012	14.70	2.06	20.67	3.11	13.83	45.63

资料来源:Wind 数据库。

表4-3由本书根据2008—2012年中小板上市企业年报数据计算而得出,通过该表的数据分析,不难发现对于中小板企业而言,内源融资所占的比重比主板企业更低,5年平均的内源融资占总融资规模的比重为17.63%;而外源融资方面,债权融资和股权融资各自所占的比重相比大型企业较为接近,5年平均的占比分别为48.21%和38.12%。但是相比大型企业,非流动负债占总融资规模的比重更低,这从侧面反映了中国中小企业可能较难获得稳定的长期资金。

根据表4-4的数据,中国创业板的上市企业在内源融资方面依然存在不足,5年内占总融资规模的平均比率为17.63%;而在外源融资方面,股权融资成为最主要的融资方式,5年内占总融资规模的平均比重达到了51.93%。综合上述两组数据,本书认为中国中型企业的融资结构与大型企业融资结构相同,内源融资依然不足,外源融资仍是企业融资的主要方式。但是外源融资中,债权融资所占的比重不再是绝对高于股权融资,以创业板企业为例,存在着股权融资规模超过债权融资规模的现象。

第三,小微企业融资现状。截至2011年12月,按照2011年新规定的划分,中国注册登记的中小企业超过1 100万户。在这些中小企业当中,99%以上都是小型和微型企业。99%的小微企业提供了中国近80%的城镇就业岗位,完成75%以上企业技术创新,创造的产品和服务的价值占2011年GDP总量的60%。[①] 按照Myers的优序融资理论,对于小微企业而言,需要优先考虑的是进行企业的内源融资,其次再考虑外源融资。但是对于处于创业初期的小微企业而言,自身经营产生的资金不足,难以满足企业在创建初期扩大生产规模所需要的巨大融资需求。小微企业自然而然会将目光投向外部融资。

2010年11月,渣打银行发布《中国新商帮中小企业融资生态调研白皮书》,其中提到对于所有中小企业外部融资而言,银行融资占到86%,且中小企业多数获得的是短期贷款,对于用于扩大规模的中长期资金,有62%的企业表示该项资金难以满足。中小企业的外部融资渠道除银行外,还有4.7%来自企业间的拆借,4%来自亲友间的借款,1.5%来自典当行小额贷款公司,如图4-1所示。

---

① 全国工商联. 2011年中国中小企业调研报告[M]. 中国工商联合出版社,2012.

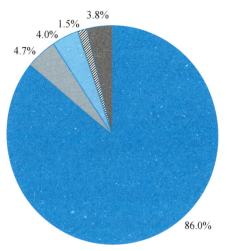

■ 银行融资　□ 企业间拆借　□ 亲友间借款　☒ 典当行小额贷款　■ 其他渠道融资

图 4-1　中小企业外部融资比率

由于中国至2011年才明确划分中型企业与小微企业,因此该白皮书的统计口径以中小企业为标准。但是考虑到小微企业99%的数量占比,因此可以推定小微企业主要依赖银行信用贷款来进行外部融资,北京大学国家发展研究院发布的《2010年中小企业生存状态调查报告》中数据显示,2010年,在中小企业中,大约占31%的中小企业有贷款需求,而在有贷款需求的中小企业中,有50万元以下贷款需求的企业占45%,100万元贷款需求的企业占63%,如果要计算中小企业所需贷款的平均金额,则为130万元。由于中国正在经营的中小企业估计数量超过600万家,因此可以推出中小企业融资的总需求金额为780亿元。

虽然存在贷款需求的小微企业数量巨大,但是小微企业在银行信贷中所占的份额却难说显著。根据全国工商联(2011)[①]测算,小微企业贷款占全社会贷款总额的比重长期保持在10%左右。即使在2009年和2010年宽松的货币政策下,新增贷款也仅仅占到了当年金融机构新增贷款总额的12%与20%左右。而目前中国银行的信贷覆盖率,大型企业近100%,中型企业90%以上,小型企业不足20%;在尚不足小型企业规模的小微企业中,不足2%。[②]

---

① 全国工商联. 2010年中国小企业融资状况调查[M]. 中国工商联合出版社,2011.
② 姚长存. 银行信贷视角破解小微企业融资难题研究[J]. 农村金融研究,2012(4).

综合以上数据,对于小微企业而言,占 GDP 60% 的产品和服务总价值与 10% 的新增贷款比重显然难以相符。正如林毅夫(2006)所述,在中国企业仍旧以银行信贷融资为主要融资渠道的背景下,小微企业面临的是"融资难"问题。"融资难"问题是导致小微企业被迫脱媒的成因之一,该点将在下文中论述。

4.2.2　不同行业企业融资结构现状

考虑到行业因素对企业融资机构的影响,本书根据中国证监会 2012 年对于中国行业的划分,将中国全部上市企业(包括 B 股)分为 18 个大类。现根据 2012 年上市公司披露的财报,计算公司的融资结构,如表 4-5 所示。

通过表 4-5,可以发现企业所处的行业不同使得其融资结构存在着巨大的差异。为了更好地反映企业在内源融资和外源融资上的不同,根据表 4-5 制作图 4-2 和图 4-3。

通过图 4-2 可以直观地发现,内源融资占企业总融资比重最高的三个行业依次为金融业、采矿业以及卫生和社会工作;而内源融资占企业总融资比重最低的三个行业则依次为教育、建筑以及电力、热力、燃气及水生产和供应业。最高的金融业内源融资所占比重为 40.95%,比最低的教育业的 1.43% 高出近 40 倍。由此可见,不同行业之间内源融资的比重差异很大。并且可以初步判断,金融行业与采矿行业的行业盈利能力较强。因为内源融资的主要来源是企业自身经营利润的积累,高内源融资比率需要企业盈利能力的有力支撑。通过图 4-3 可以发现,中国不同行业的上市公司对于外源融资的依赖程度都比较高。除金融业以外,其余行业的外源融资比重都在 60% 以上,反映了中国企业对于外源融资的普遍依赖性。其中建筑业、房地产业以及电力、热力、燃气及水生产和供应业对于债权融资的依赖性最强,最高的建筑业债权融资的比重达到了 82.77%;而卫生和社会工作、住宿餐饮业以及金融业公司融资结构中股权融资所占的比重最高。

根据以上对企业融资结构现状的描述,我们将在下一节中对中国企业融资结构的特点进行相应的分析研究。

表 4-5 2012年中国不同行业上市公司融资结构

(单位:%)

行业	内源融资		外源融资				
			债权融资		股权融资		
	未分配利润	盈余公积	流动负债	非流动负债	实收资本(股本)	资本公积金	
农林牧渔业	7.76	3.37	38.12	7.96	19.26	23.53	
采矿业	24.05	8.95	30.69	20.54	7.88	7.89	
制造业	12.11	3.16	45.37	12.78	10.22	16.38	
电力、热力、燃气及水生产和供应业	5.93	3.59	30.84	42.56	7.74	9.33	
建筑业	5.97	0.41	64.28	18.49	4.53	6.32	
批发零售业	10.85	2.19	60.50	7.80	7.87	10.79	
交通运输、仓储和邮政业	10.11	3.13	26.78	32.34	12.32	15.32	
住宿餐饮业	7.84	5.38	26.44	15.71	17.25	27.38	
信息传输、软件和信息技术服务业	10.54	1.35	59.81	4.18	9.78	14.34	
金融业	31.96	8.99	8.25	1.66	26.32	22.82	
房地产业	9.60	2.43	57.84	19.08	5.88	5.16	
科学研究和技术服务业	11.49	1.64	38.01	5.19	12.51	31.16	
水利、环境和公共设施管理业	15.38	3.14	34.72	20.61	12.57	13.56	
教育	-3.43	4.86	58.54	0.94	18.97	20.11	
卫生和社会工作	21.90	2.05	19.36	0.34	22.47	33.89	
文化、体育和娱乐业	17.49	3.68	30.52	5.64	16.94	25.74	
租赁和商务服务业	10.61	1.93	44.44	16.87	11.09	15.06	
综合类	9.84	3.01	40.86	22.78	13.96	9.56	

资料来源:Wind数据库。

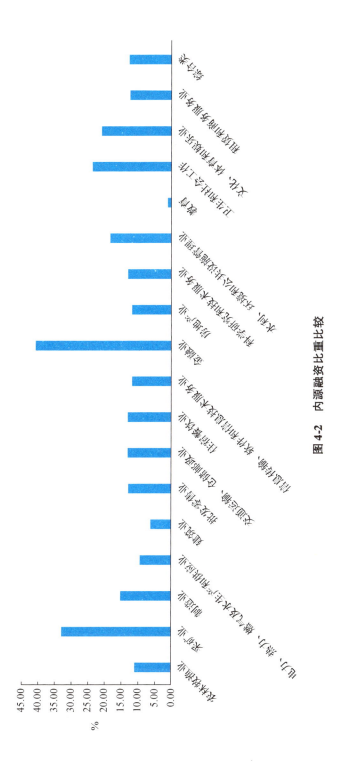

图 4-2 内源融资比重比较

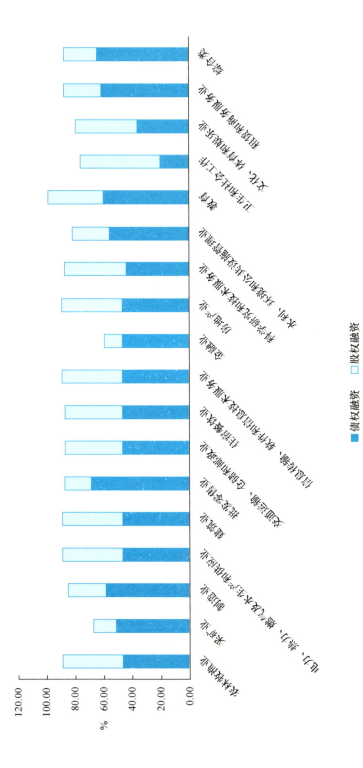

图 4-3 外源融资比重比较

4.3 中国企业融资结构特点

4.3.1 大型企业融资结构特点

根据以上现状的描述,中国大型企业的融资结构特点可以归结为如下几点:

第一,内源融资不足。内源融资是指企业将自身的资金贮备重新投入生产投资。对于企业资本形成而言,内源融资有四大特点:自主性、原始性、抗风险和低成本。对于企业的生存发展来说,内源融资不可或缺。按照 Myers 的优序融资理论,企业融资出于价值最大化和成本最小化的考虑,一般会优先选择融资成本最低的内源融资。西方发达国家的企业主要是利用内源融资,平均在 50% 以上,其中美国企业内源融资比例高达 70% 以上。然而中国企业的内源融资情况存在明显差异。中国大型企业的融资结构当中,内源融资所占的比重是远低于外源融资的,其原因在于上市公司的盈利能力较弱。

判断上市公司的盈利能力需要对一系列的指标进行分析,如净资产收益率、总资产报酬率、总资产周转率等。在这些指标当中,最重要的是净资产收益率。国家财政部、经济贸易委员会、人事部、发展计划委员会等四部委于 1999 年 6 月联合颁布的《国有资本金效绩评价规则》是中国目前最为权威的企业绩效评价方法。其中,净资产收益率所占的权重达到了 30%,是最重要的指标。对 1992—2011 年中国上市公司的净资产收益率进行分析,如图 4-4 所示。

根据中国证监会的规定,上市公司必须连续三年净资产收益率达到 10% 以上才有资格申请配股。因此对于上市企业而言,10% 的净资产收益率仅仅是一个门槛,是一个及格线。但是,观察 1992—2011 年中国上市企业净资产收益率的变化可以发现,在 1996—2006 年的 11 年时间里,中国上市企业的净资产收益率一直处于 10% 的及格线以下,由此可见中国上市企业的盈利能力存在着不足。对于构成上市企业规模主体的大型企业而言,其盈利能力的不足可想而知。反映中国上市企业盈利能力的另一个财务指标是企业基本每股收益 EPS。EPS 是对公司盈利能力的最终评价,EPS 高代表着公司每单位资本额带来的利润更大,从而公司盈利能力更强。根据图 4-5,中国企业的平均每股收益在 2007—2012 年间呈现下降的趋势,

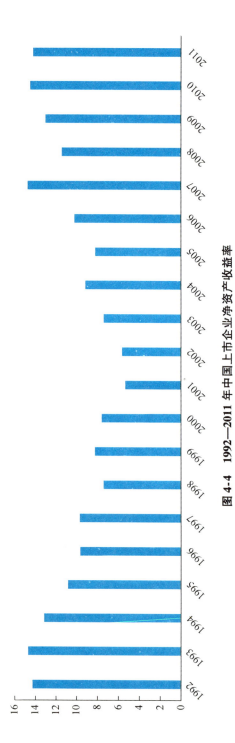

图 4-4 1992—2011 年中国上市企业净资产收益率

资料来源:《中国证券期货统计年鉴 2012》。

这也反映了中国企业的盈利能力在这 3 年里是在减弱的。大型上市企业是构成中国股市规模的主体,因此,可以进一步认为中国大型企业的盈利能力不足。盈利能力的不足进而导致了内源融资的不足。

图 4-5　2007—2012 年中国上市企业平均每股收益

第二,外源融资中债权融资仍占主要地位。沪深两市大型企业债权融资占总融资规模的比重达到 49.84% 和 63.43%,皆为占比最高的融资方式,因此债权融资对于企业融资的重要性可见一斑。

表 4-6 反映了中国债权融资中,银行信贷间接融资同股权直接融资的比重。对二者比率进行对比,可以得出结论:外源权益融资规模仅占银行信贷融资的一小部分。由于中小企业在 A 股筹资额度中占的比重小,因而该表主要反映了大型企业融资规模中银行信贷融资和外源权益融资的关系。债权融资中的银行信贷融资规模明显高于 A 股筹资额,进一步说明了债权融资在外源融资中的主导地位。

表 4-6　1992—2011 年中国 A 股筹资额与贷款增加额对比

年份	A 股筹资额(亿元)	贷款增加额(亿元)	百分比(%)
1993	314.54	6 335.40	4.96
1994	138.05	7 216.62	1.91
1995	118.86	9 339.82	1.27
1996	341.52	10 683.33	3.20
1997	933.82	10 712.47	8.72
1998	803.57	11 490.94	6.99

(续表)

年份	A股筹资额(亿元)	贷款增加额(亿元)	百分比(%)
1999	897.39	10 846.36	8.27
2000	1 541.02	13 346.61	11.55
2001	1 182.13	12 439.41	9.50
2002	779.75	18 979.20	4.11
2003	823.10	27 702.30	2.97
2004	862.67	19 201.60	4.49
2005	338.13	16 492.60	2.05
2006	2 463.70	30 594.90	8.05
2007	7 722.99	36 405.60	21.21
2008	3 534.95	41 703.70	8.48
2009	5 719.91	95 940.00	5.27
2010	10 190.93	79 510.73	12.82
2011	9 649.29	74 700.00	12.92

资料来源:《中国证券期货统计年鉴2012》。

而在债权融资中,银行信贷融资的规模要明显大于债权融资的规模。根据国家统计局2012年数据,2011年中国境内投放的各项贷款的总额为546 398亿元,而债权融资的规模仅为15 491.45亿元,不及贷款总额的三分之一。债权融资中银行信贷依然处于主体地位。因此联系本书金融脱媒的主题,从整体情况来看,企业融资过程中对于银行金融媒介的依赖依然是主流,中国企业的融资并未形成金融脱媒。

第三,直接融资中存在股权融资的偏好。股权融资和债权融资是直接融资中两种基本的融资方式。根据 Myers 的优序融资理论,股权融资应当是处于最末地位的融资方式。根据上海社科院2006年的研究,经验数据表明,在成熟的证券市场上,债券市场所占比例要远大于股票市场所占比例,大致情况为股票市场占20%—30%,债券市场占70%—80%。而中国上市公司股权融资与债权融资情况同理论和经验完全相悖。首先,本书认为中国的债券市场从其本质上说依然是高门槛的,目前中国债券市场上存在的公开发行的债券品种有企业债、公司债、短期融资券、中期票据和中小企业私募债。这些债券的发行分别由证监会、国家发改委和银行间市场协会三家机构把控,一般要求发行债券的企业的主体信用评级为

AA。这一点对于大多数处于发展初期的中小型企业是难以达到的。而针对中小企业的中小企业私募债,在当前的制度环境下已经成为大型公司通过控股子公司募集资金的途径,对于真正的中小企业而言支持力度不够。因此,本书认为能够进行发债的企业都属于有着一定规模的大型企业,债权融资方式基本是为大型企业服务的。如图4-6所示,债券的发行人主要由大型企业组成。

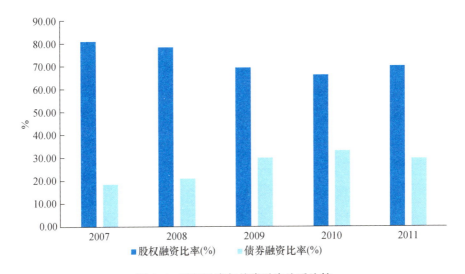

图 4-6 股权融资与债券融资比重比较

资料来源:王思博,江其玟. 关于中国上市公司融资偏好问题的研究分析[J]. 市场周刊(理论研究),2013(4).

在中国上市企业的直接融资比重中,股权融资呈现着绝对的优势。在中国的上市企业当中,股权融资受到强烈的青睐。这是由于企业普遍不敢尝试高资产负债率,一旦企业通过股份制改造批准上市,便开始选择股票来进行融资,与此同时,这种现象还受到公司分红方案的影响——公司的分红方案多以配股来代替现金支付。在大多数上市公司看来,股票市场成为一块免费的蛋糕。在当前的制度背景下,中国股票市场的准入与退出机制使得股票长期存在着只进不出的现象,这导致股票融资变得近乎无风险。而债券融资者始终面临着还本付息的压力,一旦经营不善,企业将面临破产清算的危机。根据前文提到的"融资机会之窗"理论,企业在不同的时期总会选择对于自身成本最低的融资方式。在中国当前的大环境下,股权融资的成本较低,债权融资成本较高,企业优先选择股权融资的方式在理论上也有了合理的解释。

4.3.2 中小企业融资结构特点

第一,规模歧视。如图4-1所示,中国所有(包含非上市)中小企业的外源融资结构中,银行信贷依然占据着重要地位。对于中型企业而言,根据本书对上市中型企业的数据分析,可以发现对于上市的中型企业而言,债权融资的比重有所下降,股权融资的比重有所上升,在创业板企业中实现了对债权融资的赶超。但是,对于非上市中小企业而言,尤其是小微企业,通过抵押、担保和信用贷款从银行获取贷款进行融资依然是最主要的融资方式。

造成这种现象的原因在于,长期以来对于中小企业,尤其是小微企业存在着的规模歧视。从市场机制层面,自2003年中国经济实施宏观调控以来,每当政策层面上实现紧缩银根政策后,小微企业都是首当其冲的受害者。大量的资金从原本应当属于小微企业的信贷资金中被抽取出,增加了企业贷款的难度。[1] 虽然近年来,政策层面上开始关注小微企业的信贷情况,并将政策向小微企业方面倾斜,但是增长的融资规模仍难以满足小微企业在规模增长过程中日益增大的融资需求。

而在直接融资的证券市场上,股票和债券市场的准入门槛对于小微企业而言过高。这种直接的融资方式在本质上仍旧是向大型企业倾斜。虽然中小板市场和创业板市场的建立为中小企业提供了新的融资渠道,但是目前中国只有少数的前端行业、高科技含量的中小企业能够以这种方式取得资金,难以在中国数以千万计的小微企业中形成主流。而且上市融资对于中国的企业而言,本身就是一种稀缺的资源。2013年年初,中国的IPO在审企业曾经一度达到900余家。而在经历了2013年上半年号称中国最严厉的IPO在审企业财务大核查之后,截至2013年8月15日,沪深两市共有IPO在审企业747家,其中拟在主板上市的企业173家,拟在中小板上市的有311家,拟在创业板上市的有263家。[2] 由此可见,当前的政策环境对于企业上市而言整体是偏紧的。在这样严格的背景下,能够获得上市融资的资格本身就是投资者对于企业规模和未来发展前景信心的肯定。真正处于企业发

---

[1] 叶倩,冯丹慧. 中小企业融资困境与融资体系的构建[J]. 商场现代化,2006(30).
[2] 资料来源:中国证监会网站。

展初期的企业,由于投资者对于企业未来发展风险的顾虑,很难获得上市融资的资格。

而从技术层面上来看,中国中小企业缺乏像大型企业那样多渠道融资的体系支撑。一方面,中国缺乏为中小企业提供担保的信用体系。中小企业由于缺乏有效的不动产作为抵押,同时担保公司出于自身风险的考虑不愿意为成长中的中小企业提供担保,使得中小企业的增信能力有限;另一方面,中国缺乏专门为中小企业服务的金融机构和相应的法规保障体系,如中小企业信用评级机构、中小企业担保机构等中介机构。同时,法律的执行环境也欠佳,部分地方政府甚至为了自身的政绩,纵容企业逃债。

第二,所有制歧视。所谓的所有制歧视可以说是我国经济发展过程当中的特有产物。中国企业的所有制形式从原本单一的公有制到现在的多种所有制并存,由于受到法规、体制和观念等因素的影响,不同所有制的企业产生了差别待遇,即所谓的所有制歧视。大部分情况下所说的所有制歧视都是针对民营企业的,因为在民营企业中中小企业占据着绝对的多数,所以所有制歧视的问题更多指的是中小企业受到的所有制歧视问题。

所有制歧视问题的表现形式是十分多样的,如行业准入歧视、税收歧视和隐形负担歧视等[1],而在企业融资过程当中,中小企业主要面临的是融资的所有制歧视。融资的所有制歧视主要体现在两个方面:非公有制企业(中小企业占据绝大多数)的直接融资困难和非公有制企业的间接融资困难。非公有制企业的直接融资困难主要体现在民营企业的"上市难"问题上。中国的证券市场从建立之初,就是为大型国有企业而服务的,在创业板建立之前,中国上市的企业中国有控股企业一度占到90%以上。2009年创业板建立之后,国有企业对于上市的垄断程度有所缓解,但是缓解的程度有限。直至2012年5月,中国创业板市场中非国有控股企业的数量才超过50%,而创业板市场,众所周知,在总体规模上是要小于沪深两市主板市场的,因此从总体上来看,公开发行股票进行直接融资的融资方式,在中国依然主要是为国有企业服务的。

---

[1] 杨明秋. 中国企业的所有制歧视问题研究[J]. 时代金融,2012(9).

中国中小企业间接融资困难则是中国中小企业受到的所有制歧视的最根本表现。这是因为,前文中,已经提到中小企业存在着内源融资不足,外部融资是中小企业融资的主要渠道。而在外源融资中,如图4-1所示,银行信贷又占据了其中的86%,因此一旦银行信贷的间接融资出现问题,中小企业就将出现融资难问题。

造成这一点的原因需要从两个角度来考虑。首先,从中国国有企业的角度来说,内源融资一直以来存在着不足。本书中选取了中国大型国有上市企业的代表——281家央企为样本,2012年上市央企的内源融资仅占总融资的17.84%[1],远低于2001—2010年10年间美国企业内源融资比重的91.3%[2],反映了中国国有上市企业内源融资所占比重的不足。内源融资不足的根本原因在于中国国有企业的经营效益低下,盈利不足,如图4-7所示。

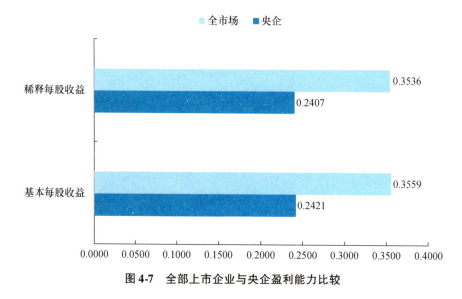

图4-7 全部上市企业与央企盈利能力比较

中国上市央企的平均EPS明显低于全市场平均的EPS,因此可以判断央企的盈利能力同市场整体相比存在着不足。进而可以推断,对于大型的公有制企业而言,盈利能力是有限的。因此在内源融资不足的情况下,只能转向外源融资。而上市国有企业往往能很容易地从外部融资,大量的政策面因素都是向国有企业倾斜

---

[1] 资料来源:Wind数据库。
[2] 郭春丽. 融资结构与公司价值研究[M]. 北京:人民出版社,2006.

的,企业在融资过程中花费的成本在行业中处于较低水平,尤其是时间成本,这导致上市国有企业不愿意努力提升自身盈利能力以满足融资需要。

其次对于商业银行而言,它们往往偏爱大型国企,因而国有企业在获取银行贷款方面有更大的便利性,且还款利率也更优惠。陈耿(2004)[①]的研究发现,国有企业以较低利率获取了70%的商业银行贷款。造成这种现象的原因,本书分析主要有二:一是不排除某些政策性贷款的可能。在中国经济刺激的4万亿投放期间,受到中央和地方政府的指标要求,商业银行将大量的贷款发放给了各省市的国有企业。民营企业由于规模较小,对于当地GDP的提升见效慢,被当地政府所忽视。二是国有企业有着所谓"官办"背景的支撑,在商行放贷的过程中,给了商业银行以信心,相当于一种变相的"担保"。即使国有企业不能够按时还贷,但是因为有着国有背景的支撑,企业面临破产清算的可能很小,商业银行自然认为向国有企业放贷比向民营企业放贷承担着更小的风险。

以上两方面原因的存在,使得以民营企业为主体的中小企业面临着所有制的歧视,更容易受到"融资难"问题的困扰。

4.4 中国企业融资决策的分析

为了进一步了解中国企业融资结构对于脱媒的影响,进一步探讨导致企业脱媒融资行为的原因,本书对企业的融资决策进行了实证研究(限于篇幅,省略具体过程,有需要的读者可联系作者)。

在本节中,我们将企业的融资行为分为四个种类,即内源融资、债务融资、股权融资和信贷融资。希望通过分析企业的财务数据来判断企业选择不同融资行为的可能性大小。由于上市公司的融资行为是离散的几组数值,不具备一般变量的近似连续性特征,因而在选择计量模型时,采用传统的回归模型和估计方法是行不通的。因此,本书采用了四因素的多元Logit模型拟合上市公司融资方式的选择,通过实证研究来分析影响上市公司融资行为的因素。

---

① 陈耿.上市公司融资结构:理论与实证研究[D].西南财经大学,2004.

在样本的选择方面,主要以沪深两市 A 股市场的股票为统计样本,所选取数据的时间窗口为 2008—2012 年,其中排除了 PT、ST 股来研究正常经营公司的融资行为,并且由于金融行业资产负债的特殊性,本模型所选取的样本不包含上市的金融类企业。

另外,依旧同前文一样,根据企业规模的不同和数据的可得性,将企业分为大型企业和中型企业两大类。其中,大型企业的样本由 2008—2012 年 5 年沪市 A 股和深证 A 股主板符合本模型要求的 2 574 家样本公司组成;中型企业的样本则由 2008—2012 年 5 年中小企业板和创业板符合本模型要求的 694 家样本公司组成。

我们的实证研究可以得出结论,大型企业融资偏好的顺序明显不同于中型企业,大型企业更偏向于以信贷为主,而中型企业更偏好内源融资和债权融资。不过,就流动性和股权结构而言,不管是大型企业还是中型企业,流动性越弱、流通股比例越低则越倾向于信贷融资;而资产负债率越高,大中型企业越倾向于内源和债权融资。

对于中国企业融资脱媒的动机,我们分析如下:

第一,大型企业的主动脱媒。通过实证分析,可认为中国大型企业的融资结构中,以外源融资为主,而在外源融资中,又以债权融资为主要的融资方式。

对于中国的大型企业,尤其是大型国有上市企业,相比其他的企业而言拥有着更多的融资渠道。同民营企业相比,国有企业上市融资和发行债券的难度都较小,这就使得国有企业能够更加容易地进行融资。具体来看,在深市 A 股主板的上市公司中,民营企业占比仅为 30.06%,远低于非民营企业的规模。

按照 Myers 的优序融资理论和"融资机会之窗"理论,企业考虑融资成本的高低,选择融资成本最低的融资方式,形成的融资顺序应当是先内源融资再外源融资。中国大型企业,尤其是大型国有企业的经营效益不足,使得内源融资不足。目前中国银行对大型企业的信贷覆盖率接近 100%。[①] 大型国有企业凭借自身规模和政府的帮助,能够以较低的利率获得银行的贷款,使得大型国有企业会优先考虑银行信贷融资。由于取得银行信贷的难度较低,考虑到分红等因素,大型国有企业

---

① 姚长存. 银行信贷视角破解小微企业融资难题研究[J]. 农村金融研究,2012(4).

在能够进行内源融资的时候,甚至也可能选择进行银行信贷融资。

所以不论从现实情况还是理论研究来看,都没有逼迫大型企业进行金融脱媒的后果。大型企业如果要进行金融脱媒融资活动,唯一的可能是其主动进行金融脱媒。本书将这种主动进行的金融脱媒定义为"主动脱媒"。主动脱媒主要具有两层含义:一是大型企业凭借着自身的融资渠道优势,进行不需要借助银行等传统金融媒介的低成本直接融资活动;二是大型企业因为自身的流动资金较为充裕,在社会融资的过程当中,代替银行充当资金融出方的角色,使得其他资金短缺方不需要借助于银行等金融媒介而进行融资活动,从而使得金融脱媒的程度加重。

以上两种方式都将金融媒介排除在外,并且大型企业自身都通过降低成本和获取风险补偿两种方式,得到了比单纯进行银行信贷融资更多的经济利益。所以大型企业的金融脱媒具有主动脱媒的一面。

第二,中小企业的默许脱媒与被迫脱媒。综合来看,结合本书的定义,小微企业由于难以获得稳定、较低成本的银行信贷,因此在进行外源融资时,如果发生金融脱媒的现象,其主要原因很有可能是其不能获得银行信贷并且缺乏其他有效的间接融资渠道。这种情况下发生的脱媒,我们认为是一种被迫的脱媒。一方面是企业成长时旺盛的资本需求,另一方面又是银行一旦受到信贷管制,对于小微企业更加严厉地紧缩银根,这就使得小微型企业在需要进行融资时被迫将目光投向了民间资本市场。从成本角度来说,从民间资本市场获得资金的成本其实更加高昂,但是在企业资金链断裂倒闭与高成本高风险运营之间,大部分的企业被迫选择了后者。因此对于小型企业而言,金融脱媒现象的发生是一种无法得到银行贷款情况下的无奈之举。

相比小微企业融资和大型企业融资这两种极端的情况而言,中型企业的融资结构某些程度上更具有普遍性。中型企业对于资金依然存在巨大需求,同时能够以适中的利率得到银行的贷款,但是这类企业依然可能会选择脱媒的方式来进行融资。造成这一现象的原因是多方面的,本书将在下一节对这一问题进行深入的分析和探讨。

4.5 中国企业特有的金融脱媒——默许脱媒

4.5.1 默许脱媒的成因——短资长用的经营模式

短资长用,又名短款长用、短贷长用,指的是银行给企业的短期贷款被企业投放于长期的项目中,导致流动资金被企业长期占用的情况。短资一般指的是银行发放给企业的短期信用,期限一般在一年以内,如短期流动资金贷款、银行承兑汇票等。但是由于中国企业普遍存在着自由流动资金少、铺底资金不足的问题,企业对于铺底资金存在着长期的需求,因而短期的流动资金贷款被企业长期占用,用于如基本建设、技术改造等固定资产投资中,使得银行几乎难以收回这一部分的贷款。这种现象给信贷管理增加了难度,也给贷款带来了隐性的风险。

本书中选取中小板和创业板上市企业作为中等规模企业的代表,使用流动比率来衡量企业是否存在短资长用的现象。对债权人来说,此项比率越高越好,比率高说明偿还短期债务的能力强,债权就有保障;对所有者来说,此项比率不宜过高,比率过高说明企业的资金大量积压在持有的流动资产形态上,影响到企业生产经营过程中的高速运转,影响资金使用效率。若比率过低,说明偿还短期债务的能力低,影响企业筹资能力,势必影响生产经营活动顺利开展。因此,可以认为当流动比率较低时,企业存在着短资长用的现象。

早在20世纪初,美国的商业银行在向企业提供贷款时就使用流动比率作为判断企业信用的标准。经验法则认为,当流动比率达到2:1以上时,才是较为安全的流动资产与流动负债的比率。因此,该指标又被称为"银行家比率"。在该经验法则的基础上,本书以2012年中国全部上市企业财务数据为样本进行流动比率的计算,得到的结果如图4-8所示。

由图4-8可以发现,中国企业的流动比率小于2的情况在上市公司中较为普遍地存在,数量上达到了989家。结合美国银行的经验法则,可以认为在中国的企业当中,短资长用的现象较为普遍地存在。

许多企业都不同程度地存在着这样的行为,一方面是企业没有对自身的经

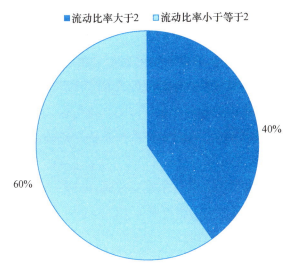

图 4-8　2012 年中国上市企业流动比率

营作很好的规划,同时与当前的融资途径和融资成本不无相关。相对于短期信用的融通而言,长期信用的融通显得繁琐得多,同样金额的贷款,由于贷款性质和用途的不同,就可能要经过不同的审批手续,审批的时间、贷款的定价也大不相同。作为企业来说,当然愿意采取最便捷、成本最低的方式。特别是那些在快速扩张期的企业,对资金的渴求程度越高,就越愿意采取变通的方法以解燃眉之急。

对于企业而言,短贷长用的风险在于要不断安排偿债资金,偿债压力更大。企业一般通过借新还旧的方式循环使用,一旦银行不再提供新的贷款,企业可能面临资金链断裂的风险。

根据本书的研究,我们认为短资长用的背后原因在于企业重资产的经营模式和融资渠道的匮乏。

第一方面,重资产经营模式及其现状。重资产的经营模式是相对于轻资产经营模式而言的。轻资产公司一般能够凭借较少的资金投入而获得较大的利润回报,利润率较高;而重资产公司则与之相反,需要很大的资金投入来获得利润回报,利润率比较低。重资产公司的另外一个特点是其固定资产的投资较高,例如,机械制造企业就是典型的重资产经营企业。

理论界中常用固定资产比重来衡量企业的重资产化程度。在同一行业里,固定资产比重远超于行业平均水平的企业,基本可以判定其为重资产化企业。根据袁媛(2013)在"中国企业重资产化的态势分析及其财务风险管控"一文当中的研究,同一行业内按照重资产化程度的差异,可以将企业分为四类:很轻、较轻、较重和过重。而评价企业重资产化程度的具体指标,则可以使用固定资产占总资产的比重。① 根据其研究,将固定资产占总资产超过40%称为资产流动性较重。

如图4-9所示,以2012年中国上市企业为例,在上市企业当中,采用重资产经营的企业有377家,并且以传统的制造业为主。由此可见,对于特定的行业而言,重资产经营的模式是普遍存在着的。

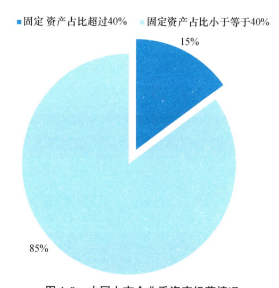

图4-9　中国上市企业重资产经营情况

因为企业的资本投入高,利润率低,重资产经营企业必须通过其他方法来提高公司账面的利润,采用较低的折旧政策就是其中一个方法。采用激进的折旧政策,将固定资产的折旧率调低,使得公司每年的利润都会受到一定的高估。另外,重资产经营的公司有时会通过不断采购新设备的方法来提高公司的利润。旧设备会在

---

① 袁媛. 中国企业重资产化的态势分析及其财务风险管控[J]. 财会月刊,2013(2).

达不到公司假定的使用期限时更换,也就是说,每年的折旧计提不足,利润高估。设备更换时,由于通货膨胀的原因,多年后,新设备价值也会高于原值,则原折旧计提不够,所以会计利润会高估。

重资产经营企业的另一个特点是企业的经营杠杆一般较高。企业因为经营杠杆系数高,营业收入的小波动也会引起利润的大波动。如果重资产的公司刚好又处在周期性行业,那么利润波动会很大。如果是上市公司的话,将会相应地带动股价大幅波动。中国企业普遍存在着重资产的经营模式,使得中国的企业极大地依赖着资本的投入。通过持续加大资本投入的方式来维持着企业的利润率和发展,一旦资金出现问题,由于高杠杆的存在,企业的发展将会出现巨大问题。所以对于重资产经营的企业而言,对于资金的需求格外旺盛。而前文的研究已经阐述了,对于中国的中型企业而言,企业获得稳定长期资金的难度大于大型企业。一旦企业无法获得足够长期资金,将会不得已使用能够筹集到的短期资金。短期资金弥补长期资金的漏洞成为重资产经营企业维持企业经营的首选。因此,重资产的经营模式是企业短资长用的一个重要原因。

第二方面,企业融资渠道匮乏。前文已经提到企业的内源融资普遍难以满足企业的资金需求,而外部融资主要有以下两种方式,即上文提到的债权融资和股权融资。中国企业,尤其是中小企业,一直以来都存在着上市难的困境。这种困难主要体现在了以下几个方面:

第一,企业自身条件素质的约束。这是企业融资难的内部原因,主要在于以下几个方面:经营规模、产业层次、产品竞争力、盈利能力和抗风险能力方面不足;折旧率偏低,固定资产更新周期长,累积资金多以沉淀资金形式存在;有形资产有限导致抵押贷款有限,此外,信用融资机制的缺乏导致贷款担保人难以找到;经营管理粗放,内部漏洞较大,且资金使用效率低;内部控制制度不够完善,会计报表反映不真实,导致银行等投资者难以做出准确的信贷投资决策;投资项目可行性不足,项目后续资金难以为继;自律能力不强,为逃离金融债务而采用不合规的资产评估、资产剥离和切块改制等手段,并设法套取银行信贷资金,逃避银行监检;多数贸易往来以现金交易代替交易合同,导致银行审查资金用途及回笼贷款有困难。

第二,现行体制影响。这是中小企业融资难的外部因素,主要有以下原因:一是中国股票市场上市条件和规模对此有限制,国有大型企业成为各级政府的优先考虑对象,中小企业上市变得十分困难,在目前上市公司仅有不到10%为中小型企业;二是由于中小企业债券融资风险大,发行额度小,难以获得监管部门的批准,各大券商也不太关注;三是国家为了促进国有大型企业改革发展,推出了"债转股"、"增加银行核销呆账准备金"等信贷优惠政策,但这些政策对中小企业特别是民营企业鲜有开放,因此中小企业面临着十分严格的贷款条件;四是中国尚未建立中小金融机构来专门为中小企业服务;五是中国还未建立统一的机构来管理中小企业,农业部的乡镇企业局管理农村的中小企业,经贸部中小企业司管理城市的中小企业,且各管理部门之间职能互有交叉,互不协调,有时还会出现推诿责任和"政出多门"的事件。

第三,来自政策层面的影响。在中国股市发展的短短二十多年间,已经发生过8次IPO暂停。IPO暂停的初衷在于通过减少供给的方式,来拯救在不同时期一路下滑的中国股市。但是从结果上来看,每次的IPO暂停对于中国股市的影响都是有限的。以最近一次的IPO暂停为例:最近的IPO暂停,一般认为是在2012年的11月16日开始的,截至2014年1月仍然在持续。虽然监管层没有明确表态,但IPO处于暂停状况的现状不容驳斥。暂停原因是多重的。一方面,自2009年8月起,A、B股持续下跌,连续3年在主要经济体中表现最差,相较之下,欧美国家股市反而率先走出金融危机影响下的低迷状态,股指不断攀升。另一方面,监管层进行了IPO公司财务大检查,这次号称史上最严的检查打算挤干拟上市公司的财务"水分"。中国证监会在2012年12月28日发布了《关于做好首次公开发行股票公司2012年度财务报告专项检查工作的通知》,通知要求各中介机构在开展2012年年度财务资料补充和信息披露工作时,应严格遵守现行各项执业准则和信息披露规范要求,勤勉尽责,审慎执业,全面自查首发公司报告期内财务会计信息真实性、准确性、完整性。并要求在2013年3月31日之前保荐机构、会计师事务所将自查工作报告报送中国证监会。一个月后,中国证监会又发布了《关于首次公开发行股票公司2012年度财务报告专项检查工作相关问题的答复》,其中指出如果确实在截止日前无法提交自查报告,发行人和保荐机构应根据证监会审核流程,提出中止审查申请。证监会待其提交自查报告并审核后,仍将对该部分企业进行比例抽查。首批30家抽查企业于2013年4月产生;两个月后再次产生10家抽查企业。

通过以上三点可以发现,对于大部分企业而言,在当前的上市融资制度和政策环境下,企业进行上市融资的活动存在很大难度。因此,对于大部分的中小微非国有企业而言,"上市难"是一个普遍存在的问题。

在中国股票市场不景气的情况下,债券市场开始加快发展。但是债权融资方式对于大部分的企业而言依然存在着不小的难度。从2012年债券市场来看,主要呈现了三个特点:一是债市整体大扩容;二是信用债助推作用明显;三是逆回购成替代降准利器。2012年的债券市场从整体来看在蓬勃发展,2012年新债发行量突破了8万亿元,信用债更是剧增,这使得债券市场存量规模扩容至25.6万亿元,与股票市场不相上下。但是从2013年的情况来看,债券市场的发展也并不是那么乐观。

目前国内债市的需求以商业银行、保险机构以及基金为主。并且资本要求新规对债券的需求逐步降低。2013年《商业银行资本管理办法(试行)》的正式实施使得商业银行在债市的需求增长变得缓慢,这主要是受银行间业务减弱的影响。同时由于保费收入增速较低,保险机构对债券需求也走入低迷期。2013年保费增速依然微弱,这导致了债券需求增速也没有大的变动。截至2014年11月,保费增速比2013年年末略低一个百分点。从2011年到2014年,保费增速稳中有降。并且,我国产险业处于竞争阶段,各公司为追求保费不计后果地提高手续费,导致承保亏损,而投资收益仍处于较低水平,所以大量产险公司的盈利水平非常低。由于债券型基金赎回容易,因此只要股市表现较好,债基将出现明显的规模收缩。2012年债券的盛况近年难以再现,因而新增债基个数会下降得较为明显,规模也会同时有明显收缩。因此,从整体上来看,近年的中国债市应当是处于一个调整的时期。

而对于企业而言,虽然目前债券市场上存在着的债券类型有许多,如中期票据、短期融资券、企业债券、公司债券、中、小企业私募债等,但是大部分的债券品种都是为那些规模较大、拥有良好信用的企业而设计的。债券市场蓬勃发展的最大受益者其实是国有企业。如为政府融资平台提供的城投债,在近几年实现了爆发式的增长。这类债券的特点是,期限较长,一般在5—7年,同时信用评级较高(以政府财政为担保)。近年来,城投债发行主体曾经一度扩大至地级市乃至区县级,准入门槛在降低。虽然在2012年年底,财政部联合发改委、人民银行和银监会发布了《关于制止地方政府违法违规融资行为的通知》对城投债的发放进行了进一步的规范,但是目前债券市场上城投债的规模依然要高于企业债。

大部分的中小企业不具备发行城投债的背景,也不具备发行企业债、短融中票的实力和规模。从字面上来看,中小企业私募债是专门为中小企业设立的债券类型。中小企业私募债的发行主体是中小型民营企业,这类企业具有规模小、信用风险高的特点。2012年5月,政府正式公布了中小企业私募债的试点办法,6月起上海、深圳证券交易所开始正式接受私募债的备案。这种面向非上市中小企业的新型融资方式,不设财务指标限制,不强制要求信用评级,将创新性地缓解中小企业融资难问题。截至2013年6月底,中小企业私募债试点范围已扩大至22个省。沪深交易所累计接受311家企业发行中小企业私募债备案,金额413.7亿元;210家企业完成发行,筹集资金269.9亿元。但是这对于中国大部分中小型企业的资金需求而言仍是远远不够的。一方面,目前发行中小企业私募债的企业数量远远不足;另一方面,由于2012年中国债券市场发生的5起信用违约事件,目前国内市场对于信用风险是高度警惕的,具有较高风险的中小企业私募债首当其冲地受到投资者的警惕。因此就目前而言,债券市场也难以解决绝大多数中小型企业的资金需求。

因此,结合以上两个方面的分析,本书认为,上市难、发债难的背景是导致企业短资长用的另外一个原因。

4.5.2 短资长用的结果——借新还旧的债务循环

上文所述的原因,导致了中国企业短资长用的现状。对于银行而言,企业短资长用会导致短期贷款的还款风险;而对于企业而言,短资长用的模式,使得短期贷款到期时,企业无法运用自身的营业收入来进行还款,只能够寻求其他途径来还贷——借新还旧就是其中一种最常用的方式。

2000年,中国人民银行公布并施行了《不良贷款认定暂行办法》,在此之前借新还旧贷款一直被视为违规业务。该办法规定了四种条件下借新还旧可以认定为正常类贷款,但监管部门一直未予明确办理借新还旧贷款的条件。

一般意义上的借新还旧,是指在贷款到期后不能按时收回时,为偿还原贷款又重新发放新贷款的行为。借新还旧对于商业银行盘活贷款十分有利,能进一步明确债权债务关系,完善担保和弱化贷款风险,但借新还旧对于商业银行可能也有很大的负面影响。

借新还旧主要有四种形式:一是借款人贷款到期后用在A银行取的新贷款去还所欠A银行的旧贷款;二是借款人贷款到期后用从A银行取的新贷款去还所欠B银行的旧贷款;三是通过借新还旧将A企业取的贷款转给B企业,再通过借新还旧将B企业取的贷款转给C企业,最后再从C企业转回A企业;四是通过高息拆借资金提前几日归还贷款,拆借资金的来源可能是担保公司、投资公司、典当行或企业等,然后再用银行贷款归还拆借资金。

目前企业的借新还旧主要指的是第四种情况,即通过面向外界,面向民间资本市场来获取融通资金进行还款。这种方式的借新还旧进一步导致了金融脱媒的持续发酵。

对于商业银行而言,借新还旧可能有如下几点直接影响[①]:

第一,借新还旧使贷款的风险状况和内在损失程度不能如实、按期反映,使信贷风险暴露推迟,部分掩盖了银行真实的资产质量和经营信息,使得不良贷款的监管难度变大。借新还旧贷款延缓风险暴露的主要原因在于,其将一部分原本的不良贷款归入了正常类贷款的范畴之中,同时将一部分本应当计入表外的利息收入计入了表内,虚增了银行的当期收入。

第二,可能导致信贷资产流动性变缓。部分商业银行习惯于用借新还旧处理到期贷款,使得贷款的实际回收率降低,依靠借新还旧维持运行的信贷表面上仍是短期流动资金贷款,但实际上是被客户长期占用的贷款,这会使得银行资产固化,造成货款实际流动性较低;同时在借新还旧贷款中,贷款的约期有近20%不符合

---

① 刘青. 借新还旧贷款对商业银行信贷管理的影响及对策[J]. 济南金融,2006(1).

规定,使得贷款的期限错配,银行对信贷资产进行管理的难度增加,对银行真正提高盈利能力有负面作用。

第三,可能会造成银行错过最佳时机清收贷款。担保贷款为银行主要发行的贷款,在借款人出现第一还款来源问题时,银行为了收回贷款可要求保证人履行保证责任或处置抵押物。而在借新还旧的情况下,原贷款的期限被拉长,这加大了借款人、保证人经营情况或抵押物价值的不确定性。当借新还旧无法继续进行时,就会显露不良贷款,但此时银行已经失去了清收贷款的最后时机。

第四,可能助长借款人的不守信行为。在贷款到期无法归还时采用借新还旧,使得借款人对商业银行债务的责任意识变得薄弱,同时企业的信用观念也淡化,更依赖于挤挪信贷资金,这样的行为对银行信贷风险和社会整体信用环境建设都带来不良影响。

从金融脱媒的角度而言,企业融资渠道匮乏和重资产经营模式导致的短资长用所催生的借新还旧,从某种意义上促进了金融脱媒的发生。因为当前企业"借新"的主要途径并不是通过银行等传统的融资渠道,而是更多地转向民间资本市场,更多地通过直接融资的方式。因此,借新还旧促进了金融脱媒的发生。但是这种类型的金融脱媒,并不同于大型企业的主动脱媒和小微型企业的被迫脱媒,这是一种被银行所默许的脱媒。商业银行本身在其中其实也扮演了一个推波助澜的角色,具体的分析将在下文中展开。

4.5.3 借新还旧的发酵——民间融资需求的催生

本书将大部分企业(以中等规模的企业为主)的脱媒方式称为默许脱媒的主要原因是在于:银行本身一方面在理论上希望企业能够通过借新还旧的方式来还上本期贷款,而另一方面商业银行实际上又在途径上将企业通过银行进行借新还旧的道路封堵,使得企业只能通过民间市场进行直接融资。

第一,银行管理不善导致不愿发放借新还旧贷款。虽然从长期来看,借新还旧有着上文所述的种种缺陷,但是在短期内,借新还旧是有利于商业银行总体的。借贷换新有利于盘活、收贷任务的完成,使得诉讼时效的法律限制不再成为约束,除此之外还使得债权债务关系更加明确,并有可能要求借款人的担保变得更强,来抵御即期贷款的风险,同时从账面资产来看,通过办理新贷款业务来避免追讨旧债,不仅降低了不良资产,同时也稳定了银行信用。[①]

但是从近况来看,中国商业银行的借新还旧贷款的管理状况和发展形势不容乐观。从整体情况上看,目前借新还旧贷款不良率为63.08%,笔数占所在机构各项贷款的9.58%,余额占所在机构各项贷款的5.63%,可以说借新还旧贷款存在着"笔数多、总量大、不良占比高、整体质量较差"的缺点,已经成为不良贷款中比重最高的贷款方式,反映出借新还旧贷款管理中仍存在着贷款管理粗放、风险防控不到位等问题,导致了借新还旧贷款已经成为信贷资产质量不高的根源之一。[②]

因此,对于银行而言,由于管理情况不善,借旧还新贷款已经成为商业银行不良贷款的负担之一。本书认为这是商业银行在实践中不愿意发放借旧换新贷款的真实原因。

第二,企业向银行贷款借新还旧成本过高。对于企业本身而言,向银行借款来进行借新还旧并不是成本最低廉的方法。众所周知,对于企业的资产而言,既有有形的资产如土地、设备、厂房等,又有无形的资产如商誉、无形资产等。当企业在选择融资途径时,考虑的不仅仅是有形的资金成本,也需要考虑无形成本的损耗。

一是从有形成本的角度来看,本书在上文提到,企业借新还旧的方式有向原贷款银行再贷款和向其他银行贷款两种途径。对于前一种途径而言,上文中也已经提到,从长期来看,对于贷款银行而言推迟了风险的暴露,可能会加重银行信贷风险的爆发,并且考虑到借新还旧贷款的高不良率,商业银行对这类贷款会慎重考虑;而对于后一种途径,由于目前企业信用征信系统是全国联网共同使用的,对于有着一笔未还贷款的企业,其他银行也会慎重考虑新贷款的发放,即使发放贷款,也会使用高贷款利率来补偿贷款风险。

二是从无形成本的角度来看,企业通过银行贷款的方式进行借新还旧是对于自身信誉的损耗。"借新还旧"本质上是变更原借款合同中的贷款期限及利率,从

---

① 段俏丽. 借新还旧效力分析及风险防范[J]. 决策与信息下旬刊,2009(2).
② 王广明. 农村信用社借新还旧贷款现状分析及风险防范对策(上)[N]. 经济导报,2012.12.31.

而延长借款期限的法律契约。特殊点在于新借款用于偿还旧借款,而借款人只需继续向银行支付利息。这表现为对旧借款进行延期,但借款人不必支付借款逾期而产生的高息;从银行角度看,从借新还旧的本质可以总结出它的基本特征:借款人不能归还贷款的原因必须是银行认可的。在实践中,借款人可能因为丧失了偿债能力、不可抗力、资金周转暂时出现问题、故意逃废债、企业转制等而无法归还贷款。借新还旧只能在银行认可的条件下进行。而银行一般只是在企业遇到临时性资金周转困难或企业经营体制变更,但企业的经营仍然保持正常稳定、信贷资产不会出现问题时才可能通过借新还旧发放新贷款。即银行只会在给自己与企业同时带来好处的情况下进行借新还旧贷款。银行不可能对已严重亏损、资不抵债的企业进行借新还旧。

所以从无形资产的角度来看,一旦企业选择同银行进行借新还旧,那么无异于是在向银行宣告自己已经出现了经营困难。这等同于在向资本市场释放自己的利空消息,从长久和下次进行融资的角度来看,不利于自身的信用评级,不利于下次融资成本的降低,损耗的是企业长期经营所积累下来的信用水平和投资者的信心。因此,对于企业而言,向银行进行借新还旧的融资活动,会损耗自身的无形资产。综合来看,向银行进行借新还旧贷款不是一种最为低成本的融资方式。

第三,民间借贷对于企业的吸引力。综合以上两个角度不难发现,不论是商业银行还是企业,都难以存在通过银行进行借新还旧贷款的动机。在资金需求面前,企业自然会将目光投向民间借贷市场。

理论界一般将民间金融称作非正规金融或非正式金融,它是相对于商业银行等正规信贷服务机构而言的金融形态,以提供借贷为主,有少部分私人钱庄机构提供汇兑服务。世界银行(Aryeetey, Hettige, Nissanke 和 Steel,1997)[1]给出的民间金融定义是指那些未被中央银行监管当局所控制的金融活动。江曙霞(2001)[2]将民间金融归入地下金融范畴,之后江曙霞、马理(2003)[3]又从民间信用角度考察其历

---

[1] Aryeetey, E., H. Hettige, M. Nissanke, and W. Steel. Informal Financial Markets and Financial Intermediation in Four African Countries[J/OL]. World Bank, 1997. https://openknowledge.worldbank.org/handle/10986/9945 License:CC BY 3.0 Unported.

[2] 江曙霞. 中国地下金融[M]. 福州:福建人民出版社,2001.

[3] 江曙霞,马理. 民间信用生成逻辑的解析及疏导原则的确立[J]. 财经研究,2003(9).

史演进脉络。本书认为,民间借贷的最大特点在于其不受监管机构的监管控制,因此往往游离在正规体制之外,作为金融市场的补充而存在。

由于不受监管机构控制,因此民间借贷的规模缺乏官方的统计数据。据中央财经大学的一项课题研究结果显示,2003年民间借贷总规模将达到7 405亿—8 164亿元。2005年,中国人民银行通过调查发现,当年有9 500亿元的社会融资总规模。2012年,中信证券研究报告数据显示,中国有超过4万亿元的民间借贷市场总规模,约占银行表内贷款规模的10%—20%。在中国部分地区,居民和家庭也会作为资金的融入融出方参与到民间借贷当中来。在江苏省泗洪县石集乡,有5 800多户总计2.3万余人,而占全乡总户数30%左右的人参与了民间借贷。由此可见,民间借贷在中国已经具有相当的规模。

从资金成本的角度来看,民间借贷市场进行融资的成本其实高于银行进行间接融资的成本。中国人民银行的调研数据显示,鄂尔多斯一般有着3%的民间借贷利率,而这个利率最高可能达到4%—5%,远高于银行信贷成本。但是在民间市场进行脱媒的融资并不会消耗企业的无形资产。这是因为在中国民间金融活动产生的记录并不会记录到企业征信记录当中,因此对于企业的下次融资而言,不会因为信用等级的降低而提高成本。同时,民间借贷手续简单,办理周期短,而且部分不需要担保,所以对于广大的中小微型企业而言,民间借贷是解决企业资金燃眉之急的唯一办法也是最好方法。因此,民间借贷对于企业有着巨大的吸引力。

通过以上的论述不难发现,大部分在民间资本市场上进行融资的企业从本质上是在商业银行的默许下进行的。如果没有商业银行对于借新还旧贷款的限制,以及信用成本的约束,企业可能并不会选择民间资本市场。这种金融脱媒,同时又是在商业银行的默许下进行的。商业银行欢迎企业进行借新还旧来为银行美化账面资产,但是又不会为企业提供借新还旧的支持,因此商业银行只能通过默许的方式,让企业通过其他的途径来进行借新还旧。因此,可以认为,中型企业的金融脱媒很大一部分是在商业银行的默许下完成的。

4.6 我们的观点

综合上述分析,我们的观点总结如表 4-7 所示。

表 4-7　不同规模企业不同类型的金融脱媒

企业规模	脱媒动机
大型企业	主动脱媒
中型企业	默许脱媒
小微企业	被迫脱媒

在本章中,首先,按照中国企业规模大小的不同和所处行业的不同,对中国企业的融资结构现状进行了描述。总体上来看,中国企业的融资结构体现着"重外源融资,轻内源融资"、"重债权融资,轻股权融资"的特点。其次,分别对大型企业和中小企业的融资特点进行分析:大型企业由于盈利能力不足导致内源融资不足,同时由于外源融资中银行信贷融资的便利性,使得大型企业倾向于外源融资中的债权融资;而中小企业主要面临的是融资过程当中的规模歧视和所有制歧视,其原因在于大型国有企业对于融资方式的垄断。最后,创新性地提出了默许脱媒的概念,剖析出默许脱媒背后的真正原因,是短资长用模式导致的借新还旧。银行一方面希望企业借新还旧来美化自身账面资产,另一方面却因为不良贷款率的压力不愿意提供新贷款支持,迫使民间非正规金融市场来消化企业旺盛的资本需求,这对于商业银行来说就发生了金融脱媒。

第 5 章　商业银行与金融脱媒

商业银行自产生之初,其特殊的经营目的决定了商业银行本身在资本市场和货币市场上的重要性。尽管近些年来,商业银行的经营业务逐渐多元化,但是商业银行的经营仍不能脱离其基本的贷款业务和存款业务。本章将从商业银行的两个最原始的业务出发,试图通过现实数据和理论分析,探讨利率市场化和金融脱媒这一现代化的现实情境对原始业务提出的以下几个问题:

商业银行的贷款区别于商业银行发行的理财产品、委托贷款等直接融资工具最根本的特点就是贷款对存款的创造性。那么商业银行贷款对存款的创造能力究竟有多强?近几年的变化趋势又如何?在不同的经济环境下,这种作用是否会产生不同的结果?

中国一向是一个高储蓄的国家,长期的利率管制曾经帮助创造了世界上市值最大的商业银行。在利率市场化的环境下,各种高收益产品的发行会对市场的预期收益率带来怎样的变化?在假设完全利率市场化的环境下,商业银行的净利息收入会如何变化?面对这样的环境,商业银行又该怎样应对?

5.1　金融脱媒的深化对商业银行资产负债表的影响

我们首先从商业银行的资产负债角度来简单描述以下现实的金融脱媒的程度。

首先,从商业银行资产负债表的资产方分析不难发现,商业银行的资产方主要由发放贷款科目构成,资产方主要衡量了商业银行资产配置的基本情况。因此对于资产方金融脱媒的度量,本书使用表内信贷占社会融资总量的比例来作为衡量指标,随着利率市场化的深化,人民币贷款的增长与社会融资规模的增长出现了比较大的差额。全社会的融资方式从最开始的以银行贷款为主,逐步向多元化的融资方式过渡。其次,使用银行表内信贷在社会融资总量中的占比来作为衡量银行脱媒程度的指标。如图 5-1 所示,银行信贷在社会融资总量中的结构占比总体呈现下降趋势,由 2002 年的 91.86% 降至 2012 年的 52.04%。在全社会的融资结构中,有将近 50% 的资金是通过银行信贷之外的融资方式解决的。

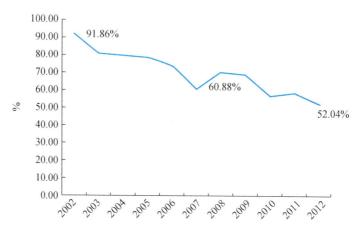

图 5-1　2002—2012 年银行信贷占社会融资总规模比例

资料来源:中国人民银行。

在贷款需求方的融资方式多元化的同时,随着利率市场化大背景的逐渐深化,商业银行在资产配置方面也逐渐呈现出多元化的趋势。商业银行逐渐减少信贷类资产的配置,而将资产转移至与债券市场有关的金融资产方面。本书汇总了包括持有至到期投资、买入返售金融资产、交易性金融资产、衍生金融工具、长期股权投资在内的金融资产投资,通过图 5-2 发现,近些年以来上市公司增加了对这部分资产的持有,在信贷规模和存贷比的监管之下,商业银行的贷款比例预计将进一步下降。

而随着银行资产配置的逐渐多元化,其中间业务收入也逐年稳步提升。中间业务收入的提升主要包括两方面的原因,一是商业银行的表外业务占比逐渐提升,二是商业银行加大了对非信贷类资产投资和财务顾问业务的重视。图 5-3 显示,非利息收入占比逐渐增长,截至 2012 年,16 家上市银行的非利息收入占净利润比例达 19.29%。

对于商业银行来说,其负债方的主要科目为吸收存款。银行资产负债表负债方的脱媒即表现为吸收存款的脱媒,具体表现为存款来源的持续下降和存款绝对金额的持续减少。近年来,商业银行资产负债表中的存款增长率逐渐走低,为了度

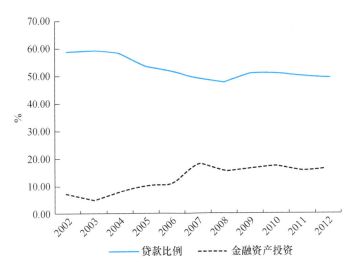

图 5-2　上市商业银行贷款与金融资产占总资产比例变化

资料来源:Wind 数据库。

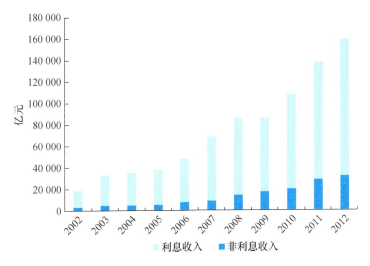

图 5-3　上市银行利息收入与非利息收入变化

资料来源:Wind 数据库。

量负债方的脱媒程度,本书选取居民部门存款在其金融资产中的占比来测算。如图 5-4 所示,居民金融资产配置中存款的比率逐渐下降,在 2007 年的牛市期间,其占比低至 54.2%。

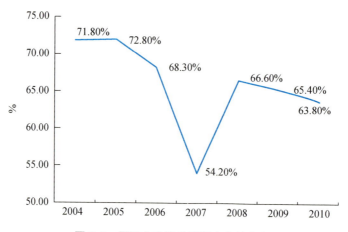

图5-4 居民金融资产配置中存款占比

资料来源:中国人民银行。

银行负债方脱媒的典型表现即为存款增长乏力。如图5-5所示,自2009年以来,16家上市商业银行的存款增长率持续下降,2012年存款增长率只有12.57%,较2009年下降了13%。存款增长乏力的原因是多方面的,总结来说包括以下几个原因:经济形势的恶化,理财产品的分流以及民间借贷。接下来将分别讨论三个因素对于存款增长的影响。

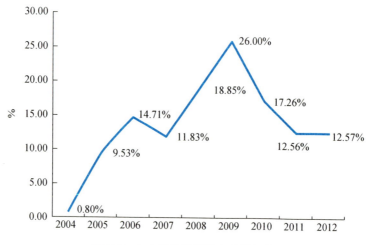

图5-5 上市商业银行的存款增长率

资料来源:Wind数据库。

在信贷政策的逐渐收紧和利率市场化的大背景下，一些商业银行主动地通过发行理财产品来吸纳资金，一定程度上也造成了对存款的分流。图 5-6 表示商业银行的存款占总负债的比例逐渐下降，2012 年年末低至 79.53%。2009—2012 年，银行理财产品经历了年均 60% 左右的增长（见图 5-7），由于商业银行还具备一定的渠道优势，因此各大商业银行纷纷借用渠道优势来锁定居民的储蓄存款。在激烈的竞争中，理财产品与同期限的定期存款之间的利差也维持在较高水平，据 Wind 数据库统计，自 2006 年 8 月至 2013 年 7 月，3 月期理财产品与定期存款平均利差为 1.2%，1 年期的平均利差为 2.6%。

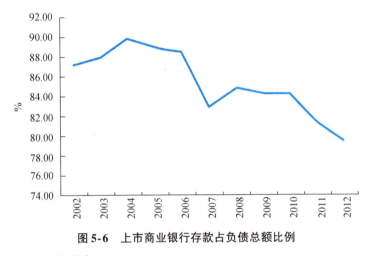

图 5-6　上市商业银行存款占负债总额比例

资料来源：Wind 数据库。

从上文的分析中，可以总结出金融脱媒对于商业银行的两点影响：一是在经济快速增长、信贷需求逐渐扩张的环境下，信贷管制使商业银行不得不运用以理财产品为主的表外信贷来分流表内信贷，导致近几年来理财产品余额的爆发式增长；二是市场上出现了越来越多的短期限、高收益产品，这些产品的出现使商业银行传统的利息差盈利模式受到挑战，使商业银行的利率风险逐渐加大。接下来进一步分析这两点影响使商业银行的经营环境发生的变化。

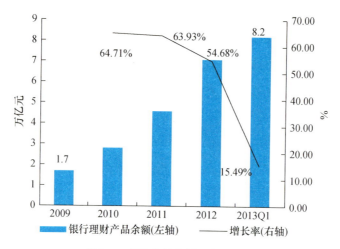

图 5-7　理财产品余额及年增长率

资料来源:Wind 数据库。

5.2　金融脱媒的深化对商业银行贷款创造存款能力的影响

5.2.1　贷款对存款的创造能力

商业银行发放的表内贷款和以理财产品为主的表外贷款相比较,其本质的区别即为贷款对商业银行的存款是否具有创造能力。从货币的角度来分析,商业银行在按规定的存款准备金率计提存款准备金存入央行账户后,可以将扣除存款准备金的剩余部分作为贷款资金发放给贷款人,贷款人在获得贷款之后,将贷款存入商业银行,贷款又进一步转化为商业银行的存款。在把新增的存款提取准备金存入中央银行后,商业银行又可将继续发放的贷款变为存款,这种行为持续不断地进行,直到商业银行的原始存款全部变为准备金为止。

如果银行初始时吸收了 1 000 元的原始存款,按照存款准备金率,将 200 元存款准备金存入中央银行,余下的 800 元钱发放贷款。贷款人在得到 800 元之后,用于支付客户货款。另一客户将 800 元货款存入银行后,银行在缴纳 160 元的存款准备金后,可以继续发放贷款 640 元。假设市场上的贷款需求为无限,最终商业银行的资产负债表上将存在资产 4 000 元贷款和 1 000 元准备金,负债为 5 000 元存款。

以 S 表示由贷款创造的存款,R 表示最初存款,r 表示法定存款准备金率,可以得到贷款对存款再创造能力的公式为:$S = R/r$。

通过以上公式,商业银行在不断地发放贷款的过程中,在整个银行体系中派生出了货币量,这就是贷款对于货币的创造能力。相比贷款,银行理财产品大部分以表外的委托贷款、信托贷款为主,并不具备存款的创造能力。

通过图5-8的比较可以直观地了解商业银行贷款对存款的创造能力。而与存款相比,通过发行理财产品,商业银行并不能直接创造出更多的存款,仅仅是将存款从一个账户转入另一个账户。从这两幅图来看,商业银行的贷款与理财产品最重要的区别就是贷款对存款的创造能力。

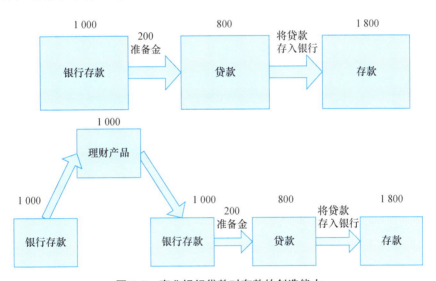

图 5-8 商业银行贷款对存款的创造能力

5.2.2 贷款对存款创造力的度量

贷款对存款的创造能力对商业银行的影响程度究竟如何,我们接下来从定量的角度简单度量一下,对贷款对存款创造能力的度量选取两个指标:一是年度存量(M2 − M0),用以代表存款的数量指标;二是贷款余额的年度存量 Loan。

$$\text{贷款对存款的创造能力} = \frac{(M2 - M0)}{\text{Loan}}$$

从表 5-1 和图 5-10 可以发现,自 1995 年以来,贷款对存款的能力是逐渐上升的,至 2012 年,每 1 单位的贷款可以对应 1.46 单位的存款。我们进一步将存款分为企业存款和城乡居民存款,企业存款与贷款的比例逐年上升,说明对企业来说,贷款对存款的创造能力逐渐增强,居民存款与贷款的比例体现出先升后降的情况,说明近几年来,贷款对居民存款的创造能力呈现出下降的趋势。

表 5-1 贷款对存款创造能力的度量

时间	(M2 − M0)/贷款余额	企业存款余额/贷款余额	城乡居民存款余额/贷款余额
1995-12	1.05	0.34	0.59
1996-12	1.12	0.37	0.63
1997-12	1.07	0.38	0.62
1998-12	1.08	0.38	0.62
1999-12	1.14	0.40	0.64
2000-12	1.24	0.44	0.65
2001-12	1.27	0.46	0.66
2002-12	1.28	0.46	0.66
2003-12	1.27	0.46	0.65
2004-12	1.31	0.48	0.67
2005-12	1.41	0.49	0.72
2006-12	1.41	0.50	0.72
2007-12	1.43	0.53	0.66
2008-12	1.45	0.52	0.72
2009-12	1.43	0.54	0.65
2010-12	1.42	0.51	0.63
2011-12	1.46	0.54	0.63
2012-12	1.46	0.52	0.65

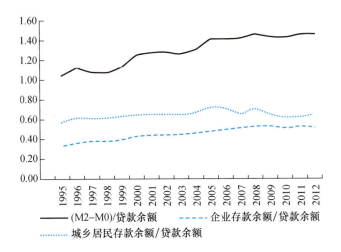

图 5-9 贷款对存款的创造能力

资料来源:Wind 数据库。

通过上文的分析,我们发现每 1 单位的贷款可以创造 1.5 单位左右的存款,对于商业银行资产负债表中的存款来说,其作用无疑是十分显著的。在中国商业银行由贷款所创造的存款占绝大部分的情况下,金融脱媒的进一步深化,将通过贷款对存款的创造能力,对商业银行的资产负债表产生影响。

5.2.3 贷款分流对商业银行的影响

根据对贷款对存款创造能力的定量分析,我们发现近年来贷款对存款的创造比率逐渐升高,这说明随着贷款需求的扩张,近年来货币供应量的增加很大一部分是由于贷款对存款的创造作用而产生。与此相对应,存款本身对于货币供应量的增加贡献不大。

近年来,随着中国经济的稳步增长,经济生活的参与者对于贷款的需求逐渐扩张,但是由于存贷比指标的监管,商业银行的表内贷款业务无法完全满足对贷款的需求,这就催生了商业银行运用理财产品通过表外贷款的方式向贷款的需求方发放贷款。在这种情况下,商业银行在贷款额度限制的条件下,通过发行理财产品等方式向贷款的需求方进行放贷,于是就出现了商业银行的贷款外溢效应。在贷款外溢效应下,商业银行的表内贷款额度达到极值,只能通过发放表外贷款来满足贷款需求。但是,贷款外溢效应出现的前提是在经济处于上行周期中,这是在贷款需求充分的时候所出现的现象。

而一旦经济处于下降周期,贷款需求下降,在贷款需求下降时,商业银行是否还需要发行理财产品来吸纳资金进行放贷呢?答案是肯定的。商业银行仍将继续发行理财产品来进行变相的房贷。商业银行很难让市场参与者特别是贷款的需求方放弃通过直接融资渠道融资,市场参与者的理性选择将会倒逼商业银行继续发行理财产品。而理财产品等表外贷款工具的进一步发放,会造成对表内贷款的分流,即出现了商业银行的贷款分流效应。这种分流在贷款需求扩张的时候并不会对商业银行的经营产生影响,但是在经济的下行周期,由于理财产品的惯性,这种分流作用就会影响商业银行的表内贷款。随着商业银行表内贷款的下降,贷款的创造存款能力就会逐渐减弱。这时商业银行的资产负债表就会出现表内贷款与表内贷款所创造的存款同时下降的情况,会加大商业银行的流动性风险。

5.3 金融脱媒的深化对商业银行利息差的影响

5.3.1 金融脱媒的深化对投资者的影响

据 Wind 数据库统计,截至 2013 年 6 月,商业银行理财产品余额已经达到 9.08 万亿元。从商业银行资产负债表的负债端来看,存款理财化的趋势已经十分明显,居民和企业正在使用存款购买理财产品以获取更高的投资回报。存款理财化产生的原因在于,利率市场化之前,中国居民的投资渠道比较单一,存款成为投资的主要方式。在现阶段,中国并未完全放开存贷款利率,而在利率管制下,存款利率无法根据物价变化而相应调整。从 2010 年下半年开始,中国开始发生通货膨胀现象,通货膨胀率的升高导致了实际利率为负利率的情况出现。在负利率时代下,居民对理财产品这一类功能上近似存款,又能提供比存款更高收益水平的产品的需求就会增加,将存款理财化的动机十分充分。

在现阶段,市场上已经出现了一些风险程度与银行存款类似,但是收益率比银行存款利率高的理财产品。这些理财产品的出现在对商业银行存款进行分流的同时,也一定程度上提升了投资者的预期收益率(在这里本书假定投资者的预期收益率上浮到短期保本理财产品的收益率水平)。在投资者预期收益率不断提升的情况下,银行存款与风险相当的产品相比已不具备竞争优势,投资者将会在市场上不断寻找高收益的项目(信托、基金产品等)对存款进行替代。在现阶段中国仍对银行存款利率上限进行限制的情况下,银行的存款增速将会逐渐下降。

假设在未来某时刻,中国实行完全的利率市场化,存款利率可以随物价情况而波动,这时存款利率需要上浮到与投资者的预期收益率完全相当的程度,才能够保证存款对于投资者的吸引力。在这种情况下,根据上文对预期收益率的假设,可以认为在利率完全市场化的环境之下,商业银行的存款与理财产品在收益率方面是完全等价的。

5.3.2 投资者预期收益率的上升对商业银行业务的影响

从商业银行的角度来说,虽然近年来利率市场化的一系列改革促使商业银行开始业务转型,但是从几家上市商业银行的资产负债表中,我们发现上市商业银行还是没有脱离以利息收入为主的经营模式。

在利率市场化全部完成、放开利率管制之后,存款利率肯定会升高。在投资者预期收益率高企的情况下,商业银行吸收资金的成本将会不断提升,这将提升商业银行的利息支出。在利率市场化使贷款利率逐渐下行的情况下,存款利率的上升无疑使商业银行的利息差缩窄,直接影响其利息净收入。

根据前文的假设,我们选取几家不同的上市商业银行的资产负债表来研究商业银行存款理财化对不同商业银行的影响程度,选取中国工商银行、北京银行、兴业银行和民生银行来探究存款理财化对利息净收入和营业利润产生的影响。

首先,数据指标的选取。投资者的预期收益率与半年期理财产品平均利率相同,在完全利率市场化环境下,商业银行存款利率与理财产品收益率完全等价。

理财产品余额/存款余额:此指标衡量商业银行的存款在利率市场化环境下替换成理财产品的比例;

利息支出、吸收存款:上市商业银行2012年年报中数据,单位为万元人民币;

平均存款利率:根据利息支出/吸收存款,估算出商业银行的平均存款利率;

半年期理财产品平均收益率：各商业银行半年期理财产品平均收益率,资料来源为 Wind 数据库；

调整后利息支出：按照理财产品对存款的替代程度,重新估算商业银行的利息成本；

调整后利息支出 = 吸收存款×理财产品替代率×理财产品平均收益率 + 吸收存款×(1 - 理财产品替代率)×平均存款利率；

营业利润下降比例：调整后营业利润与之前相比的变化比例。

其次,选取的四家银行的计算结果如表 5-2 所示。

表 5-2 四家银行的计算结果　　　　　　　　　　　（单位：万亿元）

工商银行				
理财产品余额/存款余额	10%	25%	40%	50%
利息支出	30 361 100.00	30 361 100.00	30 361 100.00	30 361 100.00
吸收存款	1 364 291 000.00	1 364 291 000.00	1 364 291 000.00	1 364 291 000.00
平均存款利率	2.23%	2.23%	2.23%	2.23%
半年期理财产品平均收益率	4.61%	4.61%	4.61%	4.61%
调整后利息支出	33 614 371.51	38 494 278.80	43 374 186.00	46 627 457.60
调整前营业利润	30 745 800.00	30 745 800.00	30 745 800.00	30 745 800.00
调整后营业利润	27 492 528.49	22 612 621.20	17 732 714.00	14 479 442.50
营业利润下降比例	10.58%	26.45%	42.32%	52.91%
北京银行				
理财产品余额/存款余额	10%	25%	40%	50%
利息支出	2 929 945.20	2 929 945.20	2 929 945.20	2 929 945.20
吸收存款	71 377 247.00	71 377 247.00	71 377 246.50	71 377 247.00
平均存款利率	4.10%	4.10%	4.10%	4.10%
半年期理财产品平均收益率	4.13%	4.13%	4.13%	4.13%
调整后利息支出	2 931 738.70	2 934 429.00	2 937 119.23	2 938 912.70
调整前营业利润	1 475 479.40	1 475 479.40	1 475 479.40	1 475 479.40
调整后营业利润	1 473 685.90	1 470 995.60	1 468 305.37	1 466 511.90
营业利润下降比例	0.12%	0.30%	0.49%	0.61%

(续表)

兴业银行				
理财产品余额/存款余额	10%	25%	40%	50%
利息支出	8 356 200.00	8 356 200.00	8 356 200.00	8 356 200.00
吸收存款	181 326 600.00	181 326 600.00	181 326 600.00	181 326 600.00
平均存款利率	4.61%	4.61%	4.61%	4.61%
半年期理财产品平均收益率	4.76%	4.76%	4.76%	4.76%
调整后利息支出	8 383 694.60	8 424 936.50	8 466 178.50	8 493 673.10
调整前营业利润	4 606 800.00	4 606 800.00	4 606 800.00	4 606 800.00
调整后营业利润	4 579 305.40	4 538 063.50	4 496 821.50	4 469 326.90
营业利润下降比例	0.60%	1.49%	2.39%	2.98%
民生银行				
理财产品余额/存款余额	10%	25%	40%	50%
利息支出	7 473 400.00	7 473 400.00	7 473 400.00	7 473 400.00
吸收存款	192 619 400.00	192 619 400.00	192 619 400.00	192 619 400.00
平均存款利率	3.88%	3.88%	3.88%	3.88%
半年期理财产品平均收益率	4.58%	4.58%	4.58%	4.58%
调整后利息支出	7 608 256.90	7 810 542.10	8 012 827.40	8 147 684.30
调整前营业利润	5 073 200.00	5 073 200.00	5 073 200.00	5 073 200.00
调整后营业利润	4 938 343.10	4 736 057.90	4 533 772.60	4 398 915.70
营业利润下降比例	2.66%	6.65%	10.63%	13.29%

从图5-10可以发现,利率市场化对于不同商业银行的影响不尽相同,对于大型国有商业银行的影响较大,工商银行的营业利润在10%的替代率情况下下降将近50%,而对于实际存款利率与银行理财产品利率差距较小的股份制商业银行而言,影响较小。

从这一点不难看出,在金融脱媒、利率市场化的环境下,商业银行的利息成本的上升是不可避免的,在商业银行无法维持利率低成本的情况下,我们认为其经营策略应该转为以提升利息收入为主的策略。目前,中国大型商业银行特别是国有大型商业银行的贷款政策是主要向风险程度低的大型国有企业发放贷款。这虽然在一定程度上有利于商业银行降低坏账风险,但是同时,根据CAPM理论,低风险

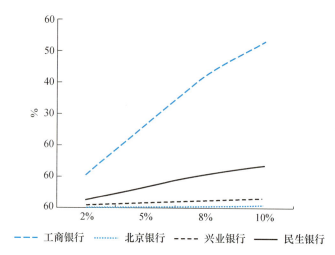

图 5-10 利率市场化对工商银行、北京银行、兴业银行、民生银行的影响

的贷款使商业银行的贷款利率维持在较低水平。

在利息成本提升的环境下,商业银行需要通过增加利息收入的手段来获取利息净收入。使贷款利率增加的方式,就是要改变以往的贷款政策,将贷款重心逐渐转移到风险水平更高的企业中。因此,如何做好风险控制,在提高风险敞口的同时,保证坏账比率维持在一个稳定水平,成为利率市场化环境下商业银行的核心竞争力。

第 6 章　金融脱媒的国际比较研究

金融脱媒并不是在中国最先产生的,而是最早发生于 20 世纪 60 年代的美国,随后欧洲和日本也相继出现了金融脱媒的趋势,甚至可以说近几十年来欧美发达国家的商业银行是伴随着金融脱媒的发展而发展的。

虽然同是金融脱媒,但是其形成原因、表现形式以及发展程度在各个国家和地区之间都是不同的。中国作为新兴的市场经济国家,自改革开放以来也逐渐面临着金融脱媒的态势。研究西方国家金融脱媒的历史、成因及趋势,进行国际的比较分析,有利于进一步认清中国金融脱媒当前所处的阶段以及未来的发展趋势,从而也有利于中国的商业银行借鉴国外经验,采取相应的应对策略。

6.1　西方发达国家的金融脱媒

金融脱媒与一国金融市场的发展程度息息相关,一般来说,一个国家金融市场越发达,其金融脱媒的程度就越深。西方发达国家是金融市场最先得以发展的国家,因此金融脱媒也最先在西方发达国家发生,尤以美国为代表。本书将分别以美、德、日为主来介绍西方发达国家金融脱媒的概况。

6.1.1　美国的金融脱媒

对美国金融脱媒产生重大推动作用的是政策因素。1929—1933 年的大萧条之后,美国颁布了一系列法案,包括银行法、证券法等,其中还包括 Q 条例。它的主要内容为:银行不支付活期存款的利息,并对储蓄存款和定期存款的最高利率做出规定,即禁止联邦储备委员会的会员银行对它所吸收的 30 天以下的活期存款支付利息,同时限制储蓄存款和定期存款的最高利率。这项条例在颁布之初并未造成太大影响,但是在通货膨胀严重的 20 世纪 60 年代后期,Q 条例直接影响了商业银行的资金流向。由于以联邦基金利率为代表的自由利率逐步趋高(见图 6-1),而商业银行的存款利率却受到 Q 条例的限制,因此商业银行的存款纷纷逃往自由利率的产品,例如美国货币市场基金,这不可避免地造成了商业银行的负债脱媒。在 1960 年时,全美金融机构资产总额的 57.9% 为存款类机构资产,其中商业银行就占了 40%,而到了 1997 年,美国商业银行资产占比下滑到了 23%。[1]

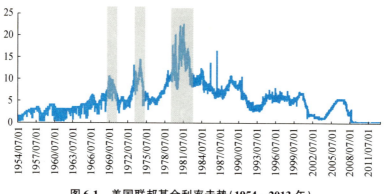

图 6-1　美国联邦基金利率走势(1954—2013 年)

资料来源:Wind 数据库。

除了负债脱媒之外,我们继续考虑美国商业银行在资产方面的脱媒。本书使用金融相关率这个指标来衡量资产脱媒,英国经济学家 Goldsmith(1969)在论著《金融结构与金融发展》中提到该指标,它所衡量的是一国经济总量中金融活动所占的比重。这个指标还可以进一步细分为间接融资相关率和直接融资相关率,前者是货币供应量或者贷款余额与国内生产总值的比值,从中可以直观看出金融中介机构在一国经济中的重要程度,后者是债券余额和股票市值比上国内生产总值,它反映了一国经济中金融市场的重要程度。一般来说,金融市场越发达的国家该指标越高。

图 6-2 是计算得出的美国 1960—2012 年的间接融资相关率。

再从直接融资相关率来看,由于数据所限,本书只获得了美国 1988 年以来的股票总市值和债券市场未偿余额,因而直接融资相关率的计算区间只有二十多年。图 6-3 是计算得出的美国 1988—2013 年的直接融资相关率。

---

[1] 连平. 金融脱媒时代来临　银行面对全新环境[J]. 新金融,2006(S1).

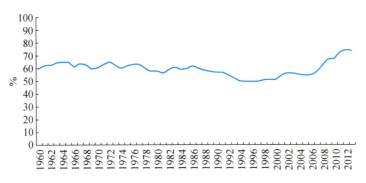

图 6-2 美国 1960—2012 年间接融资相关率

资料来源:Wind 数据库。

图 6-3 美国 1988—2013 年直接融资相关率

资料来源:Wind 数据库。

从以上图表可以看到,美国的间接融资相关率在 1960—1985 年并未发生大的变化,始终维持在 60% 左右,这说明这一阶段美国的金融脱媒并不严重。这是因为在金融脱媒发生之后,美国的商业银行迫于压力接连重组机构,通过降低资金成本,缓解存贷资金流失的信用收缩来改善局面。因而初期金融脱媒并没有明显蔓延,也未造成商行业务出现重大问题。可以说,美国早期的金融脱媒属于非典型状态,金融格局并没有发生重大的变革。但是,1985 年之后,金融脱媒逐步深化,这从图表中可以很好地反映出来。美国的间接融资相关率从 1986 年的 61.49% 持续下降至 1997 年的 48.95%,1998 年之后又出现了回升的趋势。后期的上升趋势归因于 1999 年美国国会通过的《金融服务现代化法案》,这项法案结束了在美国实施了66年之久的《格拉斯-斯蒂格尔法案》,在此之后,美国的银行业经历了又一次并购重组浪潮。从直接融资相关率的数据上也可以明显地看出,在1988—2007年的20年间,美国的直接融资相关率呈现出显著的增长趋势,直接融资相关率从1988年的108.76%增长到2007年的350.96%,受金融危机影响,2007年之后美国的直接融资相关率呈现迂回波动的趋势,但是并没有明显下降。

从美国间接融资相关率和直接融资相关率的对比可以发现,美国的间接融资相关率一般维持在60%—80%,而近几年的直接融资相关率则高达300%以上,这也表明在美国直接融资渠道相比商业银行的间接融资渠道来说显得更为重要。目前的现状是,美国的商业银行在经历了几十年的金融脱媒之后,其重要性已不如金融市场,它们必须改变经营理念和发展模式来增强自己的竞争力。

6.1.2 德国的金融脱媒

在欧洲大陆模式下,经济发展中的金融主导地位始终被银行业占据,就德国而言,银行家来源于私营部门,通过与企业间的紧密联系,银行掌控了中小企业信贷业务中的大多数。然而,即使作为以银行业为主导的典型国家,德国也在20世纪90年代出现了金融脱媒现象。

从图6-4中可以看出,德国的间接融资相关率明显高于美国,说明德国的国民经济更依赖于银行的贷款体系。同时,我们也注意到,德国的间接融资相关率从1995年的331.37%下降至2009年年初的253.78%,这表明德国呈现出了一定的金融脱媒趋势。然而,德国的这种趋势表现得并不明显,而且在2009年之后其间接融资相关率呈现出了明显的上升趋势,到2013年第一季度,达到了416.62%。初步分析,间接融资相关率的这种反常上升与金融危机以及欧债危机对德国金融市场的冲击有关。

第一,股票市场。在进入20世纪90年代中期之后,欧洲各国股票首次公开发行的规模与公司数有了显著的增加,仅就规模而言,就从这之前的年均20亿欧元跃升到2000年的市场最高点180亿欧元,在发行额与交易额显著增加的情况下,欧洲股票市场结构进一步完善,随着类似德国Neuer市场等全新股权市场的引入,欧洲股票市场结构在过去20年间经历了巨大的调整。

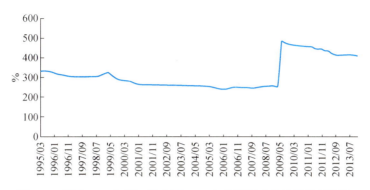

图 6-4 德国 1995 年第一季度至 2013 年第四季度间接融资相关率

资料来源：Wind 数据库。

德国股票市场的规模总体上是呈扩大趋势的,两次下降分别是由 21 世纪初的互联网泡沫以及 2008 年的国际金融危机造成的。与此相应,股票市场规模占 GDP 的比重也随股票市场规模的扩大而增长,在 2000 年 6 月曾达到 249.77%,2007 年 6 月更是达到了 281.91%,目前所处的水平在 250% 左右。由此可见,德国股票市场对国民经济的重要性越来越突出,德国也出现了一定的金融脱媒趋势。

第二,债券市场。德国是欧元区第一大经济体,其债券市场主要有三类:金融债券、政府债券和公司债券。金融债券曾主导德国债券市场,欧债危机使得金融债规模与比例都逐渐下降,目前德国债券市场约 47.37% 被金融债占据。作为对比,政府债券的规模和占比都逐渐上升,现在德国债券市场已有将近一半为政府债券。而公司债券长期仅占债券市场约 2% 左右的份额,原因有两点:一是德国公司债券有着复杂的发行手续与高昂的成本;二是德国完善的金融体系与发达的间接融资使得公司比较容易获得银行贷款,即使是在没有抵押品的情况下。

20 世纪 90 年代以来德国债券市场有着较快发展,主要有政府债券、金融债券、企业债券等类型。其中,金融债券规模增长较快,是债券市场的主要形式。而企业债券由于复杂的发行手续与高昂的成本,加之德国金融体系环境良好,公司在获取贷款方面比较便捷,因此始终保持较小的发行量,在债券市场也占据不大份额。1991 年德国企业债净增发债券 5.58 亿马克,1998 年为 31.18 亿马克;1998 年年底,市场中只有 80 亿马克的企业债名义流通市值。从这里我们可以看出德国企业债券市场发展有一个显著特点:企业债券市场始终无法大幅增长,企业债券融资占整个企业融资比重较小。

虽然德国债券市场的发展并不充分,但是并不能否认德国资本市场的发展。资本市场的发展导致了金融脱媒现象的发生,1991—2001年间,德国非金融部门在1991年有61.7%通过银行信贷融资进行融资,而在2001年这一比例下降到53.8%;1991年非金融部门银行存款比例为32.0%,而到了2001年这一比例为19.7%。

近年来,随着欧债危机的爆发,欧洲的金融脱媒步伐进一步加快。2011年年底,欧洲银行业普遍从欧洲央行拆借资金,但反过来却存入欧洲央行账户,宁愿倒贴欧洲央行利息,就是不敢放贷。之所以如此,就在于其自身资产负债表濒于破产边缘。这导致欧洲央行的低息政策,陷入典型的"流动性陷阱"当中,对于刺激经济于事无补。目前欧美市场人士大多认为,欧洲银行系统已被破坏,跨国贷款不复存在,巴塞尔协议Ⅰ及Ⅲ要求银行筹集更多资本及减少向企业批出贷款,这会阻碍经济增长。然而欧洲非金融企业资产负债表情况却较为健康,尽管银行业融资功能瘫痪,它们却未如市场预期的那般崩盘。

最主要的原因就在于企业债市场繁荣,金融脱媒步伐加速。事实上,2012年以来的欧洲实业界融资,基本都是靠企业债。据Dealogic数据,2012年前三个月欧洲银团贷款额下降到1 420亿美元,是1997年以来规模最小的一个季度。与此同时,企业发债规模则飙升至1 500亿美元,2012年前三个月规模已经超过2011年发债总额。所以,欧洲市场的金融脱媒还在进一步发展之中。由于欧洲的银行主导型市场结构,其混业经营模式加大了商业银行的垄断程度,降低了银行融资市场的效率,导致其金融脱媒现象的产生与美国有很大不同。

6.1.3 日本的金融脱媒

日本经济金融在二战结束后有一个快速发展的过程。20世纪80年代,日本奇迹般地成为世界第二大经济强国。同时金融业也达到世界领先水平,成为金融强国。

然而,与欧美发达国家相比,日本的金融体系呈现出不同的特点,那就是在日本的金融体系中,银行的间接融资一直处于一种不可替代的重要地位,这与欧美金融市场中股票、债券等直接融资占主要地位形成了鲜明的对比。尽管如此,在全球金融自由化浪潮的推动下,日本也出现了利率市场化等金融自由化的现象,并且由此导致了直接融资比重上升的趋势,商业银行出现了金融脱媒的趋势。

日本的银行业由于政府保护,进入稳定发展期,此时的日本金融制度以银行间接金融为主。原因来自两个方面:一是经济发展的高速进行带来旺盛的投资需求,但企业内部资金严重不足,因而对银行贷款有强烈的依赖性;二是居民把银行存款作为主要的金融资产,银行存款所占金融资产比率高达60%,因而此时的金融方式以间接金融为主。究其根本就在于政府保护过于严格从而带来限制,企业和个人也无法选择别的投融资渠道,而此时银行也对储蓄来源和贷款需要有着较大需求。

在日本出现利率市场化趋势之后,银行的间接融资也受到了一定的影响,居民原本以银行存款为主的理财渠道变成了包括各种金融产品在内的多样化理财渠道,企业融资也不再以银行的贷款为主。以企业的筹资结构为例,日本在20世纪60—90年代的企业筹资结构变化如表6-1所示。

表6-1 主要企业筹资结构(期间加权平均) （单位:%）

期间年度	内部资金	借入资金			公司债	增资	买入债务
		合计	短期借入	长期借入			
1960—1964	22.9	33.7	20.3	13.4	6.8	10.8	16.2
1965—1969	37.5	36.9	17.2	19.7	5.2	3.8	22.7
1970—1974	35.1	41.7	19.3	22.4	5.1	3.2	21.9
1975—1979	45.8	26.5	16.9	9.6	10.6	8.0	17.7
1980—1984	55.3	16.4	9.9	6.5	8.5	10.4	9.6
1985—1989	45.2	6.4	5.3	1.1	17.4	15.8	5.0
1990—1994	87.3	5.2	-2.8	8.0	11.1	4.6	-7.1

资料来源:日本银行《主要企业经营分析》。

从表6-1可以看出,日本主要企业的借入资金所占比重在20世纪60—90年代总体上呈现了逐渐下降的趋势,尤其在20世纪80年代的利率市场化之后,这种趋势表现得更加明显。从数据上可以证明,日本在20世纪80年代之后,出现了银行金融脱媒的现象,并且也基本可以判断,日本的利率市场化是导致其金融脱媒出现的一个重要原因。不过日本的金融脱媒与美国等金融市场更加开放的国家相比表现得并不明显,甚至从某种程度上还存在"倒退"的现象。

如图6-5所示,仅从间接融资相关率和直接融资相关率的数据上来看,日本并没有出现金融脱媒的现象,甚至还出现了"逆金融脱媒"的趋势,即间接融资相关率不断上升,而直接融资相关率的增长趋势并不明显,这与前文所述的日本出现金融脱媒现象似乎是相悖的。在20世纪90年代以前,日本的直接融资相关率处于较高水平,在1989年达到了153.35%,远远超过当时的间接融资相关率,但是进入20世纪90年代之后,日本的经济进入了"失去的二十年",国民经济一直处于颓势,日本的经济发展进入停滞状态。泡沫经济开始破灭,日本的房地产、股票、债券全部暴跌,银行业不良资产急剧增加,其金融体制已不能适应国际形势发展的趋势。虽然日本政府采取了很多的刺激政策,但基本没有产生效果。20世纪90年代的亚洲金融危机以及2008年的世界金融危机都严重影响到了日本的直接融资相关率,使其出现了大幅下降。在经济运行的特殊时期,银行部门作为日本经济发展的传统部门发挥了重要作用,因而间接融资相关率不降反升。

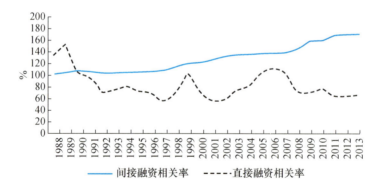

图6-5　日本1988—2013年间接融资相关率与直接融资相关率

资料来源:Wind数据库。

日本的金融脱媒从数据上看并不明显,但是这并不能否认日本金融脱媒的存在。在经济正常运行的背景下,金融脱媒仍然是金融市场发展的大趋势。日本的金融脱媒之所以表现得不明显,甚至带有强烈的迂回性,主要原因还是在于银行部门在日本经济中的地位仍然非常重要,金融市场还有待全面发展。

从现实中来看,金融脱媒现象的产生使日本商业银行的存贷利差收入变得很少。为了生存,日本商业银行只能放宽贷款的业务范围和业务对象,一些大银行也开始向中小企业发放贷款,以获取一定的利差收入,但是此类贷款的风险比较高,对银行的风险管理手段提出了更高的要求。在存贷利差收入减少的压力下,日本商业银行不得不开始大力发展中间业务,并提高手续费来维持商业银行的经营和利润来源。此外,日本商业银行借助政府对银行管制的放松,培育出了许多中间业务品种,而且都非常具有增值价值,这不仅保持了商业银行中间业务的收入总额稳定增长,也促进了中间业务产品的结构调整以及商业银行的持续发展。

6.2 新兴市场经济的金融脱媒

6.2.1 新兴市场经济金融体系概况

对于资本市场还不够发达的国家,银行体系仍起着主导作用,而这是大多数新兴市场经济的现状;银行成为绝大部分国内储蓄和跨境资本流动的中介。银行作为中介作用十分突出。

在新兴市场经济中,由于银行部门远比非银行机构强大,因而长期强烈影响甚至主导着金融市场。同时银行业内部也往往是几家大银行占有较大优势,垄断存放款业务。以泰国为例,金融体系中约 3/4 的存款存放在商业一行。1996 年,16 家泰国本国银行和 14 家外资银行构成了泰国的商业银行体系。在 16 家本国商业银行中,一家为国有企业(The Krung Thai Bank),一家由皇家资产局控制(Slam Commercial Bank),另一家部分归政府所有(The Sayam Bank)。泰国商业银行体系还有着所有权高度集中的特点,整个银行体系被 16 个华人家族控制;除此之外,商业银行还汇聚于一个卡特尔性质的同业组织——泰国银行协会之下,集体制定服务收费和贷款利率。这种寡头垄断的形式使得银行系统在调整利率(特别是向下调整)时非常缓慢,因为要征求所有银行的统一,但整体来看,泰国的银行在决定成本、分配国内信贷和影响货币政策上的能力仍然不容小觑。

银行中介在金融市场上的寡头地位在实施金融自由化后仍然变化甚微,而且,受政府政策与其他政治压力影响,银行无法恰当地评估信用风险。同时,由于有关当局没有及时采取措施,使银行体系内银行的竞争性更强,从而使得银行体系有着较为明显的无效率性,这样会产生大量的不良资产,影响银行部门的稳定性。

从表6-2中可以看出,1994年各新兴市场经济的金融体系中,银行中介占据的比重普遍较高,大部分都在80%以上,这表明新兴市场经济以银行间接金融为主,在这一点上,新兴市场经济与20世纪80年代之前的日本很相似。

表6-2 新兴市场经济1994年银行业的结构指标　　　　（单位:%）

国家或地区	银行在金融中介中的比重	国有银行的比重
印度	80	87
香港	94	0
韩国	38	13
新加坡	74	0
中国台湾	80	57
印度尼西亚	91	48
马来西亚	64	8
泰国	75	7
阿根廷	98	42
巴西	97	48
智利	62	14
哥伦比亚	86	23
墨西哥	87	28
委内瑞拉	92	30

资料来源:各国中央银行、IMF的《国际金融统计》。

6.2.2 新兴市场经济的金融自由化

金融自由化,表面上看来是政府通过放松金融管制来实现金融资源的市场配置,但利率的自由化是其实质内容。

金融自由化变革以前,发展中国家以金融抑制政策为主。政府通过低利率和信贷配给政策对货币金融市场实行严格的管控,为了实现工业化的发展目标,政府将有限的资金和稀缺生产资源分配给优先发展的产业。在经济发展的初期,这种政策能够有效集中利用国内有限的储蓄资源并促进货币金融体系的稳定,但其负面作用也随经济增长逐渐显现,主要体现在三个方面:首先,人为的低利率或负利率政策对储蓄有着负面影响,在资金不充足的情况下,政府配给、按银行官员意志分配、排队、灰市加价等方式可以解决稀缺资金问题,但是这会导致资本配置效率低下,因为无法保证收益率最高的项目得到资金。由于高新技术产业或新企业有着较高的风险,它们难以从官方获得资金支持,因而这种方式对新兴产业的发展有着明显的阻碍作用。其次,受信贷政策约束,传统部门和私营部门无法从正式的金融市场获得资金,只能通过内源融资或高价从黑市、平行市场获得资金,从而对这些部门的资本形成造成限制,这不利于经济的良好增长。最后,发展中国家对汇率进行管制,这种管制会带来本币的高估,从而外汇的价格不能由汇率来反映,这会导致进口增加,出口减少,恶化国际收支。当金融抑制政策弊大于利时,发展中国家便先后开始了金融改革,实行金融自由化。

20世纪70年代末80年代初,马来西亚、印度尼西亚、韩国和菲律宾等亚洲国家开始兴起金融自由化改革,改革的主要内容如表6-3所示。

表6-3 金融自由化改革的主要内容

金融自由化改革内容		国家及时间
国内	取消利率限制	印度尼西亚(1983,1988),韩国(1981,1989),马来西亚(1978),菲律宾(1983)
	取消信贷规模限制	印度尼西亚(1983,1988),韩国(1981,1989),菲律宾(1983)
	取消再贴现特权贷款	印度尼西亚(1983,1988),韩国(1981,1989),菲律宾(1983)
	引入新金融工具	印度尼西亚(1983,1988),韩国(1984),马来西亚(1984—1985),菲律宾(1982)
	商业银行私有化	韩国(1982,1989),菲律宾(1983)
国际	货币贬值	韩国(1980),菲律宾(1985),印度尼西亚(1985)
	取消信贷限制	印度尼西亚(1988),韩国(1993)

但是,亚洲金融危机表明这些国家的金融自由化改革中必有重大失误出现。究其根本,就在于这些国家将金融深化与金融自由化对等起来,从而在推进以放松管制为主要内容的自由化改革的过程中,忽视了法制、管理制度和监管等方面的基础设施建设。受生产水平低下的影响,发展中国家普遍货币化程度低,金融体系欠发达。发展中国家的金融深化不仅要放松管制,更要促进金融业的整体发展,这涉

及发展金融机构、金融工具和金融市场,以及建设包括健全金融法规、交易规则、金融监管的制度与手段在内的金融基础设施。就发展中国家而言,金融深化必须包含两个方面的内容:金融深化与金融发展。但是在实际情况中,发展中国家的实践已经超越了它的金融基础,即其在法制、市场规范和监管等基础设施的建设方面是滞后的。

6.2.3 金融自由化的发展促进金融脱媒的产生

随着金融自由化的发展,尤其是利率自由化的出现,新兴市场经济也逐渐出现了金融脱媒的现象,尽管相对于欧美发达来说,其金融脱媒的程度还远远落后,出现的时间也相对较晚。

在金融自由化的过程中,新兴市场经济逐步建立起了相对完善的金融体系,包括银行、股票、债券、基金以及各种金融理财工具,这已经很不同于最初的银行占据金融行业绝对优势地位的情形,因为在金融自由化中诞生的各种直接金融工具挤占了原本银行中介的市场份额,使得银行被迫脱媒。

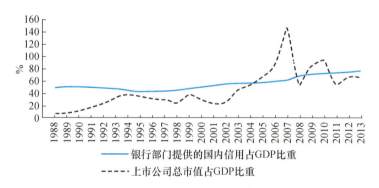

图 6-6　印度 1988—2013 年银行部门提供的国内信用与上市公司总市值占 GDP 比重
资料来源:Wind 数据库。

图 6-6 显示了印度 1989—2012 年上市公司总市值及银行部门提供的国内信用占 GDP 的比重。从图中可以看到,在 20 世纪 90 年代,印度的上市公司市值占 GDP 的比重一直低于银行部门信用占 GDP 的比重,说明在这一时期银行部门的信贷在社会融资领域占据着更为重要的地位,这在一定程度上与 20 世纪 90 年代印度证券市场发展不足有关。进入 21 世纪之后,上市公司市值占 GDP 的比重首次

出现了超过银行部门信用的现象,在 2007 年上市公司市值占 GDP 的比重甚至高达银行部门信用的两倍多,虽然这一时期上市公司市值占 GDP 的比值变化并不规律,随经济形势呈现出了一定的波动性,但是金融脱媒已经表现出了一定的趋势性。与此类似,可以看到巴西这一比值的变化,如图 6-7 所示。

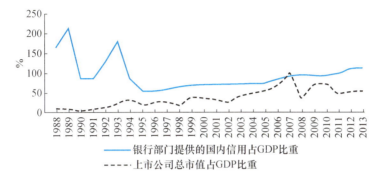

图 6-7 巴西 1988—2013 年银行部门提供的国内信用与上市公司总市值占 GDP 比重

资料来源:Wind 数据库。

与印度相比,巴西金融脱媒的趋势显得更为隐蔽和迂回。在 20 世纪 90 年代初,上市公司市值占 GDP 的比重与银行部门信用相比显得非常小。在此之后直到 2007 年,二者之间的差距逐渐缩小,2007 年上市公司市值占 GDP 比重首次超过了银行部门信用。受金融危机的影响,2008 年之后,这一比重又表现出了迂回性。

综上所述,新兴市场经济自 20 世纪 90 年代以来的确出现了不同程度的金融脱媒现象,但是这种现象并不如美国金融脱媒表现得那么明显和稳定,而是表现出了较强的波动性和迂回性。这说明新兴市场经济金融脱媒还远未深入发展,但是金融脱媒已经显示出了趋势性,未来随着金融自由化的深入以及金融市场的发达,新兴市场经济的金融脱媒必然会进一步发展。

由于新兴市场经济金融脱媒出现的时间并不长,这些经济体的商业银行在面对金融脱媒带来的挑战时可以充分地借鉴以往欧美发达国家应对金融脱媒的经验。

6.3 中国与西方发达国家金融脱媒的对比分析

根据前文中对美国、德国、日本金融脱媒的分析,本书在此将各国的间接融资相关率放在一起做一个简单的比较,如图 6-8 所示。

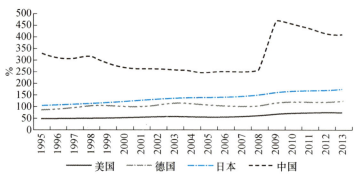

图 6-8　美、德、日、中 1995—2013 年间接融资相关率对比

资料来源:Wind 数据库。

从图 6-8 中可以清楚地看到,美国是间接融资相关率最低的国家,平均只有 50%—60%,德国的间接融资相关率最高,始终保持在 250% 以上,近几年甚至高达 400% 以上,这说明德国的金融脱媒趋势相对更为缓慢,这主要是由德国以银行为主导的金融体系造成的,2008 年金融危机以及之后的欧债危机发生以后,这种银行主导的金融体系更为发达,所以间接融资相关率在近几年显著上升,明显高于其他国家。中国和日本从总体上来看具有基本相同的间接融资相关率,说明中国和日本的金融脱媒处于相同的阶段或者具有类似的特征,这对于本书的结论具有重要的提示意义。

由于美国等西方发达国家是金融脱媒最先发生和发展的国家,因此我们选择将中国的金融脱媒与它们进行比较分析。进行这样的比较分析有助于判断中国金融脱媒所处的阶段,从而也有利于中国商业银行以及金融监管部门采取相应的对策。本书的比较分析着重于以下几个方面:

第一,中国商业银行金融脱媒的动因更加积极。在前文中已经讲到,美国的金融脱媒很大程度上是因为政策的限制,银行在这个过程中处于被动的地位。Q 条例为银行存款设定了利率上限,商业银行在20世纪60年代高通货膨胀的背景下无法通过提高存款利率来吸收存款,从而被迫面对负债脱媒的场面。与美国相比,中国目前所发生的金融脱媒更多地是基于金融总量的扩张,是积极因素推动的,虽然商业银行也会面临金融脱媒带来的挑战,但是这种挑战带有更大的主动性,对于中国的商业银行来说,机遇大于挑战。

第二,中国商业银行脱媒资金的流向变化更大。美国的金融脱媒发生在20世纪60年代,那时候美国已经建立起了非常完善的金融市场体系,良好的金融市场环境为脱媒的资金提供了稳定的流向。同时,由于已经经历了多次经济和金融危机,美国金融机构的风险意识很强,监管部门的风险监管也逐步完善,这在一定程度上也推动了金融脱媒的发展。然而,中国当前不具备这样的条件。首先,中国的金融市场还只是处于起步阶段,还很不完善,因此也就无法为商业银行的脱媒资金提供一个稳定的流向,当金融市场出现特殊情况(例如2008年金融危机)时,大量的脱媒资金又会选择从信托、金融衍生产品等回流到商业银行,从而使得中国的金融脱媒表现出很强的迂回性(见图6-8)。其次,中国的金融机构还普遍没有建立起完善的风险管理体系,这跟中国金融机构的发展历史短暂有关,此外,长久以来中国金融机构受政府管制较多,这也不利于中国金融机构风险意识的培养。风险管理水平的缺乏不利于构建理性和稳定的金融市场,从而使得金融脱媒表现出不稳定性和迂回性。

第三,中国商业银行在金融脱媒中面临的风险更大。一方面,金融脱媒会改变商业银行的业务构成,对商业银行来说是一个挑战。中国很多商业银行的业务构成单一化,负债里主要是吸收存款,资产里则主要是贷款,这种单一化的资产负债在面临金融脱媒时的抵抗力就显得很弱,当资金脱媒之后商业银行的存贷款数量急剧减少,会使得商业银行面临着利润剧减甚至破产的风险,这种风险在中国众多地方中小商业银行中的表现尤其突出。另一方面,在金融脱媒的背景下,商业银行被迫进行金融产品创新,发展资产证券化、结构化理财产品等,这些金融创新在完善的金融市场体系下会给市场主体带来更大的收益,但是在当前中国金融市场还不完善的背景下,这些金融创新很可能使得中国的商业银行承受更大的市场风险。

上文已经分析了中国与美国等发达国家在金融脱媒方面的不同,但是更重要的是认清中国目前金融脱媒所处的阶段,认清了阶段之后商业银行就可以采取相应的对策,也可以借鉴国外商业银行在对应阶段应对金融脱媒的经验。

图6-8所示的是中国与美国、德国、日本的间接融资相关率对比,由于美国的间接融资相关率一直维持在60%的水平,而中国的间接融资相关率是在波动中缓慢上升的,因此这个图很难反映出中国金融脱媒与美国金融脱媒的一致性关系。但是有一点是明显的,那就是中国的间接融资相关率一直都显著高于美国,这表明,与美国相比,中国的金融结构依然是以银行等金融机构为主体,间接融资占据着主要地位。该图并不能反映中国金融脱媒所处的阶段,因此很难结合美国的实际经验给出相应的应对策略。中国金融脱媒的迂回性也体现出了中国商业银行在应对金融脱媒时的困难所在,如何准确判断金融脱媒的形势将是中国商业银行未来发展的重中之重。

6.4 西方发达国家商业银行应对金融脱媒的经营战略

西方发达国家在商业银行方面的经营战略在金融脱媒背景下发生了深刻变化。旧经营战略主要依赖于传统存贷款业务,现在的经营战略转变为既依赖传统网点吸收存款,也依赖货币和资本市场融资;既依赖传统的信贷业务,也依赖货币和资本市场的投资和中间业务。这给西方商业银行经营模式带来两方面的变化:一方面,传统业务创新变得更加深入快速,另一方面,综合经营得到积极扩展,商业银行中间业务得到迅猛发展,存贷利差不再是商业银行无法摆脱的依赖。具体而言,西方商业银行经营战略的变化体现在以下几个方面。

第一方面,商业银行业务综合化。当今国际金融业发展的主流随着金融脱媒的发展,从原先的"分业经营、分业管理"的专业化模式转向"综合经营、综合管理"的全能化模式。20世纪80年代初,随着世界各国银行业对限制的解除,银行业务综合化得到进一步发展。具体表现在四个方面:

第一,放宽对银行业务经营范围的限制。从20世纪80年代开始,出于考虑到银行的大部分存贷业务被融资债券抢占,西方各国陆续允许把证券交易向所有金融机构开放。例如,美国于1980年就允许商业银行和储蓄机构的业务适当交叉;1984年允许不是联邦储备系统会员银行的中小银行从事证券业务;1987年允许银行控股公司包销地方债券、商业票据的抵押证券;1989年,又批准花旗、大通、摩根等五家银行包销企业债券和企业股票。这些打破禁止银行从事证券业务的规定使银行业务大步迈向全能化。20世纪90年代以来,银行表外业务发展迅速,银行与保险的交叉也随之加深。1999年年末,美国总统克林顿批准了《金融服务现代化法案》,该法案取消了银行、证券、保险业之间的界限,允许金融机构同时经营多种业务,银行不再是传统的银行,而是"金融百货公司"或"金融超级市场"。这场变革不仅是美国的,更是全球的。

第二,从20世纪70年代开始,为了迎合市场利率的日益上涨,企业融资出现了非银行化的迹象。在这种情况下,美国于1980年决定在7年内取消利率上限管制。随后,加拿大、联邦德国、日本等也相继追随了美国的脚步。

第三,解除外汇管制,促进资本自由流动,增强国际金融市场上本国银行的竞争力。英国在20世纪70年代末取消了外汇管制;在20世纪80年代,日本、法国、意大利等国也相继做出同样的改革。

第四,放宽其他各项金融限制,方便本国银行市场与外国银行市场之间的流通。西方各国基本不再对国家间金融机构活动范围做出限制。1986年,英国开展一场金融业大改革,改革包括对金融业的限制的放宽,准许银行收购证券公司,伦敦证券交易所不再限制最低手续费,经纪商和批发商也不再区别对待等;联邦德国则于1985年宣布不再限制本国居民购买外国证券和购买境外马克,并从1989年起对外国居民利息预扣税进行豁免等。

第二方面,商业银行经营全球化。银行经营国际化的速率在放松的金融管理、不断创新的金融工具、全能型银行的兴起以及迅速发展的跨国结算体系下不断加快。银行经营跨国界发展,一方面促进了国际资本流动,推广了新的金融工具和技术,另一方面金融市场的全球化进程也得到长足的前进。金融性质的分支机构开始与其他银行组成合资银行或国际银行集团。

据统计,1983—1989年,国际银行业资产从22 330亿美元增加到51 392亿美元,其中日本银行的资产从4 750亿美元增加到19 672亿美元,增幅达330%,已占到所有资产的38.3%;而美国的银行资产从6 080亿美元增加到7 274亿美元,增幅只达19.6%,比重也仅占14%。90年代初,发达国家、亚洲新兴工业国家以及一部分发展中国家的大银行,为促进自身迅速发展,都在其他国家广设分支机构。例如,美国花旗银行在65个国家和地区设立了135个分行。截至1990年年底,韩国的外国银行分行已达67家,外国银行办事处也有60多家。有关数据显示:仅1992年世界排名前200位的大银行中,境外资产平均比例有25家银行达36%,有50家银行达27%,有100家银行达到19%,而且越大的银行境外资产比例与境外业务量也越大。

20世纪90年代以来,银行经营国际化开始向全球进发,并逐渐分工成银行国际业务与国内业务,即大银行在国际金融市场上竞争,中小银行则在国内金融市场上发展。集团内部也有类似的"分工",但分工的界限是模糊的,资产还可以在国内和国外之间流动。随着墨西哥和亚洲金融危机对世界经济的影响淡化,国际金融监管的不断加强,各国金融业在国际业务领域不断开阔,跨国银行将对其海外融资结构进行必要的整合,减少传统贸易融资业务,增加投资银行业务;同时,必将增加其表外业务比重,提供东道国不能提供的服务,进一步推进金融国际化的进程。

第三方面,商业银行业务创新化。市场利率的持续波动使得直接融资工具给金融脱媒带来巨大压力。西方商业银行积极寻求存贷款产品的创新以应对严峻的市场形势,而创新又带来资产负债水平的改善,这对西方商业银行的经营管理思想是一次冲击。

在存款方面,西方发达国家金融机构过去属于被动型负债,通过存款账户和存款工具方面的创新,现在转变为主动型负债,商业银行从过去的单一的资产管理走向当前全面的资产负债管理,而且无息存款与有息存款的界限不再明显,银行资金也更容易与证券资金间双向转化。这种创新对原有的金融秩序提出了挑战,同时对金融综合经营进行了有效的促进。

一是可转让支付命令账户。这是一种活期存款账户。该账户的存款人以可转让支付命令取代支票用于对第三者支付,但它实质上是一种不使用支票的存款账户。这种账户使客户既可享受到转账结算的便利,又可获得利息收入。

二是股金汇票账户。这是一种专门划转股金收益的新型存款账户。存款人的股金收益划入该账户,并可根据需要开出提款单提现,或开出股金汇票对第三者进行支付。该账户按有息存款账户计息。

三是个人退休金账户。规定表明若未参加"职工退休计划"的工资收入者每年在银行开立的该账户中存入 2 000 美元,其存款利率可不受美国银行法 Q 条例的限制,且利息所得可享受免税优惠,利率也略高于一般储蓄存款。

四是小储蓄存款单。这是美国银行 1979 年为小额储户创办的不可转让的定期存单,存期为 1 年半至 2 年半,按财政部中期国库券的利率付息。

五是货币市场存单。这是美国储蓄机构 1978 年创设的一种新型定期存单。期限为 6 个月,最低面额为 10 000 美元,1983 年放宽到 2 500 美元,利率比 Q 条例规定的最高利率高出 0.25%,相当于美国 6 月期国库券的贴现率。

六是货币市场互助基金。它是通过吸收小额客户手中分散的资金,形成一个巨额资金力量,投资于国库券、CD 存单、商业票据等货币市场的短期金融资产,以帮助客户获取较存款利率更高的投资收益。

总之,在综合理财账户下,银行还可以将客户资金在债券、存款、保险等多种产品中组合搭配,这种组合还包括每一类产品中的不同内容。这类负债产品可能并不能给银行带来放贷资金,也不能为银行赚取较大的利差,但交易业务会随这类负债产品大量出现,20 世纪 90 年代后西方银行业收益结构的显著变化特点就在于此,即对存贷利差的收益依赖在减轻,而更重视各种市场交易所带来的价差和佣金收入,这种发展方向对于现代银行来说十分重要。

贷款方面,商业银行经过产品创新,有以下几种产品出现:

一是浮动利率贷款。浮动利率贷款的利率由基准利率(短期国库券利率或 LIBOR)加固定利差构成,并且它会随基准利率的变化做出相应调整。对银行来说,市场利率剧烈波动的巨大风险可以靠此来加以防范,对借款人来说会更容易获得贷款,因为银行承担的风险下降,贷款条件也会随之放松。在浮动利率的基础上,西方商业银行又进行了三种限制:规定利率上限;规定利率下限;同时规定利率的上下限。这项创新可以解决浮动利率贷款的利息成本变化造成成本难以控制这一问题。

二是透支贷款。借款人可以在规定时期与额度内随时透支、随时偿还银行的借款。透支贷款不需要抵押品,因此通常需要借款人信用记录良好,而且透支额度与期限会随着信誉增高而增长。对于那些并不能事先确定自己未来现金流的准确时间和规模的借款人来说,这种贷款非常重要,它使得借款人能够在需要时立即获得贷款,而在能够偿还贷款时立即偿还贷款,从而大大提高借款利用率,避免未来现金流的不确定性所可能引起的流动性困难或贷款资金闲置。

三是分期贷款。银行根据借款人的实际需要,一次性审批整笔贷款,然后由借款人根据事先确定好的提款和还款计划,分期分批提取和偿还贷款。为了保证整个提款和还款计划完全符合企业的实际需要,分期贷款中一般还包括提前偿还条款和承诺费条款。提前偿还条款规定,如果借款人现金收入流比预想的状况更好,那么在征得银行同意以后,可以提前还款,减少借款人的利息负担;承诺费条款规定,如果借款人应该提款而不能提款时,借款人只需支付一定比例的承诺费,而不必提取款项,从而避免借款人多支付利息。

四是资产支持贷款。这是以企业短期资产为担保而发放的一种贷款。作为担保的资产通常在将来较短时间内就能转变成现金,其中主要是应收账款。在发放资产担保贷款时,将应收账款的所有权转让到银行手中,由银行负责全权收回应收账款,对原借款人没有追索权。在这种贷款方式下,银行由于承担了有可能无法收回应收款项的风险,银行收取的利率和手续费一般都较高。

五是贷款专业化。这是指银行把其贷款业务的重点放在某些特定行业(如能源贷款、信用卡贷款、汽车贷款等),一般这些行业都是银行有很强专业知识和专业能力的行业,通过这种方式银行形成自己的核心贷款产品,抢占贷款市场。在贷款市场上的激烈竞争中,各银行都必须突出自己的优势、形成自己的品牌来提升竞争力,尤其是中小银行,更必须将有限的资源专注于特定行业。另外,由于始终跟踪着该行业的发展状况与趋势,集中发放某个行业贷款的银行在审批单笔贷款时,就只需进行简单的行业调查与行业分析,从而能够使银行贷款成本控制在较低的水平。

六是杠杆收购贷款。这是指银行以该公司的资产和未来现金流作为担保,发放给投资者用于收购目标公司的贷款。由于投资者用于购买目标公司的自有资金只占很小一部分(可能低于10%),其余大部分主要靠银行借款,因此被称为杠杆收购。银行发放这种贷款,不仅能够获得较高的利息收入,而且还能够通过向投资者提供财务顾问服务而获得高额服务费收入。

七是贷款合作。银行相互之间进行贷款合作的形式主要有：出售贷款，即一家银行出售一部分已经发放的贷款给其他银行；经纪贷款，即一家银行接到贷款申请后，如果它不擅长发放这种贷款，或者不愿意再在这个领域继续发放贷款，可以转给其他银行，但是需要从中收取一定额度的手续费；合作贷款，即两家银行建立长期合作的伙伴关系，一方固定购买另一方一定比例的新增贷款，通常情况下，大银行与小银行之间会建立这种关系，以充分发挥大银行在贷款评估等方面的人才优势，同时利用小银行相对过剩的资金；银团贷款，即由一家银行牵头，由若干家银行联合起来按照相同条件向借款人提供同一笔贷款。

八是贷款证券化。这是指银行将具有共同特征的贷款集中起来，形成一个有比较稳定的未来现金流的贷款组合，在经过信用提高后将其收益权转化为可在金融市场上流通的债券型证券的过程。贷款证券化能够极大地提高银行贷款资产的流动性，缓解银行资产低流动性与负债高流动性之间的矛盾，并且能够降低资产风险权数，提高资本充足率，这项创新对于银行业有着非常深刻的影响。

九是项目贷款。这是以项目本身的资产和未来现金流作为担保而发放的贷款。这种贷款通常对项目发起人没有追索权，从而突破了银行贷款属于借款人债务融资这一传统局限，借款金额与期限不受借款人资产负债状况、管理能力等的限制，大大扩展了融资渠道，增大了银行贷款的灵活性，投资金额大、回收期长、风险高的基础设施项目银行也可以开始参与，而且需要很多银行共同参与的项目借款也促进了银行间的相互合作。

欧美大规模的金融脱媒现象发端于20世纪六七十年代。从与商业银行经营相关的因素来看，金融脱媒的原因可归纳为政府的政策制约因素、经济发展中的技术因素、企业投融资形式的选择以及居民理财观念的变化。

6.5 我们的观点

在这一章中，通过分析美国、西欧、日本以及新兴市场国家的金融脱媒情况，可以了解这些国家各自金融脱媒的发展深度以及应对经验。在这一节里，我们对金融脱媒的国际比较做一个概括性的总结，寻找出国际银行业应对金融脱媒的生存发展之路。

根据上文对美国、德国和日本金融脱媒的概述以及对中国与美国金融脱媒的对比分析,我们认为,当前中国的金融脱媒情况并不像历史上的西方发达国家那样明晰,相反,中国的金融脱媒面临着较强的迂回性和复杂性。针对这种情况,我们从金融监管者和商业银行角度提出如下政策建议。

第一,进一步推动金融市场的发展,完善金融体系。造成中国金融脱媒迂回性的一个重要原因是中国金融市场的不完善,不完善的金融市场使得脱媒的资金不具备稳定的流向,存在资金回流商业银行的可能性,这样就会影响商业银行对金融脱媒程度的判断。因此,监管当局应该逐步放开对金融市场的限制,使得金融市场体系更加健全完善,金融市场资金流向更加稳定,从而增强商业银行对金融脱媒的判断和预期。

第二,商业银行要增强风险管理意识。中国的商业银行普遍缺乏系统的风险管理体系,在应对金融脱媒的过程中进行金融创新会使得商业银行暴露在更大的市场风险下,所以商业银行必须加强自身的风险管理:要加强资产负债管理,避免资产负债的过度单一化;此外,还要加强表外业务管理,商业银行的金融创新很大程度上表现为表外业务,因此管理好表外业务的风险至关重要。

第7章 优化商业银行传统资产负债业务

7.1 优化资产业务:发展供应链金融

7.1.1 供应链金融概述

20世纪70年代开始,随着市场经济的发展,企业间的竞争加剧,纵向一体化的生产模式越来越难以满足消费者的需求,生产的分工模式发生了变化,企业内部分工逐渐为企业间分工所代替,生产产品的各道工序在多个企业间进行分工。行业中的大型企业集中力量专注于其优势产业,处于行业外围的中小产业则承担着产品生产的其他环节,即形成供应链生产模式。这种生产模式有利于将行业中各个企业的核心竞争力充分发挥出来,同时还可以利用并综合不同企业的比较优势,从而降低生产成本。在供应链生产模式下,当生产环节被分配到多个企业中时,供应链管理(Supply Chain Management,SCM)应运而生。供应链是指围绕核心企业,通过对信息流、物流、资金流的控制,从采购原材料开始,制成中间产品以及最终产品,最后由销售网络把产品送到消费者手中的供应商、制造商、分销商、零售商,直到用户连成一个整体的网链结构。供应链包含了所有加盟的节点企业,它是从原材料的供应开始,经过链中不同企业的制造加工、组装和分销等过程,到达最终用户的一种新型的企业模式。从狭义上看,供应链金融,即人们为了适应供应链生产组织体系资金的需要,而开展的与资金和服务相关的定价与市场交易活动。从广义上来看,供应链金融是指对供应链的金融资源进行整合,即由供应链中特定的金融组织者为供应链资金流管理提供的一整套解决方案。从狭义上来看,供应链金融是指由特定的金融机构或其他供应链管理的参与者担任组织者,为某个特定供应链的特定环节或全链条提供定制化的解决财务管理问题的服务。它能够通过对信息、资金、物流等资源的整合,来达到提高资金利用效率,并为各利益相关方创造价值、分散风险的目的。随着供应链金融在中国的进一步发展,目前不断有新的产品被开发出来,如表7-1所示。

表 7-1 供应链金融产品

针对供应商	针对购买商	融资产品	中间业务产品
存货质押贷款	供应商管理库存融资	存货质押贷款	应收账款清收
应收账款质押贷款	商业承兑汇票贴现	应收账款质押贷款	资信调查
保理	原材料质押贷款	保理	财务管理咨询
提前支付折扣	延长支付期限	提前支付折扣	现金管理
应收账款清收	国际国内信用证	供应商管理库存融资	结算
资信调查	财务管理咨询	原材料质押融资	贷款承诺
结算	结算	延长支付期限	汇总

资料来源:胡跃飞,黄少卿.供应链金融:背景、创新与概念界定[J].财经问题研究,2009(8).

7.1.2 供应链金融融资模式分析

供应链金融能够补充中小企业的流动资产,提升中小企业信用水平,并根据中小企业实际情况设计不同的融资模式,以满足其个性化需求。目前,适应中国中小企业发展现状的供应链金融业务大致可以分为三种模式:应收账款融资模式、保兑仓融资模式、融通仓融资模式。三种模式在供应链金融中的具体应用如图7-1所示。

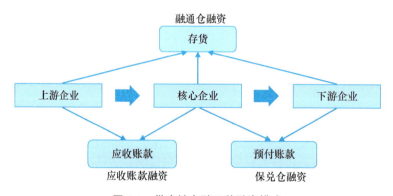

图 7-1 供应链金融三种融资模式

第一,应收账款融资模式。应收账款融资模式是指在供应链中处于核心企业上游的中小企业向核心企业销售产品时,由于中小企业处于弱势地位,因此核心企业会在商品销售后付款,此时中小企业可以通过未到期的应收账款作为抵押向银行贷款。上游中小企业、核心企业以及银行签订三方协议,以应收账款作为担保,银行贷款给上游的中小企业,当上游中小企业出现违约时,核心企业将支付贷款。

应收账款融资模式对于中小企业的适用性较强。应收账款融资模式适用于应收账款普遍存在,且应收账款占流动资产较大份额的中小企业。

从表7-2可以看出,应收账款占流动资产比例较大的行业大部分为建筑建材行业,此外还有医药卫生、家用电器、采掘服务、信息服务以及信息设备行业。这些企业的应收账款占流动资产的比例都在59%以上,极大地限制了企业资产的流动性,使其财务状况处于不利状况,加剧了企业进一步融资的困难,阻碍了其自身的发展。应收账款融资模式可以有针对性地解决这些企业的问题,缓解企业因应收账款挤压而造成的流动资金不足的情况。因此这类企业融资时可以考虑应收账款融资模式。

第二,保兑仓融资模式。保兑仓融资模式是指当处于供应链核心企业下游的中小企业需要资金时,以预付账款作为依据,以银行承兑汇票为载体,上游企业承诺回购的融资业务。由于下游中小企业的弱势地位,中小企业在向上游的核心企业采购产品时,需要预付账款,又由于中小企业的短期流动资金不足,中小企业可以采用这种模式对某笔专项预付款进行融资。这时,银行可以向处于下游的中小企业收取一定的承兑保证金,然后为其签发承兑汇票,用于向上游核心企业支付预付账款,并在中小企业的保证额度内签发提货单,让中小企业向核心企业进行提货。当中小企业实现销售之后,中小企业继续向银行续存保证金,银行再次签发提货单,直到保证金达到银行签发的承兑汇票金额。承兑汇票到期时如果保证金总额不足以抵承兑汇票金额,核心企业将差额支付给银行。

保兑仓融资模式适用于预付账款普遍存在,且应预付账款占流动资产较大份额的中小企业。

从表7-3中可以看出,预付账款占流动资产较多的公司涉及了信息服务、化工、轻工制造、餐饮旅游、机械设备、纺织服装和交通运输等行业。这些公司的预付账款占流动资产比例在26%以上,保兑仓融资实现了中小企业的采购以及上游企业的销售,为银行提供了利润。中小企业通过这种模式可以对货款分批支付,分批进行提货。不但节约成本,同时减小了资金压力,这类企业融资时可以考虑保兑仓融资模式。

表 7-2　中小板及创业板市场企业财务情况

公司名称	应收账款(万元)	流动资产(万元)	应收账款/流动资产	资产负债率	所属行业
华谊嘉信	39 457.07	51 852.00	76.10%	24.09%	信息服务——传媒——营销服务
华星创业	53 238.92	76 637.51	69.47%	49.81%	信息设备——通信设备——通信配套服务
瑞康医药	182 110.83	288 820.31	63.05%	70.63%	医药生物——医药商业Ⅱ——医药商业Ⅲ
同洲电子	138 208.71	219 603.66	62.94%	58.53%	家用电器——视听器材——其他视听器材
金螳螂	754 230.43	1 203 358.95	62.68%	68.44%	建筑建材——建筑装饰——装饰园林
蒙草抗旱	75 426.78	121 419.79	62.12%	38.00%	建筑建材——建筑装饰——装饰园林
仁智油服	52 266.38	84 818.17	61.62%	26.33%	采掘——采掘服务Ⅱ——油气钻采服务
海南瑞泽	53 308.94	88 489.92	60.24%	32.55%	建筑建材——建筑材料——其他建材
洪涛股份	133 426.49	222 977.52	59.84%	40.34%	建筑建材——建筑装饰——装饰园林
亚夏股份	533 593.64	895 223.13	59.60%	63.92%	建筑建材——建筑装饰——装饰园林

表 7-3　中小板及创业板市场企业财务情况

公司名称	预付账款（万元）	流动资产（万元）	预付账款/流动资产	资产负债率	所属行业
双星新材	90 699.86	210 882.09	43.01%	10.68%	轻工制造——包装印刷Ⅱ——包装印刷Ⅲ
司尔特	53 265.92	125 882.52	42.31%	28.18%	化工——化学制品——复合肥
上海钢联	17 653.15	43 104.09	40.95%	33.52%	信息服务——网络服务——互联网信息服务
辉隆股份	148 467.09	470 743.88	31.54%	66.01%	化工——化学制品——氮肥
省广股份	70 749.52	229 205.59	30.87%	47.02%	信息服务——传媒——营销服务
湘鄂情	25 590.39	84 997.45	30.11%	42.95%	餐饮旅游——餐饮Ⅱ——餐饮Ⅲ
通达股份	33 618.25	116 676.81	28.81%	36.63%	机械设备——电气设备——输变电设备
新野纺织	70 819.38	250 077.03	28.32%	61.48%	纺织服装——纺织制造——棉纺
乐视网	24 677.47	89 140.63	27.68%	56.11%	信息服务——网络服务——互联网信息服务
飞马国际	260 596.38	979 309.13	26.61%	94.03%	交通运输——物流Ⅱ——物流Ⅲ

第三,融通仓融资模式。融通仓融资模式也叫动产质押融资模式,由中小企业、第三方仓储单位以及银行制定三方协议。中小企业将动产作为抵押进行融资,仓储单位对中小企业的质押物进行监管。这种融资模式是对物流、信息流以及资金流的综合管理。第三方物流仅对质押物具有转移控制管理权,但是不具有所有权。融资抵押物应为银行能够接受的存货、信用证、仓单、保函、商品合格证等动产,应具有产权明晰,物理、化学性质稳定,价格稳定,市场活跃,易于变现,规格明确,便于计量和计算实际价值等特点。

融通仓融资模式适用于存货较多,且存货周转慢、容易积压的中小企业,并且存货在中小企业流动资产中占较大比重。

表7-4中涉及的公司大部分为房地产开发行业,此外还涉及了建筑建材、农林牧渔、轻工制造、医药生物行业。这类公司的存货占流动资产的比重较大,融资时可以考虑融通仓融资模式。大量存货的堆积会影响中小企业资金的及时回收,并且影响中小企业财务指标的变化及其自身发展。采用融通仓融资模式,可以通过将中小企业的存货质押给物流企业从银行获取周转资金,将未来的现金流转化为现实的现金流,从而缓解中小企业由存货积压所导致的短期流动资金不足等问题,促进中小企业健康持续发展。

供应链金融的三种模式,都是改变了传统信贷的模式,在具体业务模式上具有一定的异同。相同点为:三种模式都满足了中小企业短期融资需求;三种模式都将供应链中的核心企业的信用与核心企业的上下游中小企业进行捆绑,不只是局限于对单个企业的资信进行评估,而是基于整个供应链的角度对企业进行授信;三种模式的关注点都不是静态的资产等,而是动态的交易信息;三种模式都不需要不动产作为抵押;三种模式都可以使企业在维持正常的生产经营的条件下得到所需资金,提升了供应链的效率;三种模式都有核心企业或第三方物流企业作担保,降低了融资风险;抵押物大都在银行的控制之下,降低了融资风险。但在具体的运作过程中,这三种模式也存在差异,由于中小企业在日常经营中,各个环节的活动并没有严格的划分,因此,中小企业的融资用途不同,融资方式不同,相对应的抵押物、还款方式和融资风险承担者也不同。具体详见表7-5。

商业银行在发展供应链金融的过程中,应该针对企业自身状况,为其选择具有

表 7-4 中小板市场及创业板企业财务情况

公司名称	存货（万元）	流动资产（万元）	存货/流动资产	资产负债率	所属行业
滨江集团	3 158 118.22	3 650 363.73	86.52%	79.97	房地产——房地产开发Ⅱ——房地产开发Ⅲ
世荣兆业	181 388.11	212 820.10	85.23%	49.85	房地产——房地产开发Ⅱ——房地产开发Ⅲ
潮宏基	140 410.03	171 344.78	81.95%	27.94	轻工制造——家用轻工——珠宝首饰
广宇集团	511 584.36	660 474.71	77.46%	67.52	房地产——房地产开发Ⅱ——房地产开发Ⅲ
合肥城建	293 609.43	396 781.17	74.00%	69.35	房地产——房地产开发Ⅱ——房地产开发Ⅲ
千足珍珠	61 607.92	83 502.06	73.78%	48.64	农林牧渔——渔业——水产养殖
宏润建设	740 099.96	1 012 784.85	73.08%	79.13	建筑建材——建筑装饰——基础建设
莱茵生物	51 204.79	70 314.21	72.82%	82.01	医药生物——中药Ⅱ——中药Ⅲ
獐子岛	244 949.12	341 867.46	71.65%	48.04	农林牧渔——渔业——水产养殖
晨光生物	62 731.98	88 913.71	70.55%	30.97	农林牧渔——农产品加工——其他农产品加工

表 7-5　供应链金融各种模式对比

融资模式	质押物	质押物的控制权	融资的用途	第三方参与	融资风险承担者	融资企业在供应链中的位置
应收账款融资模式	应收账款	融资企业	购买生产所需原材料或日常经营	无	下游核心企业	核心企业的上游企业
保兑仓融资模式	预付账款	银行	分批付货款、分批提货权	第三方物流企业	上游核心企业	核心企业的下游企业
融通仓融资模式	存货	银行、第三方物流企业	购买生产所需原材料或日常经营	第三方物流企业	上游核心企业、第三方物流	任何节点上的企业

针对性的供应链融资模式和方案,提供个性化服务。

7.1.3 商业银行发展供应链金融的探讨

近年来,中小企业贷款数量及数额都在快速发展,其发展速度已经超过了大型企业的贷款数额。2011年以来,为了发展中小企业客户,商业银行开始重视供应链金融业务,稳定了一批新的客户。因此,供应链金融被众多商业银行选为转型的突破点之一。

第一,深圳发展银行供应链金融。2003年,深圳发展银行首先在国内金融同业中推出"1+N"供应链融资服务模式。其中"1"是指供应链中的核心企业,"N"是指核心企业上下游的供应链成员企业。深圳发展银行的供应链金融涉及粮食、汽车、装备制造业、煤炭、矿石、油品、化工等多个行业。

截至2008年3月末,深圳发展银行全行贸易融资授信总额达到913亿元,其中向供应链经济中各类企业累计投入授信超过790亿元,全行现有贸易融资客户3 193户,不良率仅为1‰,资产质量良好,综合效益明显。

同时,深圳发展银行与沃尔玛、富士康、一汽、上汽、鞍钢等超过50家核心企业签订了总对总合作协议,银行不但积极促进这些核心企业的供应稳定和销售增长,也拉拢了一批稳定的客户。

第二,招商银行利用互联网技术发展供应链金融。2013年9月16日,招商银行推出了"智慧供应链金融平台"。该平台整合了核心企业、上下游企业、网上银行、海关、仓储物流服务商等供应链相关信息,将订单、应收账款、存货和运输仓储等多元商流信息进行分类归集,传递到所需的供应链各方。

智慧供应链金融平台在互联网和大数据的支持下大幅降低了小企业融资门槛,有效解决了供应链上小型和微型企业的融资难问题;同时,利用互联网技术,可以大幅提升融资速度,该平台依靠各个系统间无缝对接,让原本需要几天处理的业务,现在只需1秒即可完成,实现融资速度的跨越;此外,该平台还可以自动识别和控制信用风险,需要融资的客户可随时在线测算当前可以在招行申请贷款的金额,从而自助发起融资申请,之后系统在线自动审批,实时放款,颠覆了以往"贷前调查、贷时审查、贷后检查"的传统方式。

目前,随着大数据和互联网技术的发展,供应链金融不断被加入新的元素,它对于企业和商业银行的意义更为深远。

7.1.4 民生银行与供应链金融

中国现行的银行公司治理结构大部分是"总—分—支"结构。其中,支行主要负责储蓄业务,分行负责外汇兑换、分布贷款、管理操作风险和国际结算前台等业务,而总行则大多按照地域划分为省总行、区域总行、国家总行等,主要负责制定授信指标、各方面的风险管理(包括流动性风险、操作风险、信用风险)、行政管理、后台信息技术服务等。而一些银行则把单证中心分开,专门审核各种单据,来进一步控制银行内部的操作风险。现存的银行结构是按照功能来分类的,例如个人金融、外汇储备、公司金融信贷和国际结算等。但是民生银行若要发展成专门为中小企业服务的银行,必须打破现有的功能性部门的设置,成为以产品为主线的"企业"。因此,民生银行的改制,不是旧瓶装新酒,而是量体裁衣,为中国的中小企业量身定做供应链金融服务。

传统的信贷管理设置显然不再适合当今的新业务,有如下四个原因:

第一,民生银行曾多次在年报里披露过,多数供应链金融是以"1+N"为服务核心。改制是为了"1+N"的服务而存在,"1"是指在产业链当中的核心企业,因为供应链金融的核心理念是把企业当作一个自然的生态集群,有着自己的食物链条,从而可以得知,最有实力的自然是处于食物链条顶端的部分——核心企业。它辐射多个小企业,例如外包、供货商等,这些小企业的特点是有自己的物流、信息流和资金流等。物流具体是指辐射中小企业的议价能力和运输能力,信息流是指通过内部或者外部的信息系统可以抓取有效的供应或者销售渠道信息,或者通过情报获得对手的信息等,资金流位于供应链金融当中,主要以流动性资产为主,例如预付账款、应收账款、存货动态管理等。这些链条并不是孤立存在,而是相互联系、相互影响的。如果以传统的思路贷款,那就是"一对一"的策略——银行通常会断绝其他消息来源,专业贷款给单个公司。而供应链金融典型的特征是小额、批量化和多目标贷款,这个显著的差别,促使民生银行对内部公司治理进行改革。

第二,传统的金融产品不再和中小企业的发展相适应。我们可以用银行贸易金融产品的典型例子来阐述。例如，如果中小企业申请保函、保理、信用证这些业务，首先要缴纳保证金，从而使得企业的流动资金被一定程度上占用。这种质押或者抵押形式的金融产品因其具有还款时间长、占有流动资产等缺点，在很大程度上损害了中小企业的流动性，因而难以在4中小企业中占有较大的销售份额。此外，外国银行提出供应链金融的背景是维持核心业务，但是在这一点上，中国与它们相差甚远。中国的供应链金融80%以上采取的策略是"先有市场份额，后有核心企业"，如果外国的策略是"挟天子以令诸侯"，那么中国的情况和它们正好相反，而这是由中国银行的生态发展所决定的。在上述原因的影响下，中国供应链金融中的银行的产品导向性、定位性非常强，所以只能以产业链和产品为导向。并且，部门改制都是以行业产品导向性为基础的，因此民生银行在2006年实行的战略是非常明智的。

第三，传统的银行业以业务为核心导向，对行业不作区分。但是，这一点难以应用到供应链金融管理这条路上。供应链管理类似于物流行业的管理，通过管理行业的上中下游，银行相当于一个中介、平台，从事着对企业需要产品化，对产品进行定位等工作，扮演着重新分配资金、资源、效率，重新做信息匹配的角色。所以，银行必须为整个行业服务，通过不同的企业来收集信息和情报从而不断重新定位自己的贷款信息。因为在中小信贷金融中，确实存在着高等级的授信风险，银行想要规避这个风险，只能依赖于几个渠道——供应链内部的信息流、公开的信息平台。大量的核心企业建立风险控制机制，就是为了降低操作和流动性风险。接着，银行根据这些风险来设计相应的供应链金融产品，从而提高自己在中小企业中的贷款议价能力。由此可见，如果从传统信贷金融产品的角度来看，个人金融部门、公司金融部门仅仅依靠自身力量，难以进行多线程管理，而只能以行业为导向，调配银行内部的不同资源来满足需要。

第四，传统的银行业灵活性不够大，资源利用率低下。在传统银行业中，总行统一负责信贷资源的调配，决定每一年的财务预算、决算和激励机制，而分行和信贷部门无权支配信贷资金。但是这一点非常不利于供应链服务的灵活性，尽管传统的信贷指标在传统的银行架构中尚且可行，但是它会导致资金利用效率低、分配不均等情况出现。供应链金融所服务的对象大多是周转率较短、贷款额度低且以流动性资产为主的中小企业,所以资金的授信弹性较大,而指标的分配无法解决这个问题。再者,事业部有着极大的权力,第一是受总行管辖,垂直授权,加快了授信速度;第二是从行业出发制定产品,部门有自己的一套预算和激励制度,因地制宜,而不是"一刀切",忽略实际情况。现在,民生银行金融地产事业部便采用了上述的方法,已经颇具雏形。

改制使得供应链金融具有得天独厚的优势,这种优势在于,公司治理拥有非常好的横向延展性。参照荷兰银行公司的治理模式,民生银行可以在支部和事业部下面再分级和设立独立的事业部。此外,民生银行的中间收入从2006年开始呈现爆发式增长,受益于改制后的新一代红利分发,财务顾问服务费、托管费以及其他佣金呈现出惊人的增长速度。在民生银行的发展中,中间收入占有主导性的作用,而它逐年下降的贷款比重表明,以顾问服务费为核心的增长模式将成为下一个主导模式之一。而且这种优势极其显著,具有一箭双雕的作用——它不仅有利于降低自身贷款的风险,同时还能增加银行的收入。除了中间费用收入将提升之外,贷款的质量、渠道和议价能力在小微企业中都将得到显著的提升。由于以群体或产业链为服务中心,因此贷款的议价能力相对于基准利率,民生一直有着得天独厚的优势。

综上所述,供应链金融是以中小企业为核心和服务对象,以资金流、信息流和物流为背景,银行扮演着平台、中介的角色的新型金融服务生态系统。因此,为了与新模式相适应,改制势在必行。

7.2 优化负债业务:重启大额可转让定期存单

中国商业银行的资金来源主要包括银行存款、债券发放、对央行的负债、对其他金融机构的负债等。其中,存款一直是银行负债的主要部分。商业银行的资金来源过于单一,银行对于负债结构的调整能力太差,商业银行很难双边调整资产负债结构。同时随着金融脱媒的发展,商业银行的存款逐渐减少,因此商业银行应该主动负债。

7.2.1 大额可转让定期存单的发展

大额可转让定期存单(Negotiable Certificate of Deposits, NCD)是增加银行主动负债的一种金融创新工具,NCD在国际上曾经对金融市场利率市场化的发展产生了非常重要的影响。

NCD是指银行发行的可以在金融市场上转让流通的一定期限的银行存款凭证,是商业银行为吸收资金而开出的一种收据,是一种具有转让性质的定期存款凭证,凭证注明存款期限以及利率,到期时持有人可通过凭证向银行提取本息。NCD不记名,并且可以自由转让流通,其存款面额固定且一般是较大的金额,期限为3—12个月不等。

大额可转让定期存单相比定期存款,最大的特点是具有流通性和投资性。大额可转让定期存单与定期存款的区别如表7-6所示。

表7-6 大额可转让存单与定期存款的区别

项目	大额可转让定期存单	定期存款
面额	面额较大,且固定	面额不固定
利率	有固定,有浮动	固定利率
流动性	不记名,可转让	记名,且不可转让
提前兑取	不可提前兑取	可提前兑取,损失部分利息

1961年,花旗银行第一次发行大额可转让存单,而当时的宏观环境是,由于美国市场利率增长,受制于Q条例的约束,商业银行的活期存款无利息,在此情况下,大量银行存款流向收益率高的其他金融工具,美国商业银行为了规避Q条例开始发行大额可转让定期存单。大额可转让定期存单由于其利率较高,同时可以在二级市场转让,因而大大吸引了存款者。截至1967年,美国商业银行发行的大额存单已达185亿美元。

大额可转让存单在中国的发展如图7-2所示。1986年,中国交通银行首次引入了大额可转让存单,第二年,工商银行和中国银行也发行了NCD。当时中国的NCD利率较高,比同期存款利率高出了10%,同时还具备可转让流通的特点,具有活期存款的流动性和定期存款的高盈利性。但是当时NCD在其期限、面额、计息等方面的制度上仍旧有较大欠缺。1989年,为了规范NCD,中央银行发布了《大额可转让定期存单管理办法》,对中国的NCD市场进行规范。1990年,为了防止银行利用NCD高息揽存,中央银行对NCD的利率进行控制:向企事业单位发放的NCD,利率与同期存款利率一致;向个人发放的NCD,利率比同期限利率高5%。因此,NCD在收益上的吸引力大减。中央银行于1996年重新修订了《大额可转让定期存单管理办法》,进一步规范了NCD的发行利率、发行期限等,但是由于一直没有形成一个统一的NCD二级流通市场,同时NCD的发行在技术上也不够成熟,伪造NCD的犯罪活动十分猖獗,央行于1997年暂停了NCD的审核,NCD业务在中国完全停止。

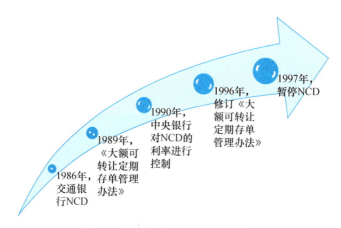

图7-2 中国大额可转让存单的发展

7.2.2 重新推出大额可转让定期存单

NCD的发展需要一定的外部条件。在20世纪,由于中国的市场环境的限制,NCD无法发展:首先,当时中国的利率市场化程度很低,NCD的发行不由银行创新主导,而是由监管主导,因此银行的创新受到较多限制,导致NCD的利率与定期存款相差不大,缺乏吸引力。其次,中国没有形成一个足够活跃的NCD流通市场,NCD的流动性实质上很差,难以兑换。最后,由于当时的技术条件的限制,NCD的发展受到了制约,记名NCD只要交易双方背书即可转让,同时记名NCD可以办理挂失,并且在挂失10日后就发放新的存单,在银行无法掌握NCD的转让情况的条件下,这个制度极易造成银行资金的损失,同时这种方式也给不法分子提供了诈骗机会。

随着中国金融市场的发展,金融市场的各项条件与原来相比都有了进步,因此完全可以考虑重新引入 NCD,并且以 NCD 带动其他金融创新产品的发展,降低中国商业银行对于被动负债的依赖,改善中国商业银行的负债结构。

2010 年 10 月 18 日,由中国银行业协会举办的大额存单业务座谈会在北京市召开。中国人民银行、银监会、国家开发银行、中国工商银行等 17 家机构的代表参加了会议。与会代表达成了一致意见,认为重启大额存单业务的时机已经成熟,而且这将大大拓宽银行主动负债的金融工具,扩展银行的资金来源,丰富市场投资品种,同时增加风险控制的手段。与此同时,重新推出大额可转让定期存单也是实现利率市场化的重要一步。2010 年 5 月 14 日,中国工商银行纽约分行的第一笔大额可转让存单在美国市场发行成功。2013 年 7 月 19 日中国人民银行宣布全面放开贷款利率管制后,将国内利率市场化又一次向前推进。利率市场化改革已进入到存款利率管制逐步放开的新阶段。此时,NCD 的发行,将成为推动中国存款利率市场化的关键一步,有望扮演存款利率市场化"敲门砖"的角色。中国人民银行在 2013 年 8 月 2 日发布的《2013 年二季度货币政策执行报告》中称:"继续完善市场化利率形成机制,逐步扩大负债产品市场化定价范围。"中央银行在 2013 年年底已经发布《同业存单管理暂行办法》,允许金融机构在银行间市场发行大额可转让同业存单。这意味着银行可以便捷地在同业市场上转让资金,意味着我国存款利率市场化的进程又前进一步。

7.2.3 大额可转让定期存单给商业银行带来的机遇

大额可转让定期存单相当于银行短期借款,能够使银行以相对稳定的成本获得大量的资金,并能够提供一些可供选择的借款,以增强银行对于主动负债的管理。大额可转让存单给银行提供的借款是从银行间市场获取的。然而,银行间市场的资金成本是会有所波动的,如在 2013 年 6 月,流动性紧缩使得短期货币市场利率接近 30%。大额可转让定期存单可能会对货币市场利率产生直接影响,使其朝着符合市场供需的方向迈进。故大额可转让定期存单的推出将不仅为银行开辟了一个新的流动性渠道,而且还将通过逐步放宽存款利率管制来推进利率改革。

中国商业银行可以通过依照贷款客户的需要,安排发行相应期限和额度的 NCD 作为银行的主动负债工具,来解决存贷比过高等问题。NCD 可以大大拓宽银行的资金来源,帮助其进行资产负债管理,银行也能提高对负债产品的定价议价能力,这些全都有助于优化银行负债结构。

对银行而言,NCD 的发行手续简单快捷,费用较低,仅需简单的书面文件资料,而且它能够吸收较大数额的、有着稳定期限的资金,是一个非常有效的融资方法。特别是在转让过程中,由于大额可转让存单的调期成本费用比债券调期买卖低,它能够为金融市场筹集资金,使民间企业有效利用社会闲置资金,并为调剂资金余缺创造有利的条件。此外,由于大额可转让定期存单可在市场上自由买卖,它的利率能够反映实际上的资金供求状况。大额可转让存单的发行,也可以加快商业银行金融产品的创新速度和进程,减少它对存款的依赖性。在当今中国利率市场化以及金融脱媒的背景下,商业银行通过推行大额可转让存单不但可以吸收存款,同时可以解决中国国有控股商业银行"借短贷长"的资产负债结构,增强中国商业银行资产的流动性。

NCD 的推出可为商业银行稳定资金提供便利有效工具,避免商业银行出现短期资金不足问题。目前,由于中国存款活期化、贷款长期化趋势明显,商业银行面对资产错配的挑战不断加大,而 NCD 作为一个稳定的负债工具,对于商业银行吸收和稳定存款具有重要意义。

第8章 深化商业银行金融创新

8.1 大力发展债务融资业务

8.1.1 非金融企业债务融资工具

非金融企业债务融资工具从 2005 年开始陆续推出,是指由具有法人资格的非金融企业在银行间债券市场发行的,约定在一定期限内还本付息的有价证券,目前主要包括短期融资券、中期票据、超级短期融资券、非公开定向发行债务融资工具、中小企业集合票据、资产支持票据等类型,其对比如表 8-1 所示。

短期融资券(Short-Term Financing Bill,CP),指具有法人资格的非金融企业在银行间市场交易商协会进行注册,并在银行间债券市场发行,同时约定在 1 年内还本付息的债务融资工具。

中期票据(Medium-Term Notes,MTN),指具有法人资格的非金融企业在银行间市场交易商协会进行注册,并按照计划分期在银行间债券市场发行,同时约定在一定期限内还本付息的债务融资工具。

超级短期融资券(Super & Short-term Commercial Paper,SCP),指具有法人资格的非金融企业在银行间债券市场发行的,约定在 1 年内还本付息的债务融资工具,其募集资金必须用于符合国家法律法规及政策要求的流动资金需要,不得将资金用于长期投资。

非公开定向债务融资工具(Private Placement Note,PPN),指在银行间市场以非公开定向发行方式发行的债务融资工具。一般由具有法人资格的非金融企业向银行间市场特定机构投资人发行债务融资工具,并且在特定机构投资人范围内进行流通转让。

中小企业集合票据(Small-and-Medium Enterprise Collective Notes,SMECN),指两个或两个以上、十个或十个以下具有法人资格的中小非金融企业在银行间债券

表 8-1 非金融企业债务融资工具对比

	短期融资券	中期票据	非公开定向债务融资工具	超级短期融资券	资产支持票据
主管机构	银行间市场交易商协会				
审批方式	注册制				
主承销商	银行、证券公司				
信用评级	需评级	需评级	发行人与投资者协商确定	企业如已在银行间债券市场披露有效评级则无需重复披露	公开发行需评级,非公开定向发行由发行人与投资者协商确定
发行人类型	具有法人资格的非金融企业（包括上市公司）				
融资速度	理论上审核时间为 3 个月,实际上会受央行货币政策影响			审批时间较短	
发行规模	实行余额管理,不能超过净资产 40%			发行规模不受净资产 40% 影响	
发行条件	受国家行业政策导向影响,如房地产企业（上年房地产收入超过营业收入的 50%）受限制,钢铁类企业有资格限制（要求粗钢产量全国排名前 20）,两高一剩行业需提交相关排查报告				
发行期限	1 年以内	一般以 3 年期、5 年期为主	无明确限制,一般为中短期品种	270 天以内	无限制,一般为 3—5 年
分期发行	一次注册,分期发行				—
募集资金用途	对于募集资金用途没有明确限制,通常用于偿还银行贷款,补充营运资金,中、长期品种可用于项目投资				—

市场统一产品设计、统一券种冠名、统一信用增进、统一发行注册方式共同发行的，并且约定在一定期限之内还本付息的债务融资工具。

资产支持票据(Asset-Backed Medium-term Notes，ABN)，指由特定资产所产生的可预期的现金流作为还款支持，并且约定在一定期限之内还本付息的债务融资工具。

非金融企业债务融资工具与企业债、公司债等其他债务融资工具在审批单位、交易场所、发行管理办法、发行主体等方面都具有不同要求，具体如表8-2所示。

表8-2　中国债券基本情况

品种	相关单位	交易场所	发行管理	发行主体	发行管理体制
企业债	发改委	交易所市场和银行间债券市场	核准制	具有法人资格的企业	发行企业向发改委提交发行申请，经核准并通过人民银行和证监会会签后，下达发行批文。人民银行核准利率。
中小企业集合债券	发改委	交易所市场和银行间债券市场	核准制	具有法人资格的企业	发行中小企业集合债券应符合《公司法》和《证券法》的规定，应向发改委提出核准申请。
可转债	证监会	交易所市场	核准制	上市公司	发行公司债券应符合《公司法》和《上市公司证券发行管理办法》规定的条件，经证监会核准后方可发行。
公司债	证监会				发行公司债券应符合《公司法》和《公司债券发行试点办法》规定的条件，经证监会核准后方可发行。
中小企业私募债	证监会	交易所市场	备案制	非上市中小企业	发行中小企业私债券应符合《公司法》和交易所的相关业务规则，在交易所备案发行。
短期融资券	交易商协会	银行间债券市场	注册制	具有法人资格的非金融企业	银行间债券市场债务融资工具以人民银行为行政主管单位，由银行间交易商协会实施注册制自律管理。发行债务融资工具的企业需向交易商协会提交注册文件及注册表格，经交易商协会形式要件审查同意后，可多次备案发行。
中期票据	交易商协会	银行间债券市场	注册制	具有法人资格的非金融企业	
集合票据	交易商协会	银行间债券市场	注册制	具有法人资格的非金融企业	
超级短期融资券	交易商协会	银行间债券市场	注册制	具有法人资格的非金融企业	
定向工具	交易商协会	银行间债券市场	注册制	具有法人资格的非金融企业	
资产支持票据	交易商协会	银行间债券市场	注册制	具有法人资格的非金融企业	

非金融企业债务融资工具是企业重要的融资途径之一，图8-1显示了各项债

务融资工具的发行规模。债券融资具有低成本、高流通性、优化财务结构等效应，受到各类企业的青睐。截至 2012 年年末，债券市场的融资总额达到 8.09 万亿元，占企业融资总规模的 51.20%。非金融企业债务融资工具发行利率低于同类债券品种，如图 8-2 所示。

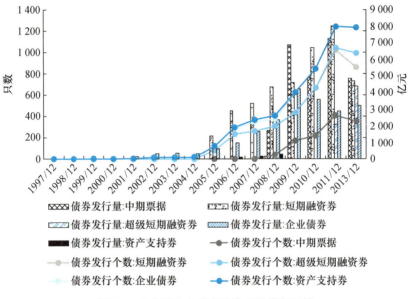

图 8-1 非金融企业债务融资工具发行规模

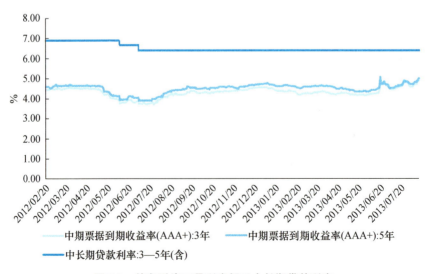

图 8-2 债务融资工具利率低于中长期贷款利率

截至 2012 年年末,债券融资已超越银行贷款和股权融资(见图 8-3),2010—2012 年,信用债券市场规模不断壮大,发行只数从 2010 年的 903 只上升到 2012 年的 2 631 只;发行规模从 2010 年的 17 808.75 亿元上升到 2012 年的 38 068.60 亿元,复合增长率高达 46.1%。

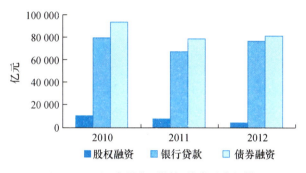

图 8-3 近三年股权、贷款、债券融资规模

第一,短期融资券是依照规定的条件和程序,在银行间债券市场发行和交易并且约定在一定期限以内(通常是 1 年以内)还本付息的有价证券。人民银行于 2005 年 5 月 26 日颁布了《短期融资券管理办法》,该办法允许在银行间债券市场上所有符合条件的非金融企业向合格机构投资者发行短期融资券。近年来短融规模迅速扩张,成为企业最重要的短期融资工具。

短期融资券发行是采用备案制而非审批核准方式,因此相对 IPO 等融资方式手续更加便捷,准备周期更短;产品的发行时机和期限结构等要素可结合市场利率、供求情况和自身融资需要特点进行调整。商业银行、保险公司、基金等金融机构也热衷于参与该类债券的交易,因此短期融资券深受市场欢迎。自五矿集团于 2005 年在金融市场出现,短期融资券经历了快速上升时期,随后两年的发行量达到 1 452 亿元和 3 000 亿元,其发行频率也更高,月平均发行量和发行数量分别为 227.22 亿元/月和 19.4 个/月,平均发行规模达到 11.7 亿元/个。2012 年,短期融资券发行只数 1 013 只,发行规模 15 355.47 亿元,占信用债发行总额的 40.66%。2013 年 7 月,短期融资债券发行规模为 455.40 亿元,发行数量为 38 个。

短期融资券的产品有以下几个方面的特点:首先是融资成本较低,特别是同信贷利率相比,其成本优势明显;其次是增加了现金管理手段,丰富了企业进行头寸管理的工具,并且因其成本低、手续简单等优势,成为除流动资金贷款以外的一种重要补充手段;最后是融资效率较高,注册制使得融资券的审批手续十分简单,余额管理使企业可以根据自身的财务状况以及现金流的状况灵活地安排发行规模与发行方式。综上,短期融资券凭借其融资成本较低、融资效率较高的巨大优势,可以作为短期债务的工具,满足公司营运资金的需求,通过滚动发行,成为企业一项重要的短期债务融资工具。

第二,中期票据是指具有法人资格的非金融企业按照计划在银行间债券市场上分期发行的,并且约定在一定期限之内还本付息的债务融资工具。2008年4月,中国人民银行颁布了《银行间债券市场非金融企业债务融资工具管理办法》,中国银行间市场交易商协会公布了《银行间债券市场非金融企业债务融资工具注册规则》和《银行间债券市场中期票据业务指引》等七项自律规则,同时在银行间债券市场正式开始接受企业发行中期票据的注册。中期票据是经由监管当局一次注册批准以后,可以在注册期限之内连续发行的公募形式的债务证券,是广义的融资性票据的一种。中国中期票据市场的发行个数呈现出上涨的趋势。2012年,中期票据发行只数799只,发行规模为11 650.62亿元,占信用债发行总额的30.85%。

随着企业直接融资比例的提高,金融脱媒促使商业银行大力发展中间业务,降低对利差收入的高度依赖。中期票据承销能为商业银行带来丰厚的承销费收入和分销费收入。

中期票据的发行相对于其他债券品种来说,具有以下优点:一是发行审批效率高,其发行采用的是注册制,在额度有效期之内采取备案制,手续简单而且审批快速,同时发行的条件宽松;二是主要由银行机构担任主承销商,这更容易取得投资者的认同;三是实行一次注册、分批发行,注册有效期较长,可达3—5年,最长可到7—10年;四是融资成本低,银行间市场定价市场化的程度较高,因此,货币市场利率水平可以较好地反映出企业本身的信用状况,融资成本会低于同期银行贷款利率;五是发行的选择权较大,这样一来企业可以根据自身的情况灵活安排发行。可以说,中期票据的审批效率较高,发行相对灵活便捷,债券期限通常较长,融资成本偏低而且募集资金用途较为灵活,所以资质较好的企业可以综合考虑市场状况、公司资金需求以及还款安排,选择有利的发行窗口,有节奏、有计划地发行中期票据来进行中长期的直接债务融资。

第三，非公开定向发行债务融资工具(PPN)是于2011年5月由交易商协会推出，由具有法人资格的非金融企业，向银行间市场特定机构投资人发行，并且在特定机构投资人范围之内流通转让的债务融资工具。2012年，PPN发行只数237只，发行规模为3 591.30亿元，占信用债发行总额的9.51%。

PPN的信息披露要求较为简单。当前，受到投资者风险偏好趋同、信息保密的需要以及金融市场管制等因素的影响，中小企业、战略性新兴产业发行人等保密性要求较高的部分发行人利用债务资本市场进行融资，受到了很大的局限。而通过发行定向融资工具只需要向定向投资人披露相关信息，不需要履行公开披露信息义务，同时披露的方式可协商约定。这样在很大程度上减轻了发行人，特别是非上市公司发行人的信息披露负担，也有利于引入风险偏好型投资者，以构建多元化的投资者群体，进而化解了中小企业、战略性新兴产业发行人等融资主体在传统公开发行方式进行融资的诸多困难。

PPN的发行规模允许突破40%的限制。《证券法》中只是对公开发行公司的债券有"累计债券余额不超过公司净资产40%"的限定，而对于非公开发行债券并没有明确规定，所以，定向工具的规模可以突破净资产40%的限制。

PPN的发行方案相对灵活。因为采取了非公开方式发行，规模、利率、资金用途等诸多条款都可由发行人与投资者经过一对一的谈判协商来确定。目前，银行间债券市场上公开发行的主要产品都是信用评级较高、收益率较低的基础性产品，投资组合管理的难度较高。PPN推出的目的是满足企业的债务融资需求。《公司法》中规定，公司公开发行的债券金额总数不得超过公司净资产的40%，因此，债券发行比率接近这一上限的企业只能通过非公开发行的方式从债券市场继续融入资金。PPN的发行在交易商协会注册完成，发行审核和信息披露的要求均低于短融和中票，注册条件也随之大为简化。

发展非金融企业债务融资工具，可以很大程度上拓宽商业银行的盈利渠道。作为债券市场一个十分重要的参与主体，商业银行应当以不断优化服务实体经济的方式，积极地参与直接融资市场业务。商业银行通过承销非金融企业债务融资工具，在增加了中间业务收入的同时，也改善了过去仅靠利差度日的单一的利润结构。

第四，非金融企业债务融资工具发展前景良好。目前，从整体趋势看，交易商协会拟通过扩大发债空间和促进发债主体的多样化等方式，推动债券市场的快速发展。近期协会推出的扩容政策主要包括以下方面：

交易商协会允许 AA 级及以上的发行人短融中票发行额度互不占用，即短融中票的总余额理论上可以达到净资产的 80%，发债空间进一步扩大。

交易商协会将对基础设施类企业逐步放开，优先支持省级、直辖市、计划单列市、副省级、省会级别的基础设施类企业，暂不接收其他级别的项目材料，后续放开时间将另行通知。

2012 年 5 月 10 日，根据超短融创新工作会会议纪要，超短融向全部 AAA 级央企放开，发行主体范围明确扩展到所有 AAA 级央企及其一家 AAA 级核心子公司。2013 年 10 月 22 日，交易商协会将超短融发行人条件由原先的 AAA 级央企扩大至所有同时符合 5 个条件的企业，即：进行双评级，均达到 AA+ 级以上；累计公开发行债券 3 次（含）、累计发行规模 50 亿元（含）以上；注册金额与短期资金缺口及用途相匹配；公司治理完善；市场认可度高。超短融发行主体范围的扩大意味着具备超短融发行资格的主体将由 AAA 级央企进一步扩大到更低级别的 AA+ 级（双评级）企业，这意味着地方优质平台企业将获得更多的债券融资机会，其短期流动性压力也将大为改善。

交易商协会正在积极推进合格投资人制度建设，即将市场上主要的 150 余家投资机构认定为定向工具的合格投资人，定向工具则可以在其间自由买卖，以解决定向工具流动性不足的问题。

银行对债务融资工具的承销，不但可以获得中间收入，改善单靠利差获得收入的利润结构，也可以拓宽银行的盈利渠道，实现利润来源的多样化。由于债务融资工具需要银行全面掌握企业情况，可以帮助银行识别企业经营过程中存在的问题以及风险，从而提高银行的风险管理水平。银行具有大量的客户资源，对老客户进行深入挖掘，可以发现企业的资金需求，降低客户开发成本，并且能为企业提供个性化、有针对性的服务，从而使得银行与企业的合作关系更加深入，提高客户的忠诚度。

8.1.2 中小企业私募债

近年来,中小企业融资问题引起越来越多的重视。在第四届全国金融工作会议上,温家宝总理指出:"要做好新时期的金融工作,要坚持金融服务实体经济的本质要求,牢牢把握发展实体经济这一坚实基础,从多方面采取措施,确保资金投向实体经济,有效解决实体经济融资难、融资贵问题,坚决抑制社会资本脱实向虚、以钱炒钱,防止虚拟经济过度自我循环和膨胀,防止出现产业空心化现象。"随后,证监会主席郭树清提出了"高收益债",旨在丰富中小企业融资渠道,进一步服务实体经济发展。

国务院于2011年1月制定了支持小型和微型企业发展的金融和财税政策措施,2012年4月,国务院又出台了《关于进一步支持小型微型企业健康发展的意见》,要求缓解小微企业融资困难的局面。2013年7月5日,国务院发布了《关于金融支持经济结构调整和转型升级的指导意见》,提出整合金融资源支持小微企业发展。小微企业的融资渠道引起各方面的重视。

2012年5月,《中小企业私募债业务试点办法》出台,规定中小企业私募债券的发行人是未上市的中小微企业,暂不包括房地产企业和金融企业。中小企业私募债券的发行大幅降低了中小企业融资门槛,开辟了中小企业的专属融资渠道,有效地缓解了中小企业的融资难题,为解决中小企融资难问题提供了新的模式。深交所于2012年6月7日通过了第一批共9家中小企业私募债券备案的申请。2012年6月11日,苏州华东镀膜玻璃有限公司的中小企业私募债券正式在上交所挂牌,成为第一只在交易所市场挂牌以及第一笔非公开转让的中小企业私募债券。

截至2012年12月31日,总共有86家企业发行了私募债券,其中有46家在深交所,其余的40家在上交所,总共发行96.73亿元,大约半数的小企业的发行规模在1亿元以上。目前发行的私募债多数期限在2—3年。86家中小企业私募债的平均发行利率为9.02%,绝大部分发行利率维持在8.5%—10%。截至2013年6月底,沪深交易所共接受了311家企业发行中小企业私募债备案,备案金额达到413.7亿元;有210家企业完成发行,募集资金达到269.9亿元。

根据《上交所中小企业私募债券业务试点方法》《深交所中小企业私募债业

务试点方法》，中小企业私募债券指债券发行人符合工信部《中小企业划型标准规定》，尚未在上交所和深交所上市的，在中国境内注册为有限责任公司与股份有限公司的非房地产企业与金融企业的中小微企业，同时在中国境内依照法定的程序，以非公开方式发行与转让的，发行期限在1年(含)以上，利率不超过同期银行贷款基准利率的3倍，并且约定在一定期限之内还本付息的公司债券，也被称为中国版的"垃圾债"。

如表8-3所示，中小企业私募债在发行审核、发行规模、发行条件、募集资金用途等方面都有别于现有债务融资工具，对于中小微企业融资具有独特优势，有利于拓宽中小微企业融资渠道。中小企业私募债有以下几个特点：

一是发行门槛较低。私募债发行主体为中国境内注册且还没有上市的中小微企业，不含房地产和金融类企业。试点办法对于发债主体的盈利状况、净资产以及募集流向等都没有明确的限制，资金使用更加灵活，融资规模没有限制，但是中小企业私募债对于发行主体的发债规模却无此要求。而且，尽管私募债发行利率稍高于企业债，但相比银行贷款以及信托产品来说，它的融资成本较低。而且，相比公司债，私募债发行企业所承担的税收负担较低，而且没有经营业绩增长的诸多压力。

二是投资者要求较宽松。符合两大交易所规定的合格机构投资者均可参与私募债投资，通过购买金融机构发行的理财产品，个人投资者可以参与到私募债的投资中。这样在严格限制个人投资者的同时也放宽了对机构投资者的要求，不仅有利于保证私募债早期安全性，而且有利于进一步扩大私募债的空间。而且，对于投资者人数的限制较为宽松。私募债投资者人数的上限为200人，远远高于创业板私募债10人的上限，这更加有助于中小企业私募债的流通便利。

三是审核方式较宽松。中小企业私募债发行管理的方式是备案制，审核方式更为宽松。具体的发行规模、发行期限等均由企业按照需要自主决定。另外，私募债对评级和审计的要求较宽松，私募债并没有强制要求评级，只是鼓励了发债企业采取担保等相应的增信措施，并要求在备案时提供经过审计的最近两年的财务报告。

四是流通转让较为方便。流动性差是不同种类的债券面对的共同问题，上交

表 8-3　中小企业私募债与传统债务融资工具比较

	中小企业私募债	公司债券	企业债券	中期票据、短期融资券
监管机构	证监会	证监会	国家发改委	中国银行间市场交易商协会
审核方式	备案制	核准制	核准制	注册制
发行人类型	非上市中小微企业	上市公司	非上市公司、企业	具有法人资格的非金融企业（包括上市公司）
分期发行	可分期发行	可在 2 年内分次发行	不可分期发行	可在 2 年内分多次发行
审核时间	10 个工作日内	1 个月左右	理论上审核时间为 6 个月，实践上有可能超过 6 个月	理论上审核时间为 3 个月，实际上会受央行货币政策影响
净资产要求	无	实践中一般归属母公司的净资产大于 12 亿元	实践中一般归属母公司的净资产大于 12 亿元	未作具体要求，实际操作中要求一般高于企业债券
盈利能力要求	无	最近三年持续盈利，三年平均可分配利润足以支付债券一年的利息	最近三年持续盈利，三年平均可分配利润足以支付债券一年的利息	无
发行规模	无限制	不超过企业净资产的 40%	不超过企业净资产的 40%	不超过企业净资产的 40%
发行期限	1 年（含）以上（上交所要求 3 年以内）	中期，3~5 年	中长期，5 年以上	中期票据为中短期，3~5 年；短期融资券为 1 年以内
募集资金用途	较为灵活	常用于置换银行贷款和补充流动资金	常用于项目投资和补充流动资金	募集资金应用于企业生产经营活动

所与深交所都为中小企业私募债设定了特定渠道以保障其流通转让,比如上交所的固定收益综合平台以及深交所的综合协议交易平台。但是创业板私募债并不能公开进行转让,其发行转让方式需要遵守非公开发行股票的相关规定,因此相比中小企业私募债流动性较差。

发行人可自由选择上交所和深交所申请备案,两交易所的备案要求基本一致,部分要求有细微差别。中小企业私募债在上交所与深交所的规定中有如表8-4所示的区别。

表8-4 交易所试点办法区别

	上海证券交易所	深圳证券交易所
发行期限	期限在1年至3年	期限在1年(含)以上
申报材料	需提供纸质版备案材料	可网上提交电子版备案材料
担保要求	全额担保	关联企业要求全额担保,专业担保公司可部分担保
合格投资者	机构投资者;董事、监事、高级管理人员及持股比例超过5%的股东;承销商	机构投资者;董事、监事、高级管理人员及持股比例超过5%的股东;承销商;个人投资者
信息披露时间	在私募债券本息兑付日前五个工作日,披露付息及本金兑付事宜	付息2个工作日前,披露《付息公告》;兑付5个工作日前,披露《兑付公告》
发行人要求	发行人不属于房地产企业和金融企业	发行人是中国境内注册的有限责任公司或者股份有限公司
保障金账户	无	发行人应设立偿债保障金账户

中小企业私募债是高风险、高回报的投资工具,在成熟市场,以风险回报率计算,私募债的平均回报率远高于其他债券。因此,银行应当加强开发以中小企业私募债为主要投资目标的其他多种理财产品。

商业银行可以通过发行中小企业私募债提升投行业务的知名度,中小企业私募债审批快、发行简单的特点可以与非金融企业债务融资工具项目大、发行复杂的特点相互补充,为商业银行中小企业客户提供新的融资渠道。

一是银券合作发行中小企业私募债。商业银行拥有大量的中小企业客户,但是因为中小企业的不确定性较大,对外披露的信息量不足,信息不对称,从而导致银行在做中小企业信贷融资的时候,事先评估的或者实际发生的信贷收益覆盖不了信贷的成本与风险;同时,商业银行出于存贷比的考虑,对中小企业惜贷,因此中小企业的融资需求难以得到满足。部分中小企业需要在银行授信额度之外获得长期融资,在这种情况下,银行便可以推荐这些客户通过发行中小企业私募债的形式来解决融资的问题。

商业银行可以通过和券商合作的方式发行中小企业私募债。商业银行拥有大量的客户,当中小客户具有融资需求时,商业银行将客户介绍给合作的券商,以券商为通道向这些中小企业发行中小企业私募债,券商发债后可以将私募债理财产品专户设立于银行或销售给银行,从而达到商业银行、券商、中小企业三方多赢的局面。

通过与券商合作的方式向中小企业发行中小企业私募债,商业银行为中小企业客户提供了多样化、有针对性的融资方式,满足了客户个性化的需求,既解决了中小企业的融资需求,实现了客户价值的最大化,也保留了大量中小企业客户。商业银行与券商的合作可以为其他产品的发行建立良好的合作伙伴关系。券商在银行开立私募理财产品,可以为银行带来新的存量资金,同时,银行也可以作为合作方优先购买优质私募债券。

二是担任债券受托管理人。可以由银行担任中小企业私募债券的受托管理人,跟踪发行人的信用情况,既可以收取一定的服务费用,又可以获得客户认可,提高客户忠诚度。

三是担任偿债资金账户监管人。银行可以担任偿债资金账户管理人,既可以提高银行存款额度,又可以以此为契机拓展更多业务。

四是认购私募债券。银行可以认股中小企业私募债券,为客户提供收益和风险都适中的理财产品,从而满足不同客户的需求。

中小企业私募债券是中国债券市场第一个实行备案制的债券品种,其债券市场化程度相对较高。中国目前已完成股份制改造的中小企业超过10万家,这些中小企业将成为中小企业私募债券重要的潜在客户群。随着中国中小企业的快速发展,中小企业私募债券的市场容量将快速扩大。

8.1.3 金融债

金融债是指银行及非银行金融机构在银行间债券市场中,依照法定程序发行,并按照约定还本付息的有价证券,由银监会和人民银行监管。1985年,为解决银行信贷资金不足问题,工商银行、建设银行开始发行金融债。人民银行于2005年4月颁布了《全国银行间债券市场金融债券发行管理办法》,以更加严格地规范金融债的发行行为(见表8-5)。2012年,金融债发行只数235只,发行规模25 153.10亿元。

表8-5 金融债发行介绍

发行指标	详细要求
主管部门	银监会、人民银行
融资成本	发行利率由债券的期限和评级确定,低于同期限同评级的企业债券,高于国债和存款利率
发行期限	1年以上;可一次足额发行或限额内分期发行;核准后,60日内首期发行
评级担保	评级:债券须经资信评级机构评级,且于每年7月31日前披露债券跟踪信用评级报告 担保:无强制要求,金融机构可以自主选择
资本充足率要求	商业银行核心资本充足率不低于4%;企业集团财务公司资本充足率不低于10% 要求商业银行近三年持续盈利且贷款损失准备计提充足
对发行人要求	公司具有良好的公司治理机制,近3年无重大违法、违规行为; 风险监管指标符合监管机构的有关规定
募集资金用途	所募集的资金应用于补充银行信贷资金或企业长期的项目投资 企业在存续期内变更募集资金用途应提前披露 自2011年以来,部分股份制银行获批发行专项用于发放小微企业贷款的金融债

金融债能够有效地解决银行等金融机构的资金来源不足以及资金期限不匹配的问题。由于金融债券的资信通常要高于非金融机构的债券,金融机构的违约风险较小,因此金融债相对非金融债来说具有更高的安全性。因此,金融债利率会更低,但是会高于国债以及银行存款利率。同时,商业银行发行金融债券不需要缴纳存款准备金。

2013年7月24日,中信银行发布公告,称该行近日获得银监会同意,在全国银行间债券市场发行金额不超过300亿元人民币的金融债券,并按照有关规定,将发行金融债券所募集的资金全部用于发放小微企业贷款。10月23日,中信银行公告称收到中国人民银行相关行政许可书,同意该行在全国银行间债券市场公开发行金额不超过300亿元人民币的金融债券。

根据规定,获准发行小微企业贷款专项金融债的商业银行,与该债项相对应的单户授信总额在500万元(含)以下的小微企业贷款在计算"小型微型企业调整后存贷比"时,可在分子项中予以扣除。

截至2013年6月末,主要金融机构及小型农村金融机构、外资银行人民币小微企业贷款余额12.25万亿元,同比增长12.7%,增速比同期大型和中型企业贷款增速分别高2.3和1.9个百分点。人民币企业贷款增加2.42万亿元,其中小微企业贷款增加1.03万亿元,占同期全部企业贷款增量的42.6%。

在当前银行存款外流严重、存贷比逼近监管红线的情况下,小微企业金融债的推出为流动性紧张的银行开辟了一条新的融资渠道。截至2014年年底,曾经上市的8家股份制银行无一例外地发布了其小微债的发行方案,规模达到2 500亿元。

在当前银行体系内流动性日益紧张、吸储压力加大的情况下,发行小微企业专项金融债,一方面可以增加银行小微企业信贷资金额度,另一方面还可以享受存贷比考核上的放松政策,商业银行因而有较高的意愿申请发行。

商业银行需抓紧时间申请发行金融债,从而解决银行资金来源不足以及与期限不匹配的矛盾。发行金融债券也可以解决银行长期投融资的问题。由于债券在到期之前一般不能提前兑换,只能在市场上转让,从而可以保证所筹集资金的稳定性。同时,商业银行发行债券时可以灵活规定期限,比如为了一些长期项目投资,可以发行期限较长的债券。因此,发行金融债券可以使银行筹措到稳定且期限灵活的资金,从而有利于优化资产结构,扩大长期投资业务。

8.1.4 债贷组合

2013年,岳阳市城市建设投资有限公司公司债券(简称"13岳阳城投债")于7月12日发行上市流通,规模为18亿元,期限7年,由国开集团旗下国开证券担任主承销商。经国家发展改革委核准,13岳阳城投债由国家开发银行担任此次城投债"综合融资协调人"。

岳阳城投是国内首只"债贷组合"试点公司,债券募集资金主要用于岳阳云梦新城等11个棚户区改造项目。此次债贷组合不仅包括直接融资,还包括间接融资,结合了城投公司企业债(企业债券18亿元)和项目贷款(国开行8亿元项目贷款)。同时,由国开行承接审批后企业债的后期资金使用监管,债贷资金统一监控,即岳阳城投募投项目资金不仅来自债券,而且银行贷款也同步到位。

同时,岳阳城投与国开行湖南省分行、岳阳市政府签订的《岳阳市城市建设投资有限公司综合融资服务协议》,聘请国开行湖南分行担任"综合融资协调人",即国开行有义务向岳阳城投提示债务风险,接到风险提示以后,岳阳城投必须调整资产负债结构,强化偿债能力,发挥了国开行在中长期信贷、融资平台债务管理和债券发行承销领域的综合优势。

根据服务协议,以后岳阳城投的融资,比如抵押贷款、债券融资等,在同等条件下优先选择国开集团,岳阳城投提出融资需求后,国开行要协助开展融资工作;同时,国开行要求岳阳城投每年提供一份融资报表,没有国开行书面同意,在对外的融资事宜中,不聘请第三方作为融资牵头方、协调方。

在这种模式下,国开行可以将发债募集资金,像其自身贷款一样监管使用,无形中起到了一个担保的作用。

近年来,随着平台公司融资渠道的多元化,地方政府隐性债务规模逐渐扩大,融资平台的债务问题日益突出,平台债务风险受到广泛关注,国务院对此也高度重视,明确提出"要严密防范金融风险,严守不发生系统性区域性金融风险的底线,防范化解地方融资平台贷款等风险"。

债贷组合的融资模式不但可以扩大企业融资渠道,又能同时监管债券与贷款的资金,进而有效防控债务风险。商业银行的监管也可以提高发行人的信誉,增强投资者信心,因此这种融资模式可以受到更多投资者的青睐,从而降低债券利率和融资成本。

债贷组合同时也是商业银行与券商的另一种创新的合作方式。"综合融资协调人"的角色可以发挥银行与券商的比较优势,帮助企业获取更多低成本融资资金,在融资后还可以帮助企业以及投资者监控其财务水平,同时可以为银行建立稳定的客户关系,增强客户忠诚度,实现银行、券商与企业三方共赢。

商业银行应积极与国家发改委沟通,以地区为单位,争做综合融资协调人。

8.2 创新并购业务

8.2.1 并购贷款

并购贷款实际上是指商业银行为其境内并购方企业进行合并或真实控制已设立并持续经营的目标企业,而向其子公司或者是并购方发放的用来进行支付其并购交易的贷款。

贷款用途范围仅限于并购方或其控股子公司为受让股权、认购新增股权、收购资产或承接债务所支付的款项,不得用于除了进行并购以外的其他用途,也不能够用于并购方或并购方的可控制子公司在其并购协议下所应支付的其他款项。

商业银行法人机构开展并购贷款业务的申请条件如表8-6所示。

表8-6 商业银行法人机构开展并购贷款业务的申请条件

内容	要求
风险管理	健全
内控机制	有效
贷款损失专项准备充足率	—
资本充足率	—
一般准备余额	—
并购贷款尽职调查	有
风险评估的专业团队	有

如果商业银行符合上述条件,那么其在进行并购贷款业务以前,应该根据《商业银行并购贷款风险管理指引》规定其并购贷款业务流程以及内控制度,并且要向监管机构报告后才能实施。商业银行在开展并购贷款业务以后,如果不能持续性地满足以上条件,则应该停止开展新的并购贷款业务。

并购贷款是并购方与贷款银行达成的,为并购交易现金支付需要提供的贷款,贷款银行根据并购交易支付条件,一次或分次支付给借款人,借款人按照约定的时间,一次或分次按照浮动或固定利率还本付息的一种贷款业务。并购贷款作为企业并购融资的主要途径之一,实践中根据其不同的操作,主要的形式如表8-7所示。

表8-7 并购贷款的形式

并购贷款形式	定义/特征
过桥贷款	并购交易进行中的时候,经常会因为中长期资金而需要较长的时间周期,而其交易自身也可能会因为某些原因,需要马上获得资金,通过该资金来解决不时之需。这种过渡性的短期贷款就是过桥贷款。
定期贷款	定期贷款是指贷款期限一般在2—10年之内,贷款的银行和借款人之间确立一个约定的额度以及贷款所持续的时间,在这一段时间当中,借款人有权根据约定获得相应的资金。定期贷款允许借款人在借款允许的最大金额范围内,根据其自身的需要,从中提取借款所承诺资金当中的全部或者是一部分。 银团贷款又被称作辛迪加贷款(Syndicated Loan)。它是指由一家或多家银行进行带头,而且由多家银行组成的一个贷款集团。银团贷款会根据同样的借贷条件而且会采用一份相同的贷款合同。
有担保和无担保贷款	有担保贷款这一借款方式是指借款人或者是保证人通过相应的财产作为抵押,也可以是根据其保证人的信用承诺而进行贷款发放的一种借贷方式。无担保贷款则不用任何抵押或者是质押。个人无担保贷款在海外成熟市场是一种常见且被广泛接收的金融工具。
债券重组式贷款	债券重组式贷款是指借款人在预见其自身会发生的财务困难或者是借款人、保证人所发生的资产重组问题,导致它不能按时归还银行贷款的情况下,银行为了维护债权以及减少其损失,与借款人达成的改变贷款归还条件的协议。这一协议会对借款人、保证人、担保方式、还款期限、适用利率以及还款方式等不同的方面进行调节。

下面我们来看一下国内并购贷款的起步及其发展状况(见表8-8)。

"借款人不得用贷款从事股本权益性投资,国家另有规定的除外"是1996年的《贷款通则》第二十条的规定,其目的是保障贷款的安全性。在现实的运作当中,国有商业银行如果需要发放并购贷款,则要向银监会"一事一报",经过特批后才能发行。并购贷款的借款人限制是政府投资公司,或者是具备财务公司的大型企业集团,或者是政策性银行发放并购贷款并且将其用于央企的海外并购业务。

2005年以来,商业银行经银监会报批,向中石油、中石化等发放了并购贷款。

2008年12月9日,银监会《商业银行并购贷款风险管理指引》开放了并购贷款,将并购界定为"境内并购方企业通过受让现有股权、认购新增股权,或收购资产、承接债务等方式以实现合并或实际控制已设立并持续经营的目标企业的交易行为"。

这次放开并购贷款,是促进中国金融业发展的战略性动作,也是对经济形势的逆向操作。中国加大对企业并购贷款的支持,其主要目的在于以下两个方面:

一是推动企业的兼并重组,通过收购其他相关产业来强化自身,从而成长为世界性的领跑者。

二是以国内现有优质企业、产业龙头企业为依托,进行行业内部的整合,通过并购重组提高产业集中度,同时发展成为在世界范围内具有竞争力的大型企业。

从并购贷款开放以来,符合资格条件的工行、交行、建行等银行马上做出了回应。例如,2009年工行与首创股份、北京产权交易所签署首笔并购贷款合作意向协议15天以内,工行便与上海联合产权交易所、深圳国际高新技术产权交易所与深圳产权交易中心签订了超过300亿元的企业并购贷款意向额度。

表8-8 国内并购贷款的由来及发展状况

时间	事件
2007年年初"两会"	全国工商联以"关于完善中国企业并购融资制度的提案"提出修改《贷款通则》,允许金融机构开办并购专项贷款,在步骤上可以采用先间接(专业机构打理)后直接的方式,使商业银行在风险管理到位的情况下,逐步参与并购融资。
2008年6月29日	国务院颁布的《关于支持汶川地震灾后恢复重建政策措施的意见》提出灾后重建的财务支出、税收、金融、产业扶持等多方面政策,首次提到"允许银行业金融机构开展并购贷款业务"。
2008年11月5日	国务院出台进一步扩大内需、促进经济增长的十条措施,第十条要求加大对"兼并重组的信贷的支持"。
2008年12月3日	"金融国九条"第五条中明确提出"通过并购贷款等多种形式,拓宽企业融资渠道"。
2008年12月8日	《国务院办公厅关于当前金融促进经济发展的若干意见》提出:"允许商业银行对境内外企业发放并购贷款。研究完善企业并购税收政策,积极推动企业兼并重组。"

(续表)

时间	事件
2008年12月9日	银监会的《商业银行并购贷款风险管理指引》,开放并购贷款业务。
2008年12月10日	中国银监会政策法规部副主任王科进表示,并购贷款可用于在二级市场收购上市公司股票。
2008年12月25日	工行上海分行、上海银行与上海联合产权交易所推出了1000亿元的企业并购贷款额度,作为企业并购专项贷款。
2009年1月6日	工行北京市分行、首创股份、北京产权交易三方签订并购贷款合作框架协议,媒体称之为"国内首笔并购贷款",但未透露具体金额。
2009年1月20日	国开行向中信集团发放并购贷款16.315亿元,这是银监会并购贷款新政发布后,商业银行第一笔实现资金发放的并购贷款。
2009年3月3日	交行上海分行、建行上海分行分别向宝钢提供了7.5亿元和8亿元并购贷款,用于支持其收购宁波钢铁56.15%的股权。
2009年3月11日	中行北京分行向华能集团发放了6.8亿元并购贷款。
2009年3月27日	国家开发银行、中国进出口银行、中国银行和中国农业银行与中国铝业公司签署银团贷款协议,向其提供210亿美元的贷款额度。

资料来源:各报刊网络媒体,截至2009年3月底。

在当前金融危机影响减弱,人民币升值预期的形势下,随着企业国内外并购数量的持续增加,并购贷款规模也不断攀升。从贷款规模看,2010年年初,商业银行并购贷款还在200亿元左右徘徊,截至2011年5月底,全国金融机构的并购贷款业务规模已达到899亿元,1年多翻了两番多。从参与并购贷款的银行类型看,2010年年初,并购贷款业务还只是少数银行的业务,参与者主要集中在中行、农行等五大国有股份制银行,1年以上并购贷款余额不过15亿元,且集中在个别银行,如华夏银行等。而截至2011年5月底,股份制银行异军突起,并购贷款总规模超过100亿元,中信、民生等银行成为其中主力,特别是中信银行,从2010年一季度并购贷款余额为零,到目前规模已接近70亿元,成为股份行中的先行者。

从并购贷款对商业银行的影响来看,首先,并购贷款的推出为商业银行业务发展提供了机遇。

第一,中国并购市场的健康发展给了商业银行并购贷款业务一个较大的市场。

在多种因素的推动下,中国的并购市场具有长久的活力。在这一并购市场当中,中国企业的战略性并购重组以及中国大型企业的跨境并购将占主要部分。在中国,不管是央企还是民企,如果需要进行并购,那么就应该具备多种融资渠道,这就要求企业熟悉中资商业银行,这样才能促成并购交易的成功。对中国的商业银行来说,目前其所面对的是较以往更为激烈的市场竞争,开展并购贷款业务为其开辟了一个新的贷款渠道。

2009年以来,商业银行便在并购市场中表现出了巨大的活力。中资银行为中国企业进行海外业务提供了充足的资金保证。同时,商业银行也加强了与PE和VC等股权投资基金的合作。

第二,并购贷款业务的开展将促进中国银行业中间业务的发展。

虽然2008年的金融危机是源于投行业务,但是证券承销、兼并收购等传统的投行业务不会消失。随着中国资本市场的持续健康发展,投银业务将在中国呈现出更大的活力。目前中国的许多大型商业银行在证券、信托、投行等方面均开展了业务。开展这些业务进行综合化经营以及提供全方位金融服务已经成为中国大型商业银行目前的发展战略。工行、中行、建行等国有商业银行都设立了自己的投资银行部并且在推进投行业务的发展。虽然说并购贷款业务是属于商业贷款的范畴,但是如果从并购贷款业务的具体操作流程来看,却与投行业务更加相似。与一般的中长期贷款不同,发放并购贷款需要更加系统的尽职调查,需要进行全方位的风险评估,这一过程在很大程度上与投行业务是相同的。所以,目前在还没有对中国商业银行放开投行业务的时候,中国的商业银行可以利用并购贷款业务来累积投行业务的经验。商业银行可以依托其自身的资金支持,从并购贷款业务延伸到其他业务,从而全方位地参与企业的资本运作。面对激烈的市场竞争现状,开展并购贷款业务也有利于商业银行加强与信贷客户的联系,并为客户提供更加广泛的融资方式。

第三,并购贷款业务可以加强商业银行人才队伍的建设以及提升专业化服务水平。

开展并购贷款业务的商业银行需要有更高的要求,因为并购贷款自身的特点是比一般商业贷款的专业性更强,流程更加复杂,风险更加不容易控制。商业银行应该具备高素质的团队,这样才能更好地开展并购贷款业务。高素质的团队里面应该有信贷专家和风险控制专家、法律专家、会计专家等,这样才能为客户提供与并购贷款相关的专业解决方案,而且有利于银行的风险控制。市场对高素质专业人才的需求可以使银行加强对人才的重视。另外,并购贷款业务对于风险控制的需求也会使得商业银行加速建立起一套全面的风险管理系统,来面对新的挑战。

其次,中国商业银行开展并购贷款业务也面临着很多挑战。

并购贷款业务的开放意味着前所未有的机遇和广阔的市场空间,与此同时,中国的商业银行也面临着非常大的挑战。对于国内的商业银行来说,并购贷款仍然是一个全新的业务,它与传统贷款不同,不是依靠存贷差来获得盈利,而是一种投资银行业务,属于资金融通活动。但是目前中国的商业银行无论在人才还是技术层面上都没有完全做好全面放开并购贷款业务的准备,而且还受到许多监管指标的约束,这让中国大多数商业银行还不具备相应的条件。

第一,开展并购贷款需要满足严格的监管要求。

根据银监会颁布的《商业银行并购贷款风险管理指引》,商业银行开展并购贷款业务,须满足贷款损失专项准备充足率不低于百分之百的要求。此外,商业银行的资本充足率不能低于百分之十,一般准备金余额不能低于同期贷款余额的百分之一。除了以上三个硬性指标以外,商业银行还需要具有相应的风险管理以及内控机制,拥有并购贷款业务的专业团队。就目前来说,资本充足率是制约中国很多银行开展并购贷款业务的一个比较重要的因素,如果商业银行处于业务扩张阶段,那么则会经常使得资本充足率低于监管的要求。对于以上两点非定量的硬性监管标准,目前中国绝大部分的商业银行是无法完全做到的。除了少数几家大的银行有投资银行业务的团队以及一些人力资源储备,目前中国绝大多数银行并没有并购贷款业务的专业团队。目前来说,中国能够开展并购贷款业务的商业银行主要是工、中、建、交和国开行这五家国有大银行。这几家国有大银行具备从事投行业务的相关经验,拥有并购贷款方面业务的专业团队。目前全国性的股份制商业银行基本上受到资本充足率监管指标的限制;虽然城市商业银行具有资本充足率高的优势,但是其缺乏开展业务的经验,不具备开展并购贷款业务的能力。

第二,并购贷款的复杂性给商业银行风险管理带来挑战。

保证借贷资金的安全是银行风险控制的重要组成部分。银行会要求一般的商业贷款说明借贷资金作何用途,这样可以方便对贷款的资金进行有效的监控。但是,并购贷款的资金用途的界定则显得相对模糊。在银行放款后,其资金是以股权形式存在的。这种存在方式不利于监测资金的流向以及资金的用途。同时,企业进行并购以后的效益存在很大的不确定性,而且并购贷款的还款来源主要是企业进行并购以后的经营性现金流,这也从一定程度上增加了银行回收贷款的风险。

相比传统的商业贷款,并购贷款的风险显得较为复杂。中国商业银行对于并购贷款业务的风险管理能力还较为缺乏。

一是银行缺乏管理并购贷款相应的经验,对传统贷款的管理经验并不完全适合并购贷款业务,无法将新的风险纳入银行自身的风险管理体系。

二是国内商业银行对于传统贷款的审查是侧重企业并购以前的审查,会忽视对企业并购以后行为的分析。

三是中国商业银行的风险管理相比国际上的先进水平仍然存在着较大的差距。对风险进行定量分析这方面经验依然比较缺乏,因此确定并购贷款的风险溢价则显得相对困难。

第三,中国商业银行组织架构等方面的不足使得开展并购贷款业务比较困难。

一是中国商业银行的传统组织架构无法有效支持并购业务的全面开展。

一个好的并购贷款业务团队应该是由一批来自各个专业领域的专业人才所构成的,这样才能及时处理各方面随时出现的问题以及变化。中国商业银行在进行部门协调的时候,成本相对较高,部门之间配合较差,对市场变化的反应较慢。所以,目前中国的商业银行还无法适应并购贷款业务的要求。

二是中国商业银行的人才储备不足,制约着并购贷款业务的全面开展。

由于并购贷款的风险较大,这就对中国商业银行从事并购贷款业务的人员提出了相当高的要求。商业银行必须具备与其并购贷款业务规模相适应的专业人员,例如熟悉并购相关法律的人员、财务人员以及行业知识人员。但是,目前中国商业银行并购贷款业务所依靠的还是对公客户经理,所以缺乏在并购贷款方面的专业人才。虽然中国一些大型的商业银行建立了独立的投资银行部,并且培养了一些高素质的人员,但是仍然处于起步的阶段,数量非常有限,依旧不能满足全面开展并购贷款业务的需要。虽然目前中国商业银行也有一些并购贷款交易,但依旧属于个例,许多仍然是意向性的协议,并没有发放实际资金,知识具有一定的象征意义,离真正市场化还比较遥远。

最后,我们针对中国商业银行开展并购贷款业务提出以下几点建议。

第一,谨慎选择并购贷款的客户。商业银行可以选择上市公司作为目标公司,从上市公司入手开展并购贷款业务。其原因主要有两点。一是上市公司具有在二级市场公开的交易价格,其信息披露比较规范和透明。二是如果并购失败,上市公司的股份可以在二级市场进行交易,因此能够提供很好的流动性和较为完善的退出渠道。

第二,重点关注并购贷款涉及的风险点。关注并购贷款涉及的风险点,首先是为了避免上市公司内幕操作这样的现象。并购贷款的进程要循序渐进,避免兼并公司和被兼并公司双方都为上市公司,从而发生舞弊现象。其次要充分考虑收购方是否有能力偿还贷款。最后,看清并购交易的真实性和股权的真实性也是并购贷款风险管理的关键,否则可能带来相应的损失。

第三,加强并购贷款方面相关人才的培养。中国的商业银行要发展并购贷款业务,应该培养专门从事并购方面的相关人才,努力满足市场对并购贷款的需求,这样也可以将并购贷款的相关风险控制在可接受范围内。

8.2.2 过桥贷款

过桥贷款又称为"搭桥贷款",也称为"过桥融资"、"过渡期融资"、"缺口融资"或者是"回转贷款",它属于一种短期贷款。借款人运用过桥贷款为长期的、低成本的融资提供担保,或者是用来还清目前的债务。因此,过桥贷款从性质上来说属于一种过渡性的贷款。过桥贷款进行融资的方式,允许借款人采用直接的现金流来偿还债务。从另一个角度看,过桥贷款作为一种短期的融资方式,预测今后可以利用诸如长期贷款等偿还债务,从而能够较快地回收,时间通常是介于半年至三年之间,回收速度快是过桥贷款的一个最大优点,最长不超过一年,利率相对其他贷款来说比较高。

从过桥贷款的定义可以看出,它可以用来填补借款人所需融资的时间缺口。并且,公司以及个人都可以使用过桥贷款来进行融资。如果对过桥贷款进行比较个性化的设计,那么它就可以适用于许多不同的情形。对于个人来说,在房地产市场上运用过桥贷款是很普遍的。其原因是在出售和购买一笔较大的固定资产的时候经常会有时滞现象的产生,因此,使用过桥贷款可以提供较大的灵活性。此外,过桥贷款还经常性地用于商业性的房地产购置行为。在这里,过桥贷款的主要作用则是为获得长期融资提供担保。

要使用过桥贷款这一融资方式,最关键的是要一个合格的购买人以及拥有署名的合同。一般来说,如果需要出售的财产没有一个购买人,那么大多数的贷款人就会对该财产设置留置权,这样过桥贷款就变成一种第二抵押。

虽然过桥贷款是一种短期融资行为,但是它的利率相比其他贷款方式则较高,因此,过桥贷款的贷款人以及借款人应该特别关注贷款的利息成本、距离前端费用以及其他不可控的因素,例如将房产出售花费时间比预期的时间要长所带来的后果。相比之下,如果个人持有股票、债券或保险单,将它们作为抵押品来申请过桥贷款的成本则会较为低廉。

过桥贷款是国外企业进行并购的主要融资方式之一,是由投资银行向需要并购的企业提供的一种利率较高的短期融资行为。作为一种短期融资方式,过桥贷款的利率比基础利率要高出5%—8%。以英国Beazer公司收购美国Koppers公司为例,雷曼作为这一并购交易的组织者,在这一项并购交易当中起到了非常重要的作用,因为其运用多种融资方式来协助这一交易的实现。

又如,BNS公司的资本总额为16亿美元,其中债务资本为13亿美元,股权资本为2.6亿美元。在BNS公司收购Koppers公司过程当中,它的资金来源渠道是多样化的:雷曼公司、花旗银行提供了13亿美元的债务资本(雷曼公司提供了5亿美元的过桥贷款,花旗银行则提供了8亿美元的银团贷款)。

过桥贷款除了可以解决证券公司的承销项目当中临时性的资金需求之外,还可以是银行向需要进行并购的企业所提供的一种过渡性贷款,其目的在于促成企业的并购交易行为。在这种过桥贷款当中,其期限通常为半年;也可以根据并购企业的需求延长至一年。这一并购贷款是由并购企业公开发行债券,或者是在并购完成以后出售部分资产,将所得的资金用于偿还贷款。投资银行可以考虑联合商业银行来为需要并购的企业的并购交易提供相应的银团贷款。投资银行可以组织商业银行为并购企业发放银团贷款,也可以通过并购企业发行债券来募集资金,确保并购企业可以按期偿还过桥贷款。这种融资方式非常适合比较优秀的企业进行并购融资。统计数据显示,美国的投资银行为企业提供的过桥贷款通常占到企业并购交易总额的千分之一。但是,目前中国企业的并购交易当中,基本没有使用过桥贷款来进行融资。

8.2.3 股权质押融资

股权质押(Pledge of Stock Rights)又称股权质权,是指出质人以其所拥有的公司股权作为质押标的物而设立的质押。按照目前世界上大多数国家有关担保的法律制度的规定,质押以其标的物为标准,可分为动产质押和权利质押。股权质押就属于权利质押的一种。股权质押的主体包括出质人和质权人。在股权质押过程中,出质人按照一定的法律程序将其拥有的公司股权收益权让渡给交易对手方质权人。相应地,质权人支付事先约定的、一般不超过股权的收益权价值的对价。因此,在股权质押完成后,出质人通过设立、让渡股权标的物获得质权人对价而成为债务人,质权人成为债权人,并以质押股权作为其债务的担保物权。股权质押在质押期间,出质人作为公司股东的身份不变,未经出质人公司其他股东同意,质权人不得转让出质股权;未经质权人同意,出质投资者不得将已出质的股权转让或再质押。

股票质押回购是指符合条件的资金融入方以所持有的股票或其他证券质押,向符合条件的资金融出方融入资金,并约定在未来返还资金、解除质押的交易,具体交易流程如图 8-4 所示。

股权质押回购业务的出质人一般为需要资金的企业。质权人往往由银行、证券等金融机构充当。金融机构在开展股权质押回购业务时,既可通过设计发行理财产品募集资金实施,也可以自有资金开展股权质押回购业务。股权质押企业与金融机构在开展股权质押回购业务时,需事先签订相关合同,就质押股权的期限、数量,质押股权的价格,质押股权回购价格等条款进行约定。特别需要指出的是,股权质押回购合同中,股权质押价格远低于其市场价格,这使质权价值远低于质权的实际市场价值。同时,合同中明确了质押股权市场价值下跌时的质押资产池价

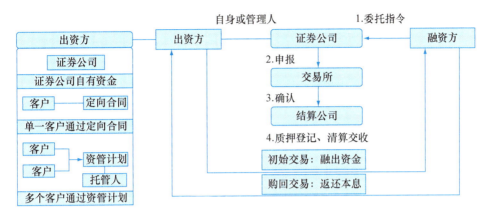

图 8-4 股权质押回购业务

资料来源:国泰君安资讯。

值的"补充维持"机制。这些制度安排不仅确保了股权质押回购业务资产的安全,大大降低了金融机构债权的风险,还保证了开展该业务的金融机构获得可观的收益。因此,金融机构开展股权质押回购业务前景值得期待。

第一,公司作为出资方。公司作为出资方的情形中,股票质押回购通过公司的自营专用资金交收账户与客户专用资金交收账户进行资金交收,如图 8-5 所示。

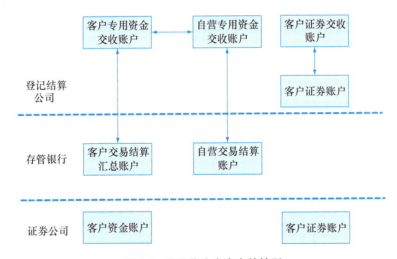

图 8-5 公司作为出资方的情形

资料来源:国泰君安资讯。

第二,集合资产管理计划或定向资产管理客户作为出资方。对于集合资产管理计划或定向资产管理客户(托管银行清算模式)作为出资方的情形,股票质押回购通过集合资产管理计划,托管银行在中国结算公司开立的专用资金交收账户,与证券公司客户专用资金交收账户进行资金交收,如图8-6所示。

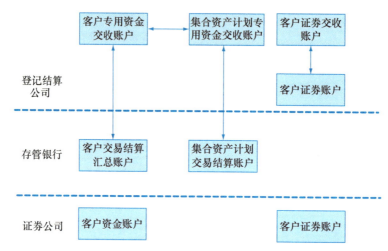

图8-6 集合资产管理计划或定向资产管理客户作为出资方的情形

资料来源:国泰君安资讯。

第三,定向资产管理客户作为出资方。对于定向资产管理客户(证券公司清算模式)作为出资方的情形,股票质押回购在证券公司专用资金交收账户中完成资金交收。

股权质押融资的程序如图8-7所示。

一是股权出质的企业召开董事会或是股东会并做出股权质押决议。

二是股权质押贷款的借款人向贷款人申请质押贷款。

三是股权质押贷款的借款人和贷款人双方应以书面形式签订贷款合同。

四是出质人和贷款人双方应以书面形式订立股权质押合同;股权质押合同可以单独订立,也可以是贷款合同中的担保条款。

五是股权质押合同签订之日起15日内,股权质押贷款当事人须凭股权质押合同到工商管理机关登记办理股权出质登记,并在合同约定的期限内将股权交由工商管理机关登记保管。

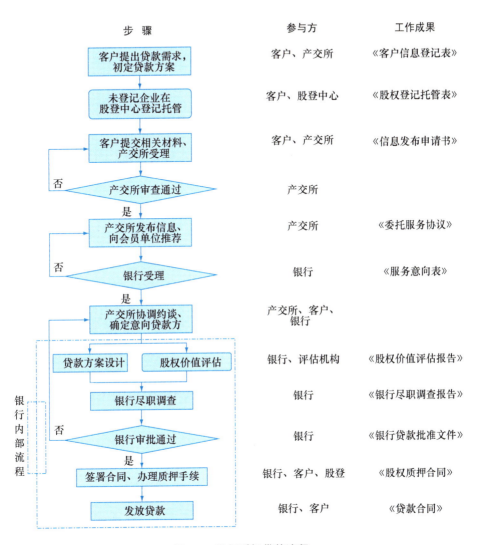

图 8-7 股权质押贷款流程

六是企业应向工商管理机关申请股权出质设立登记。

七是贷款人根据贷款合同和《股权质押登记证明书》办理贷款。

八是股权质押贷款的利率和期限根据中国人民银行的有关规定确定。

8.2.4 股权质押融资业务中存在的缺陷及建议

股权质押融资业务的缺陷主要有以下几个方面。

第一,信息披露不足,缺乏公信力。

首先,公司的信息披露存在问题。在出质方将股权质押给质权方之后,质权方需要了解质押期间公司的经营情况等重大信息的变动。然而,如果没有监管制度的约束,在这种情况下,出质方有可能不发布或者是推迟发布信息,这样则会导致质权方无法掌握企业的重大信息变动,造成质权方承担更大的风险。

其次,股东名册的公信力不足。在实际的操作过程当中,除了上市公司的股东名册由证券登记结算机构保管,是完整的以外,非上市公司的股东名册在运用上则非常有限,有些非上市公司甚至根本没有股东名册。在现实当中,部分公司不诚实守信,没有将股权出质的情况登记在股东名册上面,或者登记了以后又将其删掉。因此,这样的非上市公司的股东名册不但没有充分地披露信息,而且不具备公信力。

第二,统一的股份托管机构的缺乏。

中国目前股权质押融资业务的股权托管机构基本上都是由各个地方进行定夺的,其中包括政府、证券机构等。统一的股份托管机构的缺乏,造成了这一业务的监管的缺失,影响了其正常发展。

第三,难以确定和变现质押股权的价值。

收益现值法、重置成本法等都可以对公司质押股权进行价值评估,但是根据不同的评估方法所评估出来的股权价值有可能会相差甚远。此外,虽然上市公司可在证券交易场所进行股权交易,但是非上市公司的股权交易则没有一个统一的交易场所,因此在操作上的难度较大。

针对以上问题,我们有以下建议和对策。

第一,在产权交易机构内构建股权质押融资的平台,并且需要制定和完善相关的制度。这一部分应该由政府及其有关部门负责推动。

第二,针对有融资需求的企业开展培训等一系列的活动,鼓励企业去积极地参与股权质押融资业务。

第三,制定相应的保障和监管措施,加强与金融机构的合作,此外要协调好各参与方之间的关系,并且要提高各参与方的积极性。

第四,建立和完善产权交易平台,利用目前产权交易机构的优势,例如信息网络优势和企业资源优势等,来促进股权质押业务的健康发展。

8.2.5 股权质押业务的发展前景

在《物权法》生效前,股权质押虽然有明确的法律依据,但由于对质权人的保护不够,金融机构通过办理股权质押为企业提供借款担保的并不多见。股权质押没有实现其应有的作用。《物权法》颁布后,质权人的利益有了保障,一贯被冷落的股权质押变成了"香饽饽"。股权作为被忽视的休眠资产也被一举激活。据不完全统计,2008 年 6 月,浙江省工商局在全国创新性地出台《公司股权出质登记试行办法》和《股权出质登记暂行办法》后,在浙企业随之掀起了一股申请股权出质登记的热潮。办法出台几个月后,浙江全省办结股权出质登记的企业近 40 家,股权出质数额为 200 000 万股,融资金额近 15 亿元。2008 年上半年,沪深股市共产生 364 宗上市公司股权质押,比上年同期增加 20%。除上市公司股权质押融资日渐火热外,非上市公司股权融资也十分火爆。上海联合产权交易所公布的统计数据显示,2008 年上半年中小企业产权交易成交总额同比增长 211%,其中大部分是股权质押。

以上办法的实施,将对股权质押的发展有很大的推动。第一,为企业办理股权出质登记提供了统一规范的操作指南。要求股权的质押必须登记才生效,并规定了具体的登记备案程序,这就使股权质押的办理具有了可操作性。第二,有利于维护股权出质双方的利益,促进交易安全。办法要求登记机关应当根据申请,将股权出质登记事项完整、准确地记载于股权出质登记簿,并依法公开,供社会公众查阅、复制。这就从制度上建立了出质登记信息的公开机制和质权保障机制,可以提高股权出质信息的透明度,在维护出质双方特别是质权人利益的同时,为利害关系人和社会公众获知相关信息提供了比较可靠的路径,有利于促进交易安全。第三,提高了股权出质和出质登记的公信力,促进了企业发展。股权出质丰富了股权的权能,使企业静态资产转化为动态资产,也让投资人可以在继续行使对公司的管理权和受益权的同时,灵活运用其价值为不同交易项目担保。通过股权出质,企业可以提高融资和其他交易行为的信用,增加交易机会,从而促进自身的发展。尤其是一些经营状况和信用状况较好的公司,股权将会充分流动、运转起来。对股东来说,可以充分实现股权的价值。于公司而言,可以借此扩大经营规模,创造价值,形成股东与公司双赢的局面。第四,相对于保证等其他担保方式,股权出质不需要支付额外的费用,成本较低、手续简便、效率高,这些特点更符合中小企业的需要,也更有利于中小企业发展。

可以想见,股权质押业务的前景光明。

8.3 积极准备融资融券业务

8.3.1 融资融券业务概况

根据深沪交易所公布的数据,截至 2013 年 4 月 3 日,两市融资融券余额共计 1 653.70 亿元,较上一周(1 638.53 亿元)增加 15.17 亿元。

融资融券交易,又称信用交易,分为融资交易和融券交易。通俗地说,融资交易就是投资者以资金或证券作为质押,向券商借入资金用于证券买卖,并在约定的期限内偿还借款本金和利息;融券交易是投资者以资金或证券作为质押,向券商借入证券卖出,在约定的期限内,再买入相同数量和品种的证券归还券商,并支付相应的融券费用。总体来说,融资融券交易关键在于一个"融"字,有"融"投资者就必须提供一定的担保和支付一定的费用,并在约定期内归还借贷的资金或证券。

融资融券有以下几个特点。

第一,具有疏通的资金。银行金融机构与证券市场投资者通过证券金融机构这一中介相互连接,这一中介能够引导资金在两个市场之间有序地流动,因此其具有疏通的资金。

第二,具有杠杆的财务。投资者可用相同的资金来购买更多数量的证券,或者是以较少的资金来购买相同数量的证券,因为信用交易的机制是通过信用授受关系作为基础的,这样可以提高投资的财务杠杆比率。证券价格的走势与预期相同的时候,投资者的收益就会被放大,从而能够获得更大收益。证券价格的走势与预期相反的时候,投资者受到的损失就会更大。因此信用交易机制具有杠杆的财务。

第三,双重的信用。投资者以部分自有资金从金融机构借入的其余部分资金买入某种证券,这是建立在信用的基础之上的,这就是第一重的信用关系。另一方面,金融机构借出的差价款在许多情况下是从银行获得的贷款或者是在货币市场上融资得来的,称为"转融通"。转融通包括资金转融通以及证券转融通。这便形成了第二重信用关系。因此,融资融券交易具有双重的信用。

第四,可调控的交易机制。如果信用交易要成立,那么就需要投资者缴纳一定数量的保证金。这一保证金通常分为初始保证金和维持保证金两种。初始保证金由金融管理当局进行规定以及调整,属于一种重要的调控工具。维持保证金是由证券交易所根据市场上的资金供需状况所确定的。这便提供了一种可调控的工具。因此,信用交易机制具有可调控的交易机制。

融资融券流程及主要参与方情况如图 8-8 和 8-9 所示。

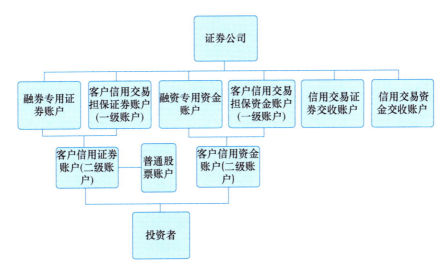

图 8-8　融资融券流程图

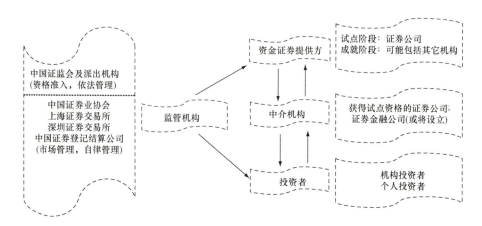

图 8-9　融资融券业务主要参与方

资料来源：Wind 数据库。

8.3.2　中国开展证券融资融券交易的必要性

第一，能够对地下融资融券交易进行规范。

地下证券融资融券交易对证券市场的健康发展具有非常大的危害。具体表现在以下几点：

一是资金违规流入股市、透支炒股。上市公司和庄家一起操纵股市，这一行为导致了券商之间的恶性竞争，并且严重地损害了投资者利益。泡沫的积累扩张以及个股的疯狂炒作行为都直接地、或多或少地与地下融资、违规资金有关。

二是地下信用交易的风险大。地下信用交易的违规资金流入股市让监管机构很难对其进行监控。与此同时，如果监管机构对这一信贷资金入市的行为进行查处，则会有很大的几率带来股市的较大幅度的波动。

三是券商面临信用交易风险。券商面临信用交易风险主要包含两个方面，首先是客户对其账户进行资金转移，使券商面临被诈骗的相应风险；其次是如果客户在交易当中产生了巨额的亏损，并且被强制平仓，那么客户就有可能起诉证券公司，此时证券公司因为违反了法律，所以需要承担一定的法律责任。

第二，能够完善证券市场的交易机制。

中国证券市场的投资者如果想要获得一定的价差收益，只有先买进低价股票，然后再以高于成本的价格卖出。虽然中国实行涨跌幅度制度,以10%为限,但是中国股票市场的波动仍然还是高于海外的主要市场。要拥有一个完善的融资融券制度,市场就要具有价格稳定器的作用。这样可以削弱庄家的控制能力,并且还原价值规律的主导作用。

第三,能够促进券商创新盈利模式。

中国加入世贸组织以后,面临着外资券商进入带来的挑战。因此,中国券商内部控制的不健全以及不规范的运作行为应该得到改观,否则将面临淘汰。目前来看,从粗放的经营模式转变为集约的经营模式,是中国证券业发展的必然。如果将融资融券业务进行导入,这毫无疑问将有助于推动中国的证券业盈利模式上的转变,并且还可以培养许多优秀的券商。信用交易给了中国的券商一个竞争的砝码,而且券商的风险以及收益的状况完全取决于自身竞争力的高低,这将会使得券商进行优胜劣汰的竞争,并且能够在一定程度上改善券商的素质。

第四,能够促进机构投资者的发展。

信用交易提供了多样化的投资机会以及规避风险的手段,所以可以满足不同市场参与者的投资需求。通过运用财务杠杆,投资者可以扩大投资从而获取利润。证券信用交易不但给予了投资者一个额外的选择机会,而且投资者还可以通过做空来回避风险;此外,公开披露的融资融券的余额是一个重要的参考指标。从国际经验来看,社保基金以及保险公司是证券信用交易市场当中一个非常重要的借券方,其收入的来源分别是分红、资本利得以及放券收入。

第五,能够协调金融市场发展以及促进金融资源的有效配置。

目前来说,中国的银行、证券、保险以及信托等分业经营的格局在短期来看暂时还不会得到改变,混业经营不可能马上实施,但是分业经营与金融市场的统一并不是一个相互矛盾的问题。虽然中国仍然处于分业经营的时期,但是货币市场与资本市场两者的相互连接也是市场的客观需求。将资本市场与货币市场两者之间打通,让资金在两个市场之间流动从而提高资金的使用效率,这样能够有效配置金融资源,促进两个市场的均衡发展。此外,融资融券作为资本市场与货币市场的沟通桥梁,可以释放金融市场风险。

8.3.3 融资融券与商业银行

融资融券交易也给中国的商业银行带来了机遇和挑战,我们首先来看机遇方面。

第一,融资融券交易能够大大拓宽银行资金进入股市的渠道。它有助于银行充分利用和优化配置信贷资金,最终降低整个银行业的风险,从而使整个金融系统的风险得以缓解和释放。同时,它也在沟通货币市场和资本市场,加快中国证券市场的国际化程度和提高券商的核心竞争力等方面发挥着重要的作用。

第二,融资融券交易能够促使银行实现业绩的增长和收入的增加。首先,它能增加银行的资金存管、代理清算业务。根据《证券公司融资融券业务试点管理办法》第十一条的规定,证券公司在经营融资融券业务时,应该在商业银行以自己的名义开立两个账户——融资专用资金账户和客户信用交易担保资金账户。这两个账户的开立将使银行的资金存管和代理清算业务量有所增加。其次,它能帮助银行扩大客户范围,实现理财业务的拓展。银行通过与券商、融资融券客户等签订信用资金存管协议,尤其是开立实名信用资金账户等方式可以大大拓展客户范围,便于其理财业务的扩张。最后,未来的转融通业务能为银行提供新的利润增长点。尽管此次的试点管理办法暂未提及银行介入的转融通业务,但根据成熟市场的发展经验,银行以转融通方式向证券市场投资者提供融资业务将是大势所趋。因此,融资融券交易为银行增加了风险可控而且收益率较高的新业务。随着中国证券市场的规模进一步扩大,券商的融资融券业务进一步发展,银行也将实现新的利润增长。

第三,融资融券交易能够显著改善银行的资产结构,将短期贷款业务变为直接投资业务,从而提高银行的流动性。此外,融资融券交易对提高商业银行的资产负债管理水平也大有帮助。通过在融资融券市场经营,商业银行能够改善其资产负债状况,实现资产与负债之间的优化匹配。

第四,融资融券交易能为银行股带来一定的溢价。尽管这次推出的试点管理办法并未对融资融券担保品的范围条件做出明确规定,但依据以往征求意见稿所规定的条件,我们不难看出,银行股是满足融资条件的一个较好的担保品,从而也将成为融资买入的证券品种。由此可以得知,融资融券交易将为银行股带来一定的溢价。

同时,融资融券交易也使商业银行面对了一些潜在风险。

第一,证券信用交易能够实现银行信用规模的扩张,从而增加潜在的金融风险。证券信用交易创造了虚拟的证券供求,并通过银行的信贷融资,将银行的信用规模进一步放大。其所带来的虚拟资本增长的复杂程度,远远大于一般信贷引起信用扩张的乘数效应,从而加大了中央银行实现社会信用总量宏观调控的难度。在宏观经济或者政治出现波动时,证券融资融券交易很有可能会失控并引发金融危机。

第二,融资融券交易加大了银行同业对客户资源的竞争力度。融资融券业务作为一种新型盈利性业务,对于中国商业银行缓解巨额闲置资金的压力,增加资金运营的效率和提高银行收入水平无疑具有重要的作用。因此,银行具有很强的动机将资金投放于证券市场以追求高额回报,而争夺优质客户不失为一种稳妥的选择。可是,这无疑也会加剧银行间竞争,使其在对客户的争夺中花费巨额成本。

第三,融资融券交易可能引起商业银行经营管理人员和券商暗中合谋,以骗取银行的资金。由于相关制度不够完善,对融资融券业务的监管不够规范,以及银行经营融资融券业务的时间较短所引起的操作经验不丰富和监管知识欠缺等诸多方面原因,部分银行从业人员可能会利用制度和管理上的某些漏洞,与证券机构或证券从业者进行勾结来骗取银行资金,使银行面临损失。

第四,融资融券交易使银行面临着更加复杂的风险经营和监管问题。在风险经营和风险监管方面,中国的商业银行普遍面临着制度不完善、从业人员缺乏经营管理经验和知识等问题,因而其风险经营和监管的效率相对发达国家而言十分低下。融资融券业务作为一种高风险业务,其引入毫无疑问将使中国商业银行面临更为严峻的风险经营和监管问题。一旦市场出现较大的波动,商业银行无疑会聚集大量风险。

针对以上风险中国商业银行可以做出以下相应对策。

第一,积极参与,抓住机会,实现资产的优化组合,缓解因巨额资金的闲置所引起的压力,寻找一个新的利润增长突破口。对商业银行而言,最明智的选择应该是积极进入,把握风险,优化资产结构,在稳健和审慎的经营过程中不断积累经验,完善风控制度和监管制度。

第二,加强对风险的管理力度,完善风险评估和管理手段,对每一笔融资融券业务的风险都做出全面评估。风险管理在现代商业银行经营管理中有着核心地位,但是,中国的商业银行在风险管理方面,无论是和市场要求还是和国外银行相比都存在着较大的差距,急需完善风险评估和管理手段。在融资融券业务中,商业银行需要承受每一笔交易所带来的巨大风险。

第三,加快经营理念转变,积极拓展以投行业务为核心的中间业务和金融创新。中国商业银行需要积极拓展各种中间业务和金融创新,通过丰富各种理财、代理、担保、抵押等中间业务以及融资、投资等资产管理服务的品种,来多途径、多渠道寻找利润增长点。同时,中国商业银行需要不断加大金融创新、分散风险,以业务多元化增强自己的核心竞争力和抗风险能力,实现市场份额的提升。

第四,加快对与国际接轨的专业人才的培养。在中国,精通融资融券业务的专业人才极为短缺,这使得商业银行在从事相关业务时难以把握市场规律和掌握客户的真实状况,无法准确评估交易风险和正确操作业务流程,也难以监控风险或是采取正确的风险规避措施。因此,中国商业银行急需培养一支高水平、高质量的专业人才队伍。

第五,完善相关交易制度,规范从业人员行为。相关交易制度不完善往往会导致部分从业人员的不道德行为,他们与银行外从业人员进行勾结,损害银行的利益。因此,务必加快对相关交易制度的完善,严格规范银行从业人员行为。

所谓股债结合的金融创新指的是同时结合了股票特性和债券特性的新型金融创新产品。在中国的当前市场制度和政策环境中,可转换公司债券是目前具有较多应用的股债结合产品。而优先股制度,则是中国当前正在加紧推出和制定的制度。下面将主要围绕着这两种产品来介绍商业银行的股债结合金融创新。

8.3.4 可转换债券

可转换债券(Convertible Bond,Convertible Debenture,Convertible Note),又名可转换公司债券,是公司债券的一种,即公司发行的含有转换特征的债券。在招募说明中发行人承诺根据转换价格在一定时间内可将债券转换为公司普通股。转换特征为公司所发行债券的一项义务。可转换债券的优点有普通股所不具备的固定收益和一般债券不具备的升值潜力。

可转换公司债券的含义有广义和狭义之分。广义的可转换公司债券是指债券持有人可以将其转换为其他种证券的公司债券。在美国,可转换公司债券不仅包括可转换为发行公司股份的可转换公司债券,还包括可转换为长期公司债券的短期公司债券、发行公司其他种类公司债券的公司债券,以及和发行公司有着密切关系的其他公司的公司债券(例如母子公司股份的公司债券),甚至包括可转换为发行公司享有转换权的公司债券的其他公司债券。狭义的可转换公司债券则是指债券的持有人有权按照约定的条件,将持有的公司债券转换为发行公司股份的公司债券,其中,约定条件是指发行时订立的转换期限、转换价格等条件;股份是指发行可转换公司债券公司的普通股票。可分离交易的可转换公司债券,即认股权和债券分离交易的可转换公司债券,在发送债券的同时附送认股权证,也被认为是狭义的可转换公司债券。而在中国,可转换公司债券主要是指狭义的可转换公司债券,即债券的持有人有权按照约定的条件,将持有的公司债券转换为发行公司股份的公司债券和可分离交易的可转换公司债券。

总的来说,可转换公司债券具有的最大特性在于兼具债权和股权双重属性,其持有者可在将来某一时间,依据本人的投资偏好,选择是否按照一定的比例(或价格)将债券转换成为公司普通股票,这种权利又被称为转换权。它具有看涨期权的特征,即债券持有者有权在某一确定的时间内或时间点,以某一确定的价格购买正股(公司普通股票)。一般地说,可转债的购买者买进该种可转债,是因为他预计该可转债的标的物的市场价格将上涨,如果市价下跌的话,购买者可以不行使转换成股的权利,继续持有可转债到期收回本息或将可转债回售给发行公司以减少损失。并且,可转换债券持有人还享有在一定条件下将债券回售给发行人的权利,发行人在一定条件下拥有强制赎回债券的权利。

可转换债券兼有债券和股票双重特点,因而不论对企业还是投资者都具有很大的吸引力。在中国,可转债的发行受到中国证监会的监管,相关法律法规的制定最早开始于1996年。1996年中国政府决定选择有条件的公司进行可转换债券的试点,1997年颁布了《可转换公司债券管理暂行办法》(证委发[1997]16号),2001年4月中国证监会发布了《上市公司发行可转换公司债券实施办法》(证监会令[2001]第2号)。而在2006年5月8日,《上市公司证券发行管理办法》(证监会令[2006]第30号)正式开始实施,极大地规范、促进了可转换债券的发展。目前中国市场上依旧依据2006年发布的《上市公司证券发行管理办法》来实施对于可转债的管理。

从发行主体的角度来看,总体而言中国目前的法律法规对于可转债的发行主体要求较为苛刻。早在1997年的暂行办法中就规定了发行主体必须为上市公司和重点国有企业;而2001年的办法则将重点国有企业删去,发行主体必须为上市公司;而目前使用的2006年颁布的管理办法则在公司财务方面主要更改了三个内容:一是最近三个会计年度加权的平均净资产收益率平均不低于6%,扣除非经常性损益后的净利润与扣除前的净利润相比,以低者作为加权平均净资产收益率的计算依据;二是本次发行后累计公司债券余额不超过最近一期期末净资产额的40%;三是最近三个会计年度实现的年均可分配利润不少于公司债券一年的利息,最近三个会计年度实现的年均可分配利润不少于公司债券一年的利息。其中条件二中的净资产额度40%的规定,同企业已发行的企业债、公司债、中期票据债务融资工具互占额度。

通过表8-9的对比,可以发现在可转债的发行方面,中国法律的变化趋势有两个:一是对于发行主体的形式、规模和盈利能力的要求越来越低,使得更多的公司能够进入到可转债发行的行列;二是可转债本身的发行额度、期限和成本更多地受到市场的影响,由市场来决定可转债的利率水平,这反映了中国可转债的发行越来越市场化。因此,从整体上来看,虽然同其他融资工具相比,可转债的发行条件相当苛刻,但是就可转债本身而言,其发行的约束条件是逐渐放开的。

而从可转债认购的角度来看,中国目前的法律法规对于可转债投资人的保护力度稍显不足。目前,中国对可转换公司债券持有人利益的保护途径,主要有债权保护方式和物权保护方式两种。债权保护方式是指发行公司到期拒不支付或不能支付债券的本息,属于债的不履行,是一种违约行为,应按照有关法律的规定和发行合同的约定承担违约责任。另外,公司在发行可转换公司债券时,可在发行条件

表 8-9 可转债发行相关法律对比

主要法律	生效时间	发行主体	近三年净资产利润率	其他财务指标要求	主要条款					
					募集资金投向	利率水平	发行额	发行期限	要求进行资信评级
《可转换公司债券管理暂行办法》	1997年3月25日	上市公司或重点国有企业	10%	可转债发行后的资产负债率不高于70%，累计债券余额不超过净资产额的40%	符合国家产业政策	不超过银行同期存款利率	不少于1亿元	3—5年	否
《上市公司证券发行管理办法》	2006年5月8日	上市公司	6%	累计债券余额不超过净资产额的40%，近3年年平均可分配利润不少于公司债券1年的利息	无	公司和主承销商协商	无	1—6年	是

中规定以保证的方式担保本公司债券还本付息。比如2001年办法第三十条规定，发行人应依法与担保人签订担保合同。担保应采取全额担保；担保方式可采取保证、抵押和质押，其中以保证方式提供担保的应为连带责任担保；担保范围应包括可转换公司债券的本金及利息、违约金、损害赔偿金和实现债权的费用。这样，就在法律上给予了可转换公司债券持有人最基本的保护。但这一规定过于简单，在实际操作中也不利于执行。物权保护方式是指通过在物上设定担保的方法，来保护可转换公司债券持有人所享有的本息请求权。与债权保护方式相比，这是一种特殊的保护方式，需要当事人特别约定，也是对债权保护方式的补充。中国《担保法》规定有四种物权担保的方式，即抵押、质押、留置和定金。但是考虑到可转换公司债券的特点，留置和定金的担保方式并不能适用。因此，实际上可供选择的物权担保方式只有抵押、质押这两种，即由发行公司提供不动产、动产或其他财产权利作抵押或质押，担保支付可转换公司债券的本息。担保方式的不足使得通过物权保护可转债投资人的力度也不够。因此，现行的法律法规对于可转债投资人的保护力度仍显不足。

虽然现行法规对投资人保护力度不足，但是中国可转债的交易机制却对投资人有利。经中国证监会批准，《深圳、上海证券交易所交易规则》自2012年7月1日起对可转债的交易实行"T+0"交易机制，即当天买入的可转债当天就可以卖出。这就大大灵活了投资者们的投资策略。虽然截至2013年10月，中国交易流通的可转债仅有21只，但是随着可转债发行的不断放开，未来的可转债市场是存在着投资、套利机会的。因此就交易规则而言，可转债优于其他的证券。

可转债在中国自1992年11月19日发行的宝安转债的首次尝试后，一度遭遇了发展进程缓慢的情况。1997发布的暂行办法虽然陆续在中国国有重点非上市公司和上市公司开启试点工作，但是受当时的政策环境影响进度缓慢。直至2001年办法的颁布，才使得可转债加快了发展。2001年左右，受到当时投资者对于上市公司增发和配股等"圈钱"行为的强烈抵触情绪，具有固定收益保障的可转换公司债券得到了巨大的市场认可。从此，中国的可转债市场才进入了全面发展的阶段。

而可分离的可转换公司债券作为在国外资本市场上已经得到成熟应用的衍生

产品,在中国也曾经得到应用。2006年管理办法首次在中国将分离交易的可转债列为上市公司的再融资品种。同年11月13日,中国第一只可分离交易可转债——"06马钢债"成功发行,投资者踊跃参与。但是由于中国的资本市场整体还不成熟,权证上市后被部分投资者非理性炒作,因此2009年"09长虹债"发行后,中国证监会停止了分离交易可转债的发行。通过此事件可以发现,中国监管者对于可转债产品的监管相对而言比较严格。在目前尚不成熟的资本市场上,可转债的发行存在受到政策和监管打压的风险。

因此,对于机构而言,可转债在当前形式下的主要价值在于投资方面。从基本面上来讲,尽管客观地说,中国经济依然不景气,而且长期内都将维系内生增长动力不足的下行趋势,但政策红利不断释放改善了资本市场的景气度,更重要的是对政策的乐观预期得以蔓延。

当前,短期政策放松表现为:一是房地产调控结构性放松,放开对于中小型企业的信贷管制是从严厉紧缩到鼓励刚需的地产政策的实质放松;二是基建项目仍是目前带动中国经济的火车头;三是民生投资将提高,预算显示与居民生活直接相关的教育、医疗卫生、社会保障和就业、保障性住房、文化等比上年增长20%。中期的政策红利则以结构性税改为主,主要包括减少增值税、物流企业营业税以及进口关税等三个方面,其中以增值税推广为主。同时,对于虚拟经济上交易成本的降低,如交易费的减免,也可以有效地刺激市场、促进发展。长期的政策红利则是一种制度红利,这是一种超越货币政策和财政政策之外的过渡期变革,如上海自贸区的建立。这种制度上的改革可以说是中国未来发展的最大政策红利,对于中国的影响也是长久而深远的。

在这样的政策动向下,可转债是一种值得关注的投资产品。作为带有衍生条件的债券品种,根据其"熊市保底、牛市分享"的特点,可转债在当前进行投资可以说是正当时的。

中国的可转债市场分为一级市场和二级市场。当前,由于受到股指震荡下行的影响,转债指数也存在下行的趋势。但是总体而言,转债指数的下行波动预期要小于股指的下行预期。中国大部分的可转债无法在二级市场上进行交易,截至2013年10月,中国目前可交易的可转债共有21只。在二级市场进行交易套利时,投资者可选择的余地较小,可以说中国可转债的二级市场仍然有待开发。在这样的情况下,为了保持可转债投资机会的多样性,对于可转债的发行认购就成为投资可转债的重要手段。因此对于手握大量资金的商业银行而言,在可转债的发行阶段对可转债进行认购是一种投资可转债的重要手段。而本书认为,对于二级市场上可交易流通的可转债而言,目前也正是一个恰当的投资时期。

可转债的收益率变化相对于一般的企业债券而言具有更强的波动性,而且是一种逆债市的波动。在企业债走低的2005—2007年,可转债出现了逆市走高的现象。而相对于股票收益率而言,可转债具有更强的稳定性。因此本书认为,可转债兼具股票和债券两者的属性,当股市上涨时,可转债与股市联动,能够跟随大势获取上涨收益;而在熊市以及震荡市中,可转债的债券属性能够形成一定的下跌保护,表现出较好的抗跌性。

结合可转债的上述特性,鉴于中国当前资本市场总体的不可预期性,可转债的投资是应对当前市场波动的一种有效手段。所谓的纯债收益率指的是转债市价对于纯债价值的溢价水平。由此可见,当可转债完全不存在转股的可能性时,纯债溢价率为0。2012年总体的可转债市表现不尽如人意,数据统计显示,目前21只可转债的平均纯债溢价率仅为9%,处于历史的低位。本书认为,对于可转债而言,应当是价格越低越应当买入。从基本面上来说,当股票表现不良时,转债的避险功能将会愈发突出。这是因为可转债的价值由三部分构成,转换价值、纯债券价值和选择权价值。从定性的角度来看,构成可转债价值的公式应当如下:

$$转换价值 = 纯债券价值 \div 选择权价值 \times 100$$

其中,纯债券价值是可转债价值的底价。当可转债的纯债溢价率为0时,可转债的价值就是其纯债券价值;而转换价值则同可转债对应的股票价格呈线性关系,当可转债的转换价值高于纯债券价值时,投资者即可进行套利;而选择权的价值只有当转换价值高于纯债券价值时才会不为0。

目前中国的经济形势和股市行情都处于难以判断的波动期,但是从长期来看,经济的回暖是相比经济下行的大概率事件。在这样的预期下,可转债的投资就比纯债投资体现出更大优势。一旦经济回暖,伴随着股市的回暖,可转债的转换价值和选择权价值将会凸显,使得投资者获得更高的收益。而即使股市不能及时回暖,债市作为同股市此消彼长的存在,也能够令投资者的收益得到保障。因此,本书认为,在这样一个可转债价值的历史低位,投资可转债是正当时的。

8.3.5 优先股

优先股(Preference Share)在《布莱克法律词典》中的定义是:"一种给予其持有者在公司盈余分配和剩余财产分配中的优先权的股份类别,这一股份通常没有表决权。"《新帕尔格雷夫货币金融大辞典》对优先股的定义是:"既具有股本权益特点又具有负债特点,通常具有固定的股利,并须在普通股股利之前被派发,而且在破产清算时,优先股对公司资产的主张先于普通股,但在债务(包括附属债务)之后。"

在中国,优先股的定义为:优先股是相对于普通股而言,主要指在利润分红及剩余财产分配的权利方面优先于普通股。优先股是公司的一种股份权益形式。在公司分配盈利时,拥有优先股票的股东比持有普通股票的股东分配在先,通常为固定股利,即优先股的股息率都是固定的,普通股股利却不固定。在公司解散、分配剩余财产时,优先股在普通股之前分配,但次于债权人。与优先权相对应的则是优先股权利受到一定限制,通常,优先股不上市流通,没有选举与被选举权,对公司的经营事务一般没有表决权(特殊情况除外,例如《国家体改委股份有限公司规范意见》第三十九条规定"公司连续三年不支付优先股股利,优先股股东即享有普通股股东的权利"),所以优先股对公司的控制权弱于普通股股东,即优先股是以放弃对公司的经营决策权为代价,换取了优先分配股利及剩余财产的权利,这也体现了权利和义务对等的原则。

总的来说,优先股的特点主要有三点:一是确定的收益率,由于优先股股息率事先固定,因此优先股的股息一般不会根据公司经营情况而增减,而且一般也不能参与公司的分红;二是极小的权利范围,优先股股东一般没有选举权和被选举权,对股份公司的重大经营无投票权,但在某些情况下可以享有投票权;三是优先的索偿权,当公司终止清算时,优先股的股东先于普通股的股东取得公司剩余财产。

通过表8-10,可以发现对于商业银行而言,优先股的发行成本低于普通股的融资成本,但是优先股不能够补充银行的核心一级资本。而在国外的实践中,大型商业银行普通股融资时容易面临信息的不对称偏差,并且出现股票价格下跌的现象。而另一方面,优先股的发行面临的信息不对称程度较低,有利于缓解普通股市场再融资压力。

表 8-10　普通股与优先股对于银行的发行成本及作用影响对比

	普通股	优先股
平均融资成本	15%	6.5%—7.5%
资本补充作用	补充核心一级资本	补充一级资本

优先股制度在金融市场发达的美国已经经历了 180 多年的历史,经过萌芽、发展、消退到再发展的过程。据标普统计,美国优先股的市场规模已经超过了 2 000 亿美元。由此可见,优先股制度在发达国家的市场当中已经得到了广泛的应用。

然而在中国,优先股制度却是鲜有应用。自中国股份制改革以来,只有少数的几家股份制公司发行过优先股,如一汽金杯、天目药业、万科等。但是在之后的改革过程当中,这些公司相继将公司的优先股转化成了普通股,所以这导致了目前在沪深两市上市的公司当中,没有了发行优先股的公司。

2013 年以来,监管部门积极推进资本工具创新工作。其中,优先股的发行在法律限制上有所突破,相关部门将出台规定,明确优先股的法律地位,推动在交易所发行优先股。2013 年 5 月,证监会新闻发言人表示,证监会正在积极推进优先股制度的研究工作,条件成熟时将尽快推出。同时更有消息放出,优先股发行将会与 IPO 重启同时推出。本书认为,这种可能性是存在的。中国 A 股 IPO 自 2012 年暂停之后,距今已有两年的时间,证监会内部至今挤压着 750 余家拟上市融资企业。失去融资功能的证券市场是极不正常的,所以 IPO 的重启只是时间的问题,而借助前几次 IPO 暂停的经验,每当 IPO 重启之时,总要找到一个重启的理由。这个理由往往能够增强投资者对于市场的信心。

目前,破坏股票市场价格公正性的主要就是所谓的"大非、小非",即所谓的限售股。而优先股制度一旦推出,很有可能将限售股、法人股等转化为优先股。这对于投资者而言是利好消息,可以重新点燃投资者对于中国股市的信心。

中国证监会主席肖钢于 2013 年 10 月 16 日发表了题为"保护中小投资者就是保护资本市场"的署名文章。肖钢指出,上市公司回报方式单一,有的甚至存在利用现金分红套现。投资回报机制不健全致使长期投资理念难以形成。根据证监会的统计数据显示,2001—2011年,中国上市公司现金分红占净利润的比例为25.3%,而境外成熟市场通常在40%左右。2006年以来,上市公司平均年化股息率只有1%左右。因而在中国无风险资金收益率偏高的情况下,资本市场投资回报整体较低。作为一种重要的资本市场融资工具,优先股在当下中国被寄予了极大期望。多数市场分析也认为,优先股登场时机已经成熟。对此,肖钢在文章中表示,证监会将鼓励上市公司丰富分红方式,探索进行股利分配时由股东自行决定选择新股或现金,尽快推出优先股制度。2013年10月18日,中国证监会在媒体通气会上表示,优先股制度正在加紧制定。

但是并非所有上市公司都可以发行优先股,依据国外实践经验,发行优先股要求公司经营和分红率相对稳定。这是因为约定股息收入将不受公司经营业绩波动因素干扰,必须要求发行优先股的公司有稳定的盈利能力作为基础条件。除了稳定的分红能力外,股价处于净资产附近或低于净资产且有融资需求的公司更有动力发行优先股。因为"破净"时普通股股权融资的难度较大、融资成本太高。综合这两个条件来看,优先股发行将主要集中在蓝筹板块,而国内优先股的试点,根据目前的消息,将从银行进行破冰。这是因为金融行业的市净率低于整体水平,且分红派息率较为稳定;而对于目前大多数上市公司而言,尤其是成长型公司,除了银行外,难以满足优先股稳定分红能力的要求。并且由于目前中国银行业尚未推出其他一级资本工具,二级资本工具也仅包括次级债、可转债等有限的几种。资本工具的创新,未来将主要围绕其他一级资本工具与二级资本工具展开,优先股将是一项重要的突破。

考虑到优先股条件限制和当前市场上银行资本工具的欠缺,优先股的出现必定将会有助于商业银行补充资金的"血液",缓解融资饥渴。本书认为,优先股制度的推出,对于中国的商业银行来说是重大的利好消息。

综上,结合优先股特点、国外市场上银行优先股发行的经验及中国政策动向,模拟优先股发行条款如表8-11所示。

表 8-11 中国商业银行优先股发行模拟条款

	优先股
工具属性	权益工具,补充一级资本。
发行市场	1.境内市场:交易所发行;2.境外市场:美国、中国香港等。
发行方式	1.公开发行:国内外交易所;2.定向发行:对特定投资者私募。
发行对象	1.国内:社保基金、保险公司、基金公司、资产管理公司、私募基金等;2.国际:共同基金、保险公司、资产管理机构、证券公司、商业银行、主权基金、养老基金。
期限	永续,无到期日。
股东权利	1.无投票权;2.原始股东享有认购权。
利息支付	1.股息将于普通股分红前以固定利率方式支付,每季度或每半年支付一次;2.任何情况下银行有权取消派息,且不构成违约事件;3.股息支付为非累计,仅按当年盈利支付固定股息,当年未分股息不可累计。
赎回条件	1.发行银行拥有赎回自主权,自发行日起5年后方可赎回,且不得形成赎回权将被行使的预期;2.只有在使用同等或更高质量的资本工具替换被赎回优先股,或行使赎回权后资本水平仍明显高于监管资本要求,才能实施赎回;3.赋予原有股东的优先股认购权。
定价机制	1.以银行长期次级债票面利率为基础,结合市场环境、信用评级等确定溢价;2.定向发行:采取承销商协商定价机制,即初步询价—确定利率价格区间—与承销商协商发行利率;3.公开发行:采取交易所竞价机制,引入超额认购、网上网下竞购,即初步询价—确定发行利率价格区间—累计投标询价—网上网下申购—确定发行利率。
会计税务处理	1.优先股发行按权益工具入账,设置优先股科目及资本公积科目;2.股息计入"利润分配—应付优先股股利"、"应付股利—优先股股利"等科目,并于所得税后支付;3.优先股赎回会计处理,设置"库存股—优先股"等科目。
保护机制	1.每年度定期召开优先股股东会议;2.建立表决权复活机制,当连续12个月没有完全派发股息,可以就股息支付问题拥有投票权,直到派息为止;3.建立股息制动机制。

资料来源:谢婷.大型银行创新各级资本工具比较研究[J].农村金融研究,2013(1).

根据表 8-11,可以发现优先股具有补充银行一级资本的作用。根据监管部门关于过渡期安排的规定,从 2013 年起,国内大型银行要分 6 年逐步达到一级资本充足率 9.5%、资本充足率 11.5% 的最低资本要求。2012 年年底,国内大型银行的一级资本充足率平均为 10.68%,资本充足率平均为 13.66%,如表 8-12 所示。

表 8-12 2012 年国内大型商业银行资本充足率　　　　　　（单位:%）

	工行	农行	中行	建行	交行	平均水平
一级资本充足率	10.62	9.67	10.54	11.32	10.68	10.20
资本充足率	13.66	12.61	13.63	14.32	13.41	12.93

资料来源:谢婷.大型银行创新各级资本工具比较研究[J].农村金融研究,2013(7).

表面上看,中国大型商业银行的资本充足率都已经达标,但是自 2013 年一季度起,资本充足率相关指标的计算方式按照新资本管理办法(以下简称"新办法")进行了调整,不可以直接和历史数据相比较。新的计算口径将更加严格,它新增了对操作风险资本金的要求,且更加严格地定义合格资本工具,调整了信用风险的权重,取消了市场风险的计算门槛,而这些都将使新计算的资本充足率水平总体下降。因此,对于中国大型的商业银行而言,目前是存在着资产充足率的压力的。

此外,充足的资本有助于大型银行获得更好的发展机遇,中国人民银行将各行资本充足率水平作为调控信贷的新杠杆,使得最低资本充足率成为束缚大型银行信贷扩张的手段。同时,新办法的实施促使国内大型银行尽快完成经营转型,而转型的关键在于实现资本、风险和收益之间的良性互动,资本越多,可承担的风险总量越大,获得收益越高,反过来也使得资本更充足。大型银行积极推进新型资本工具的发行,可以抢先获得更充足的资本和更灵活的战略发展机遇。因此,总体来看,中国的大型商业银行需要充足的资本来获得更好的发展空间,因此,商业银行存在着巨大的融资需求。

大型银行发行优先股不仅可以满足其融资需求,还可以充分发挥其仅收取股息而不参与分红、不享有表决权、不参与银行经营管理的特点,使老股东在不参与融资的情况下避免股权稀释。银行原有股权结构也将相应发生变化,针对现有股东担心未来股权被摊薄的问题,可采用现有股东有优先购买权的形式加以避免。若合同约定优先股股东不享有任何优先认股权或转换权,则不存在以上问题。因此,大型企业发行优先股还可以规避老股东股权稀释的问题。

近十年间,全球银行业优先股累积发行规模约 2 000 亿美元,占全部优先股发行总量的 40%。2012 年全球银行发行优先股融资约 200 亿美元,占全球股本融资比例近 20%,以美国、澳大利亚银行为主,主要案例如表 8-13 所示。

表 8-13 2012 年全球大型商业银行优先股融资案例

发行人	定价	发行规模	发行日期	期限	投票权
花旗银行	5.90%	7.5 亿美元	2012 年 12 月	永续,10 年后可赎回	无
GECC	7.125%,10 年后为 3 个月的 Libor+529.6BP	22.5 亿美元	2012 年 6 月	永续,10 年后可赎回	无
嘉信理财	6.00%	4.25 亿美元	2012 年 5 月	永续,5 年后任一派息日可全部或部分赎回	无
PNC	6.125%,10 年后为 3 个月的 Libor+406.75BP	15 亿美元	2012 年 4 月	永续,10 年后可赎回	无
星展银行	4.70%	17 亿新元	2010 年 10 月	永续,10 年后可赎回	连续 12 个月不派息,则投资者拥有投票权直到派息

根据表 8-13,不难发现,就发行期限而言,已发行的优先股大多没有固定的期限,但是绝大多数发行人都保留了赎回的权利(5—10 年后赎回为主);而就银行的治理而言,大部分的优先股发行都不含投票权,这也符合了巴塞尔协议Ⅲ的监管规定。国际上优先股的发行案例为国内大型银行优先股发行提供了可借鉴的范本,总体而言,表现出以下几个特征:

第一,优先股在境外具有一定的市场容量。由于优先股的市场认可度较高,发行量与需求量相对较大。2012 年以来,全球银行业累计发行约 191 亿美元的优先股产品,83 家机构投资者参与认购,包括保险公司、私人银行、基金管理公司和共同基金客户。

第二,欧洲、澳大利亚、中国香港及新加坡成为主要发行场所。欧洲及澳大利亚银行主要选择本国市场发行,币种以欧洲美元、欧元、瑞士法郎及澳元为主;新兴市场经济体主要选择中国香港和新加坡市场,主要发行美元计价产品。截至 2012 年年底,新型资本工具欧洲市场发行占比约 76%,美国市场发行占比约 14%,亚太市场发行占比约10%。

第三,定价机制成熟,发行成本明显上升。国际市场主要采取倍数基础法对新型资本工具进行定价,即以传统资本工具利率价格为基础。根据多家国际投行统计,主要国际银行的优先股平均利率约为8.84%。

综合以上优先股发行的市场经验,在中国优先股制度推出之后,中国银行业优先股的发行可以优先考虑海外市场,这是因为新制度推出后,中国国内的市场和投资者的成熟程度需要一段时间的提升,而海外市场上有着大量成熟的发行对象和投资者。而对于国内大型商业银行而言,依托优先股在境外的市场容量和在欧美市场的认可度,利用海外成熟的市场可以为中国的大型商业银行谋求更多的"造血"和"补血"机会,补充一级资本。

第9章 "大资管时代"下的商业银行资产证券化

2013年9月26日,中信银行获得的首批理财资产管理业务试点资格已经通过了银监会业务创新监管协作部的批准,中信银行可以开始发行"资产管理计划"。这表明从今以后银行可以自为通道,同时整个资产管理行业的格局将会面临巨大的改变。银监会主席尚福林曾多次公开表示,要将理财业务规范为债券类的直接融资业务。同年9月,银监会业务创新监管协作部主任王岩岫指出,为了从根本上降低通道类业务的风险,要推出银行资产管理计划作为未来银行理财业务的一个全新的方向。同年10月,中国工商银行推出了超高净值客户专属的"多享优势系列产品—理财管理计划A款"(编号为ZHDY01),这一产品的推出标志着商业银行资产管理计划的正式落地。

这将对商业银行和资产管理两个领域产生重大影响,商业银行混业经营脚步加快,资产管理市场容量大幅扩容,而其他业务也将迎来发展机遇。例如,商业银行在资产证券化领域,也将由于需求端的扩容而不断加强。本章将依托"大资管时代"为背景,阐释商业银行资产证券化业务的发展方向。

9.1 资产管理行业与"大资管时代"

9.1.1 资产管理业务现状

资产管理,简称"资管",是指对不动产、动产、股权、债权、其他财产权和资产组合进行委托管理、运用和处分,以达到保存、创造财富等目的的综合金融服务。目前资产管理市场的雏形诞生于基金业,银行理财与信托业的快速膨胀使整个行业在较短的时间内取得长足的发展。

资产管理机构的核心价值创造体现在通过对客户资金的"专业化运作、集中化管理、多元化投资",从而实现"提高收益、降低成本、分散风险"的目标。作为金融体系的重要组成部分,虽然资产管理业务环节和形态构成与制造业有所差别,但其大体上也包括了从产品研发创新、渠道布局、企业内部组织管理到客户服务体验的主要阶段。具体而言,上游业务主要包括资产配置、投资业务、投资顾问、产品设计与创新;中游业务主要包括提供通道业务、产品的存续管理;下游业务包括融资客户的开发、客户的维护与服务、品牌的营销与增值等。而这种业务形态的划分也适用于资产管理集团企业内部的分工。

全球资产管理规模巨大,前500名资产管理公司管理的资产规模在2007年曾达到69万亿美元。从地区分布看,发达国家的资产管理机构主导全球市场;从机构类别看,银行集团是资管市场的重要参与者,在全球前20位资产管理机构中占有9席;从客户结构看,机构客户的资金约占60%的比例,其中又以养老金和保险资金为主。

中国资产管理行业发展较快。如图9-1所示,从总量上看,2012年,国内资管规模达到27.05万亿元,较2011年增长了53%。从涉及机构来看,中国资产管理市场主要有5类子行业,分别是银行、信托公司、证券公司、基金管理公司及保险公司。目前,各子行业的集中度总体并不高。其中,证券集中度最高,109家机构中规模最大的10%占比约66%;信托业集中度最低,53家机构中规模最大的10%占比约27%;基金业集中度中等,70家机构中规模最大的10%占比约44%。

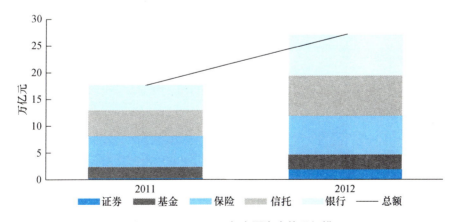

图9-1 2011—2012年中国资产管理规模

资料来源:Wind数据库。

其中,银行凭借客户及信誉优势,理财业务增长很快,并且银行系基金和信托公司依托母行渠道也实现了较快发展。据统计,70%的信托产品、56%的基金产品以及接近90%的证券公司产品都通过银行渠道销售(见图9-2)。

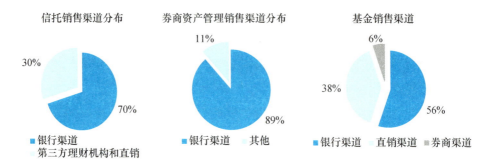

图9-2 中国资产管理产品的销售渠道

资料来源:各协会统计数字整理。

9.1.2 资产管理竞争格局演变

2012年第三季度以来,监管部门密集出台一系列政策(见表9-1),放松了对各类资产管理机构销售渠道和产品的监管,在多方面改变了资产管理行业原有的竞争格局,使得各类机构在开展资管业务中相互交叉,混业经营的大趋势更加明显。

表9-1 2012年以来资产管理新政策一览

时间	拟定部门	政策	内容
销售渠道的扩充与融合			
2012年11月12日	证监会	《证券公司代销金融产品管理规定》	证券公司代销产品的范围大幅拓宽,从只可以代销基金产品,扩展到几乎所有金融产品。
2012年11月20日	证监会	《保险机构销售证券投资基金管理暂行规定(征求意见稿)》	首次允许保险机构包括保险公司、保险经纪公司和保险代理公司销售基金产品。
2012年12月27日	证监会	《证券投资基金销售机构通过第三方电子商务平台开展证券投资基金销售业务指引(试行)》	明确基金销售机构通过第三方电子商务平台开展基金销售业务的监管要求,且拟在实名制管理的基础上,允许第三方电子商务平台经营者提供账户管理功能。

(续表)

时间	拟定部门	政策	内容
资管牌照全面放开			
2012年7月16日	保监会	《保险资金委托投资管理暂行办法》	首次允许证券公司、证券资产管理公司、证券投资基金管理公司及其子公司受托管理保险资金。
2012年9月1日	证监会	《期货公司资产管理业务试点办法》	首次允许期货公司开展资管业务,试点从"一对一"业务起步,逐步扩大到"一对多"业务。条件成熟后将资管业务转入期货公司常规业务。
2012年10月22日	保监会	《关于保险资产管理公司有关事项的通知》	保险资产管理公司除受托管理保险资金外,还可受托管理养老金、企业年金、住房公积金等机构的资金和合格投资者的资金。可以接受客户委托开展资产管理业务,也可以设立资产管理产品,还可以向有关金融监管部门申请,开展公募性质的资产管理业务。
2013年1月23日	证监会	《证券投资基金托管业务管理办法(征求意见稿)》	拟对境内的外资法人银行开放基金托管业务。研究商业银行以外的其他金融机构开展基金托管业务的可行性,如证券公司和登记结算公司等非银行金融机构。
2013年2月17日	保监会	《中国保监会关于保险资产管理公司开展资产管理产品业务试点有关问题的通知》	规定保险资管公司发行资管产品限于向境内保险集团(控股)公司、保险公司、保险资产管理公司等合格投资人发行,包括向单一投资人发行的定向产品和向多个投资人发行的集合产品。
2013年2月18日	证监会	《资产管理机构开展公募证券投资基金管理业务暂行规定》	首次允许符合条件的证券公司、保险资产管理公司、私募证券基金管理机构、股权投资管理机构和创业投资机构直接开展公募基金管理业务。
2013年3月4日	银监会	《监管部门扩大商业银行设立基金管理公司试点范围》	进一步扩大商业银行设立基金管理公司的试点范围,城商行进入试点范围,允许申请设立基金公司的银行自主选择合作伙伴。
2013年6月26日	证监会	《证券公司客户资产管理业务管理办法》	删除投资者超过200人的集合计划相关规定;删除关于大集合双10%投资比例限制;删除大集合1亿元起限。
2013年8月2日	证监会	《基金管理公司固有资金运用管理暂行规定》	放宽了对基金管理公司固有资金运用的限制。

本轮政策调整前,金融类牌照限制较为严格,各机构只能开展特定的资管业务。业务牌照的放开,使得原本在资产管理领域具有垄断地位的基金公司和信托公司比较优势不在,资产管理业竞争将日趋激烈。

此前银监会曾于2013年3月25日出台《关于规范商业银行理财业务投资运作有关问题的通知》(即"8号文"),对理财资金投资非标准化债权资产做出严格限制,银行投资非标产品的规模不得超过理财产品总规模的35%或总资产的4%;要求理财产品必须与投资的资产一一对应,对每个理财产品单独管理、建账和核算。

之后,银行通过种种创新渠道绕过了"8号文"的限制,监管部门则进一步加强"8号文"的落实。2013年8月,银监会对于可转让资管份额非标身份进行了界定,规定证券公司、基金公司及其专门从事资产管理业务的子公司等资产管理机构所设立的所有资产管理计划,不论是否被允许进入上交所进行份额转让,全部属非标债权资产。这反映出监管层加强"8号文"监管的思路仍未变化。

但是这次试点银行的债权直接融资工具可以到中债登进行登记托管,在未来可能会上市交易,而这就形成了一种标准化的债权工具,因此可以不受"8号文"的限制。这可能意味着银监会的监管思路在"堵歪门"之后开始"开正道"。金融业创新趋势必然会使监管理念发生一定的变化,银行为了追求盈利会想尽办法绕开一切限制性的政策,而这样会不断地造成风险累积。在这种情形下,"开正道"有利于监管和规范,因此我们预计在未来债权直接融资工具以及银行资产管理计划会以较快的速度扩大试点并加以推广实施。

9.1.3 "大资管时代"下的行业重整

所谓"大资管时代",其中的"大"主要从三个角度出发。一是在金融抑制逐渐解除、国民经济逐步向好的背景下,资产管理业的业务规模将在短时期内呈现井喷趋势;二是监管的放松,使得这一行业的参与者越来越多,竞争更加激烈;三是从金融企业的集团运作的角度看,资产管理将逐步成为混业经营道路上不可缺少的组成环节,金控集团等模式将成为未来的主要市场主体。

第一,商业银行:优势地位仍在,渠道特色发展。虽然银监会"8号文"限制了理财资金投资非标债权的规模,对同业做大买入返售规模也进行了窗口指导,但商业银行依然具有强大的渠道优势,拥有巨大的项目和资金资源,从而占据有利市场地位。其他金融机构或多或少要获得银行的项目资源,或满足银行出表需求。因此,一方面,商业银行作为流动性的主要提供方,在市场中居于核心地位,另一方面,随着银行理财资管计划试点的逐步展开,商业银行"去通道化"的趋势明显,较以前将具有更强的自主性与垄断力量。综上所述,银行在资管市场中的强势地位不可动摇。

但同时,商业银行开展资管业务的产品研发能力也受到了其自身经营条件的限制,产品线集中在融资类、贷款类和债券类产品,很难向权益类产品延伸。另外,商业银行客户风险偏好程度低,资金周转率较高,限制了资管产品的种类,产品较为单一。

第二,券商资管:业务全面放开,创新抢占市场。尽管相对于银行来说,券商的渠道优势并不明显,但在众多的资产管理机构中,券商的营业网点数和覆盖面依然具有一定优势。产品研发方面,在股票、债券一二级市场的多年深耕,使得券商可以提供不同风险、期限的全系列产品。同时,新政策在一定程度上增强了券商的竞争力。一是券商可以取得公募基金、托管业务、保险资金管理等多项牌照,业务范围进一步扩大;二是券商代销金融产品范围进一步扩大,渠道优势有所增强;三是券商可以投资的产品范围进一步扩大。

另一方面,对于券商资管而言,2012年以来的规模爆发式增长主要依赖于通道业务,竞争之下通道费用率已降至万分之五,相关业务风险也已受到监管层关注。2013年7月,证券业协会下文规范证券公司通道类业务,从证监会主席助理张育军在2013年的证券公司创新发展研讨会的讲话中可以看出,未来券商资管发展方向将是以集合资管、专项资管计划等能体现券商自身投资管理能力的产品为主,通道型定向资管业务将会受到压缩,银行资管试点对于券商资管业务转型来说反而有推动作用。

第三,基金资管:深耕专业投资,聚焦大类资产配置。政策变革使得各公司处于更开放、更公平的环境中竞争,而基金业则面临着严酷的生存压力。对基金公司不利的方面主要是基金牌照垄断地位的丧失,在新政策下,券商、保险、私募基金都可以获准发行公募基金,商业银行成立基金的试点范围也有所扩大,基金公司的竞争对手显著增加,市场需求大幅度缩水。在中国资管行业中,公募基金管理的规模是最小的,截至 2013 年一季度末,信托资管规模 8.7 万亿元,银行理财产品的余额 7 万亿元,保险资金运用的余额 7 万亿元,而基金管理公司资管规模仅 3.6 万亿元。

相比之下,基金公司的竞争优势在于提供大类资产配置工具,为投资者提供专业的投资服务,为二级市场提供充足流动性。商业银行的"去通道化"在很大程度上逼迫基金公司必须坚持主业经营,避免过度依赖通道业务,造成市场地位的丧失。因此针对新政策变化,基金公司将立足于丰富产品线,提供专业化服务,确立核心优势,加强产品本身的竞争实力,弥补渠道上的不足。此外,基金的并购潮也将过滤市场主体,将更多的优质资源配置到实力较强的基金公司上。

第四,信托公司:制度红利减少,重塑本源业务。对于信托的优势,经常会被提到的就是《信托法》和《信托公司管理办法》明确了信托公司作为主营信托业务的机构及其市场定位以及信托可以进行贷款和股权投资,又可以进行融资租赁,但是在各金融子行业纷纷进入资产管理市场的背景下,这种优势已经不再。因此在已经到来的"大资管时代",在以资金为基础资产的领域,信托已经没有优势。唯一留给信托公司的就是财产信托领域。但是财产信托的开展需要环境。中国信托公司重新登记后出现的第二个集合资金信托产品原本的设计就是财产信托,其后十余年在财产信托方面信托公司也进行了许多探索,但终未能形成气候,其主要原因就在于外部环境的不配合。因此,信托公司向财产信托转型,还需要时间。但是在这段时间内,环境和一些不被人注意的因素还是为信托公司等待环境的改善完成转型提供了可能。首先,资产证券化和土地流转仍可以成为信托公司的业务机会。在"用好增量,盘活存量"的总体货币政策指导原则下,资产证券化正在成为一个新的重点业务领域,庞大的银行沉淀资金需要通过资产证券化将其盘活。虽然在 SPV(特殊目的载体)的选择上目前还有各种说法,但是,2005 年银监会与央行就联合颁布了《信贷资产证券化试点管理办法》,在此办法下信托公司成为信贷资产证券化的 SPV,因此无论如何,信托是有机会的。同样,目前土地信托也为信托公司留有机会。其次,专业性和行业思维定式让信托至少在短时间内可以在资产管理领域保持领先优势。信托是天然的资产管理工具,虽然目前很多人认为信托做的是通道业务,但熟悉信托行业的人知道,重新登记后十多年来,信托公司在资产管理领域进行了大量的研究和实践,很多研究没有更多地在实践中推广,最主要的障碍还是外部环境问题。更重要的是,十多年来信托公司从内部体制机制到流程和从业人员思维上,早已向资产管理机构靠拢。

第五,保险资管:发展迎来机遇,借力银行经验。在保费不断增长的压力下,保监会放开了保险资金运用的范围。此外,证监会对保险公司开放了公募基金业务牌照,为保险资金进入基金业铺平了道路。

保险资管可以选择通过收购基金公司来专门开展公募业务,或者在公司内部设立独立的基金业务部门来开展公募基金业务。在发展方向上,保险公司可以借鉴银行系基金的经验,一方面依靠大股东渠道优势占领市场,另一方面通过人才培养、品牌建设、投研能力建设、风险控制等竞争要素的培养强化公司实力,提升市场竞争力。

总之,在"大资管时代"各类金融机构都将面临全新的竞争环境,更加公平和更加激烈的市场要求各类金融机构必须深耕细作,扩大版图,谋求新的发展。对于商业银行来说,如何利用已有优势,抓住新政策下的契机,快速奠定自己的市场地位是一个关键的命题。而命题的一个解决方案就是利用现有的资产证券化业务,与大资管业务配合,形成共振效应,提高产品线的聚合和运作的程度。

9.2　商业银行资产证券化业务

9.2.1　资产证券化及其意义

资产证券化这一概念一般是指将缺乏流动性,但是具有未来现金收入流的资产通过商业银行或者投资银行集中并且重新组合,形成资产篮子(或它的未来现金),并将其进行抵押(或将其出售)以在公开市场上发行证券融通资金的过程。对于这一概念,Gardener(1991)给出了一个一般性的解释:

资产证券化是使得储蓄者与借款者可以通过金融市场进行部分或全部匹配的一个过程或工具。通过金融市场,开放的市场信誉代替了由银行或者是其他金融机构提供的封闭的市场信誉。与其他的一些金融创新相似,资产证券化创新也是以商业银行及储蓄机构为主要代表的金融机构,为了适应时刻变化的经营环境,平衡保持盈利增长以及防范风险这两个目标而不断对资产—负债管理技术加以完善和开发新的金融产品的过程。

资产证券化具有推动利率市场化、解决金融机构资产与负债匹配问题、分散金融风险等其他证券没有的功能,能够促进整个资本市场长期健康发展。从全世界范围来看,最早出现的证券化产品是20世纪70年代美国的政府国民抵押协会发行的住房抵押贷款证券(MBS),之后入池资产被不断扩展,各类资产支持证券(ABS)也开始发展起来,进而衍生出CDO及CDO产品。

9.2.2 信贷资产证券化

根据2005年由银监会和央行发布的《信贷资产证券化试点管理办法》,信贷资产证券化是指在中国境内,由银行业金融机构发起,将信贷资产信托给受托机构,再由受托机构以资产支持证券的形式向投资机构发行受益证券,最后用该信贷资产所产生的现金来支付资产支持证券收益的结构性融资活动。目前为止,中国信贷资产证券化主要是通过券商、信托等作为通道,向投资者进行发售,过程较为复杂。具体流程如图9-3所示。

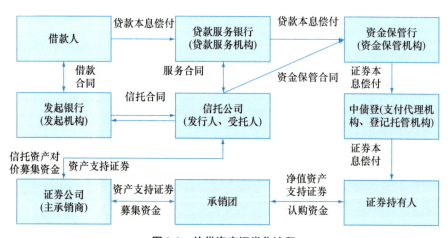

图9-3 信贷资产证券化流程

2005年11月7日,银监会颁布了《金融机构信贷资产证券化试点监督管理办法》,详细规定了试点交易的主要步骤和参与各方的资格标准。2005年12月,开展第一批资产证券化试点,额度为 150 亿元,国家开发银行和建设银行分别发行了第一期信贷资产支持证券和个人住房抵押贷款证券化信托资产支持证券,标志着中国信贷资产证券化工作迈出了实质性步伐,国内信贷资产证券业务正式开展。2008 年金融危机爆发后,监管机构出于审慎原则和对资产证券化风险的担忧,延缓了市场发行速度,并于 2008 年年底暂停了不良资产证券化试点。2012 年 5 月 17 日,央行、银监会、财政部联合下发《关于进一步扩大信贷资产证券化试点有关事项的通知》(以下简称《通知》),标志着停滞近三年之久的信贷资产证券化重新开闸,额度为 500 亿元。2012 年 7 月 6 日,国开行发起 2012 年第一期信贷资产支持证券,意味着新一轮资产证券化试点重启(见表 9-2)。

表 9-2 2012 年以来中国市场发行的信贷资产证券化产品一览

产品名称	类别	基础资产	评级	发债规模(亿元)	优先级(亿元)	次级(亿元)
12 开元	CLO	信用贷款	平均级别 AA	101.66	92.68	8.98
12 通元	ABS	个人汽车抵押贷款	信用评分 649.01	20.00	19.00	1.00
12 交银	CLO	公司贷款	平均级别 AA−	30.34	27.70	2.64
12 中银	CLO	公司贷款	平均级别 AA/AA−	30.62	28.00	2.62
12 上元	ABS	个人汽车抵押贷	信用评分 55.51	10.00	9.50	0.50
13 工元	CLO	公司贷款	平均级别 AA−	35.92	32.10	3.82

综观中国目前已经实施的信贷资产证券化项目,本书认为根据基础资产种类不同,大致可分为三类:ABS(Asset-backed Securities),其基础资产为优质的公司类保证以及信用类贷款和汽车抵押贷款;MBS(Mortgage-backed Securities),基础资产为个人住房按揭贷款;NPL(Non-performing Loan),基础资产为银行不良资产。

2012 年起的此轮试点鼓励金融机构选择符合条件的国家重大基础设施项目贷款、涉农贷款、中小企业贷款、经清理合规的地方政府融资平台公司贷款、节能减排贷款、战略性新兴产业贷款、文化创意产业贷款、保障性安居工程贷款、汽车贷款等多元化信贷资产作为基础资产。同时各大商业银行可以根据《通知》按照自己的特色选择合适的基础资产种类上报。

本轮资产证券化一方面鼓励更多经审核符合条件的金融机构参与信贷资产证

券化业务;另一方面稳步扩大机构投资者的范围至非银行机构投资者,鼓励保险公司、证券投资基金、企业年金、全国社保基金等经批准合规的非银行机构投资者参与投资。

自2013年年初非标理财产品监管收紧以来,监管层频频释放信号,防范金融风险成为市场的主题,"用好增量,盘活存量"的战略构想暗示偏紧的货币政策概率比较大,提高资产流动性、盘活存量资产的作用将可能被重视。2012年5月,银行间市场重启后,无论是第二轮试点的500亿元额度,还是后续第三轮的2 000亿元额度,相对于银行庞大的资产负债表来讲都微不足道。但是随着货币政策的收紧,以往依靠货币高增速推动经济增长的模式可能一去不复返,盘活存量被管理层反复提及,暗示信贷资产证券化将迎来前所未有的发展契机,信贷资产证券化试点有望转常规。

9.2.3 非金融企业(实体)资产证券化

提升企业存量资产的适用效率、拓宽企业的融资渠道,是非金融企业在经营发展过程中的实际需求。中国从2005年开始便在非金融企业的资产证券化方面进行研究,并且开展了两种不同形式的资产证券化,一种是由证监会主导的,"专项资产管理计划"形式的非金融企业的资产证券化,2005年以来开始实行,目前已经开展了两轮试点;另外一种是依据银行间市场交易商协会在2012年8月正式公布并实施的《银行间债券市场非金融企业资产支持票据指引》,截至2013年6月,已有5只资产支持票据产品成功发行。

非金融企业资产证券化流程与信贷资产证券化类似,仅基础资产有所不同。

尽管ABS与ABN这两种产品都具有"资产证券化"的结构特征,但这两者之间存在着明显的区别(见图9-4和图9-5)。第一,从主要参与主体的方面来说,ABS的计划管理人是证券公司,同时证券公司也是原始权益人债权的受让人;而ABN是由商业银行或证券公司作为其主承销商,并且在发行的过程中一直承担着中介服务机构的角色。第二,从基础资产的类别上讲,资产管理计划的两轮试点中涉及了许多方面,类型种类丰富多样,包括污水处理收费收益权、网络租赁应收款、高速公路收费权、电力销售收入受益权、设备租赁应收款、BT项目回购款债权等;

但是资产支持票据发起人由于试点时间较短,仅涉及 BT 项目回购款债券、保障房租金收入等相关资产。第三,从增信手段的角度来说,资产管理计划都是以商业银行等第三方担保的形式进行外部增信的;相反资产支持票据则是以账户质押、产品分级以及应收账款质押等一系列方式进行内部增信。

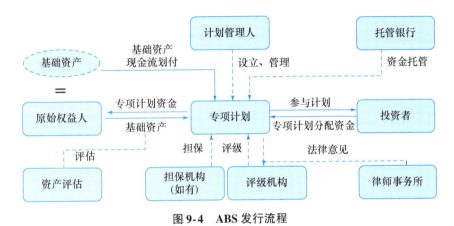

图 9-4　ABS 发行流程

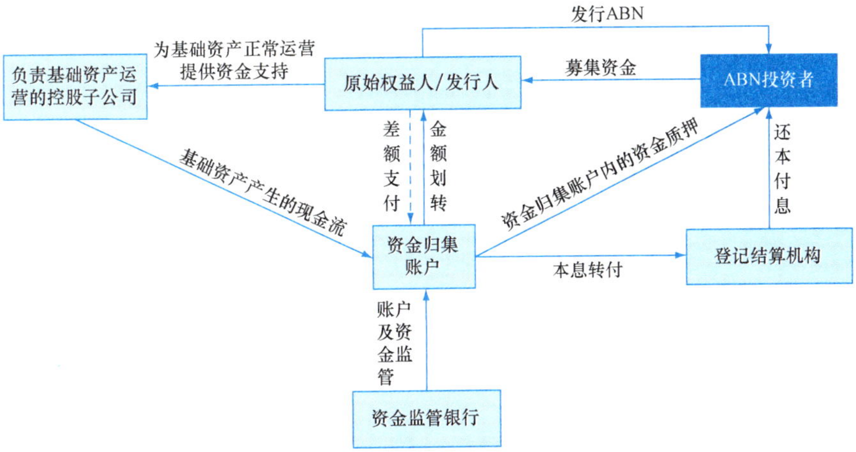

图 9-5　ABN 发行流程

在当前的政策环境下,非金融企业资产证券化的推广存在着一定的难度。多数企业认为利率过高,而且推行过程比较麻烦,对于优质企业来说,由于存在更加丰富的融资渠道的选择以及对于融资成本有着更高的敏感性,资产证券化的吸引力更为有限。与此同时,ABS 产品很大程度上受到了交易平台的限制,流动性溢价程度较高,与传统债务融资工具相比来说,其融资成本较高,在考虑到账户资金沉淀的成本之后,其综合成本有时甚至会高于银行贷款。从投资人需求的角度考虑,也与实际有差距。虽然投资人对于固定收益类的产品需求较为旺盛,资产证券化项目一般情况下具有良好的基础资产、可预测的现金流以及较高的评级,一定程度上很有可能替代利率逐步下行的银行定期理财产品。但是在当前实际情况下,企业资产证券化产品是在证券交易所的大宗交易平台挂牌交易,存在着规模小、品种少、流动性差等劣势。从统计数据方面来说,由于合格投资者群体过少,严重缺乏保险、银行等资产证券化主流投资者的参与,同时,交易平台缺乏质押式回购和做市商等增强流动性的相关制度安排。投资者的认购意向,资产证券化产品的发行、定价等在很大程度上也受到了一些影响。因此,年度成交量在试点的当年曾高达90.30亿元的峰值,在随后的年度中其交易量不断萎缩。已发行 ABS 基本情况如表9-3所示。

表9-3 已发行 ABS 基本情况一览

产品名称	发起人	发行规模	成立日期	现金流来源
中国联通 CDMA 网络租赁费收益计划	联通新时空	32.00 亿元	2005年8月26日	网络设备租赁费收益权
莞深高速公路收费收益权专项计划	东莞发展控股公司	5.80 亿元	2005年12月27日	高速公路收费收益权
中国联通 CDMA 网络租赁费收益计划(二期)	联通新时空	63.00 亿元	2005年12月20日	网络设备租赁费收益权
网通应收款资产支持收益专项计划	网通集团	102.40 亿元	2006年3月14日	应收款收益权
远东租赁资产支持收益专项计划	远东租赁	4.77 亿元	2006年5月10日	融资租赁债权
华能澜沧江水电收益专项计划	华能澜沧江水电公司	19.80 亿元	2006年5月11日	水电销售收入收益权
浦东建设 BT 项目资产支持收益专项计划	普惠投资及浦兴投资	4.10 亿元	2006年6月22日	BT 项目回购款债权
南京城建污水处理收费资产支持专项计划	南京市城建投资集团	7.21 亿元	2006年7月13日	污水处理费收益权

(续表)

产品名称	发起人	发行规模	成立日期	现金流来源
南通天电销售资产支持收益专项计划	南通天生港发电公司	8.00亿元	2006年8月4日	电力销售收入收益权
江苏吴中集团BT项目回购款专项计划	江苏吴中集团	15.88亿元	2006年8月31日	BT项目回购款债权
远东租赁资产支持收益专项计划(二期)	远东租赁	12.79亿元	2011年8月5日	融资租赁债权
南京公用控股污水处理收费收益权专项资产管理计划(二期)	南京公用控股	14.00亿元	2012年3月20日	污水处理费收益权
欢乐谷主题公园入园凭证专项资产管理计划	华侨城	18.00亿元	2012年12月4日	公园入园凭证
华能澜沧江第二期水电上网收费权专项资产管理计划	华能澜沧江水电公司	33.00亿元	2013年5月31日	水电上网收费权
隧道股份BOT项目专项资产管理计划	大连路隧道建设(隧道股份子公司)	4.84亿元	2013年5月14日	BOT项目专营权收入

本书认为,在国有企业资产证券化进一步加速,盘活存量资产政策不断出台的背景下,未来非金融企业资产证券化的基础资产类型很有可能进一步得到丰富,同时证券化业务管理规定中明确的商业物业、信贷资产和信托收益权等也将进一步得到落实,版权收费、专利许可收费权、航空公司客票收益权、有线电视收费等将逐步纳入基础资产范围中。同时未来还需要进一步拓展原始权益人范围,进一步支持西部大开发、城镇化、农业、节能环保以及文化产业等类型的企业作为原始权益人,并且将这些企业拥有的适合的基础资产用来开展资产证券化,更进一步地鼓励那些具备良好基础资产的中小企业,以资产证券化的形式不断进行融资。

9.2.4 证券资产证券化

证券资产证券化是指证券资产的再证券化过程,具体来说,是将证券或证券组合作为基础资产,同时以这些证券或证券组合产生的现金流或者其他与现金流相关的变量为基础来发行证券。

证券资产证券化是近年来美国金融产品创新的产物,这类产品能够形成较高的杠杆效应和优化资产池的效果,有助于产品的销售和转化。以 CDO(担保债务凭证)为例,现金型 CDO 结构设计如图 9-6 所示。

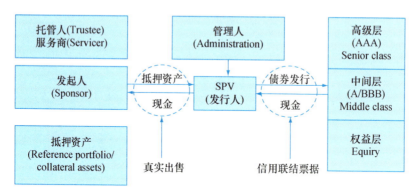

图 9-6 现金型 CDO 结构设计

然而需要注意的是,高杠杆率带来了较大的风险,一旦基础资产收益出现问题,将产生较为严重的后果。2008 年美国出现的金融危机,就是由于 MBS 的反复证券化,而当基础资产 MBS 出现违约,导致 CDO、CDS 风险不断扩大,进而导致整个金融系统的瘫痪。

从防微杜渐的角度,特别是考虑到中国商业银行严格的监管体系,我们认为,证券资产证券化在短时间内不太可能在中国有较大规模发展。

9.2.5 资产管理与资产证券化

无论是对于企业来说还是对于个人来说,资产管理的核心都是在于帮助客户实现财富增值。而资产证券化的目的,在于将企业的资产转化为现金流,增强企业资产的流动性。资产管理与资产证券化直接对接,可以最大限度地使金融体系服务于实体经济,使金融产品最大限度和最高效率地满足企业的需求。

资产管理—资产证券化的主要模式在于,商业银行通过资产证券化,将企业的基础资产打包为相应证券,并通过结构化的设计,形成不同层次的金融产品。之后银行形成资产池,将各类型金融产品形成资产管理计划,通过银行销售渠道向投资者出售。在此期间,不需要通过其他渠道如券商、信托等,银行可以直接满足供需要求。

这个模式之中,商业银行居于核心地位,实际上起到美国等发达国家投资银行的作用,属于投资银行业务流线。而在中国,之所以由商业银行发挥这一核心作用,是由中国商业银行在金融体系中的作用、现有资本市场体系和架构等原因决定的。

新政策下,资产管理的市场容量将得到巨大的提升,将反向促进商业银行资产证券化业务的发展,形成良性循环,由需求促进供给。因此,在"大资管时代",商业银行最大的优势便在于直接对接资产证券化和资产管理业务,达到供需两端的高效满足。

相关的试点工作已经逐步展开。2013年10月22日,中债登的理财直接融资工具综合业务平台正式开始对理财直接融资工具进行报价交易,与此同时,第一批银行理财资产管理业务试点正式启动。这一创新试点的举措是系统性的,具体来说,债权直接融资工具位于资产配置端,而银行资产管理计划却是处于资金端。按照相关要求,单个理财直接融资工具与单个企业的债权融资必须相互对应,而单家银行持有任一理财直接融资工具的份额不能超过80%。这一试点的推出,是对"8号文"的重要修正,与资管牌照放开一道,使资产管理—资产证券化模式进入快车道。

9.3 "大资管时代"下商业银行的竞争策略

9.3.1 内部挖潜:传统业务带来的机遇

商业银行较其他金融机构,在分支机构与网点数量、分布覆盖率以及客户总数上具有显著的比较优势,加上多年来在存贷款领域的绝对垄断地位,使得商业银行内部资源丰富,有利于基于内部挖掘新的利润增长点,为新产品的推广助力。现有企业资产管理计划主要由基金公司、券商和银行的非标产品提供支持。商业银行可利用已有的管理与销售经验,并吸取通道业务中其他机构的经验,在传统业务中寻找资产管理和资产证券化的发展路径。

首先,正如前文所说,随着金融领域的逐步放开,企业金融脱媒的趋势越来越显著,对银行传统的存贷款业务造成了冲击。然而,各类企业与商业银行之间合作由来已久,长期以来的合作关系很难迅速被瓦解,特别是对于央企和地方大型国企,与商业银行之间的关系又与政府之间的合作有一定联系。商业银行可以通过已经建立起来的合作关系,推进创新业务的发展,其中也包括资产管理和资产证券化。

其次,商业银行,特别是国有四大商业银行和大型股份制商业银行都已经上市,拥有充足的资本金,在资产管理和资产证券化上的发展可能性比较大。而已经非常成熟的风险控制体系又可以抵御相当的风险,相对券商和基金而言,操作的空间更为广阔。

再次,商业银行员工基数庞大,专业人员素质较高,深植地方,对地方企业的实际情况远比机构较小的基金、信托更为了解,对企业的需求也更清楚,而且合作关系也较为紧密,可以为企业提供更为合适和更符合企业要求的产品。现代资产管理和资产证券化的核心,在于如何理解客户的需求,在这一点上,商业银行显然具有领先优势。

此外,部分商业银行已经开始对企业进行一些传统业务和创新业务的捆绑销售,特别是在此之前,贷款和理财产品的搭配销售取得了相当的成绩。随着金融牌照的放开,商业银行可以更好地直接对接企业,对接实体经济,搭配传统信贷业务和资产管理、资产证券化业务,合理设计企业投融资方案,将有助于非传统业务的开展。

因此,商业银行具有很深厚的发展底蕴和基础,虽然有一种广泛的观点认为,庞大的机构和较为固化的内部体系是商业银行进一步发展的桎梏,但本书认为,任何企业的组织结构没有最优解,都是一柄"双刃剑"。对于商业银行而言,相比盲目改革和转型,不如利用已有的资源与优势,推动新产品、新技术和新的发展模式。

9.3.2 外部结盟:商业银行与其他机构的合作

除了内部挖潜之外,商业银行在得到政策红利的同时,也要关注与其他机构间的合作关系,利用现有优势,加强利益共同体,在"大资管时代"背景下,保持金融体系的核心地位。

首先,与其他金融机构间的合作。以往商业银行的资产管理和资产证券化业务均是通过与其他金融机构间的通道业务开展的,具体的模式包括"银券模式"、

"信银模式"、"银基模式"等。资管牌照放开之后,资管与资产证券化业务有"去通道化"的趋势。然而,在这一领域,基金、券商、信托也具有自己独有的优势,特别是多年发展壮大,使得其他的金融机构具有非常强有力的专业化队伍和议价能力,与相关的监管部门,如证监会、发改委的沟通关系更加密切。短时期内,商业银行需要继续与其他金融机构合作,利用双方各自的优势,扩张资产证券化市场的整体容量,以达到共赢的局面。而合作的具体形式,应摆脱以往低技术性的"通道业务",而应追求深层次的合作,为商业银行混业经营做好经验与人才上的准备。

其次,与法律机构、信息服务机构间的合作。资产证券化和资产管理业务涉及诸多法律问题,特别是在合同条款设计等方面需要更为专业化。现有商业银行的法律部门,由于较少涉及有关业务,体系较为薄弱,难以依靠自身法律部门发展资管、资产证券化的业务,这就需要商业银行更多地与法律机构进行合作。这种合作不只局限在业务中,也应当应用在产品设计、客户服务等产品链的全部环节。另外,为适应客户对于服务质量的苛刻要求,运营平台的服务能力越来越重要。在运营体系上构建集成高效的 IT 系统是资产管理业务发展的重要保障。无论是对客户的营销与管理、资讯的获取、产品信息的传递还是交易的处理,都需要功能强大的 IT 系统支持。大型银行集团还可以发挥强大的运营体系优势,向第三方财富管理机构提供运营外包服务,赚取收入。

再次,与评级机构、会计师事务所等第三方的合作。相比券商,商业银行在与评级机构、会计师事务所等第三方的合作更多地处于强势地位,特别是考虑到在发行债务融资工具中,商业银行的风控体系往往更甚于评级机构的评级体系以及会计师事务所的审计体系,因此,对于商业银行而言,第三方的战略地位并不显著。然而在未来,资产证券化、资管市场的不断扩张,势必要求第三方更多地介入到商业银行的日常运作中。更深入地保持与第三方间的合作关系,有助于补充商业银行自身的风控系统,并能够依靠第三方的独立公正性,助力产品的推广与渠道的开拓。

最后,与新金融企业的合作。2013 年以来,互联网金融的热度比以往更火爆,特别是基金公司与互联网公司之间的合作,更是掀起了互联网公司涉足金融领域的浪潮。新金融企业,包括试图涉足金融领域的其他民营资本,拥有强大的资本基础,但没有相关牌照阻碍了这些企业的进一步发展。商业银行可以效法基金公司,更多地接触新金融企业,利用新金融企业的技术优势、人才优势和跨领域优势,发展新型业务,创造新的利润增长点。

9.3.3 混业趋势:集团化运作

随着"大资管时代"的到来,市场中各类资管机构都做出了各种打破分业壁垒的努力。新政下,各类金融机构通过获得多种业务牌照,或对其他机构的控股,可以实现外部资源内部化,将原本可以通过合作才可以获得的优势据为己有,从而省去不必要的合作成本。

综合化经营具有信息优势、协同效应、规模经济、范围经济等诸多优势。2013年全国银行业监管工作电视电话会议中,银监会特别强调,在利率市场化改革的趋势下,将"审慎开展综合化经营试点"。与此同时,央行的金融稳定报告中指出,"母公司控股、子公司分业经营"的金融控股公司,考虑到中国金融业的发展水平,在风险管理、资产配置、客户信息资源共享等诸多方面具有一定的优势,不仅适应中国金融监管体制的现状,而且可以有效地防止不同行业金融风险之间的相互传递,因此可以将其作为中国金融综合经营试点的重点推行模式。

自1991年11月美国通过《金融服务现代化法》后,世界许多国家和地区掀起了组建金融控股公司的热潮。目前,世界各国基本都是金融综合化运营,主要包括三种模式。一是以德国为代表的全能银行制,主要包括德意志银行、德国商业银行等;二是以美国为代表的金融控股公司制,主要包括花旗集团、美洲银行、摩根大通公司等;三是以英国为代表的金融集团制,主要包括汇丰集团、巴克莱银行、苏格兰皇家银行等。

中国商业银行处于金融体系核心地位,掌握更多的客户资源和资金资源,有利于集团化运作。目前,国内各家银行都已纷纷试水综合化运营模式,中国银行、工商银行、交通银行、民生银行等大型商业银行,纷纷在证券公司、投资银行、保险、租赁、基金等领域设立子公司并进行控股,多领域布局。未来这一优势将逐步显现,这一趋势也将愈发明显。

9.4 案例分析——隧道股份 BOT 项目专项资产管理计划

他山之石,可以攻玉。在资产证券化方面,特别是非金融企业资产证券化上,券商以其专业化的发行承销团队,积累了大量的宝贵经验,可供商业银行吸取。本节以 2013 年 5 月 14 日设立的"隧道股份 BOT 项目专项资产管理计划"为例,分析券商在资产证券化方面的优势和特点,为商业银行提供参考。

9.4.1 公司基本情况

上海隧道工程股份有限公司由上海城建(集团)公司以 52.61% 控股,专门从事软土隧道施工,是中国第一家设立了博士后工作站的施工企业,同时也是中国施工行业中第一家上市的股份制公司。该公司的隧道施工技术水平已经接近甚至达到了国际先进的水平,其隧道、地铁和公路施工已经遍及了全国,其中有南京、深圳、广州、天津等地的地铁施工项目,包括上海黄浦江底所有的越江公路隧道、轨道交通越江隧道,宁波常洪沉管隧道,杭州西湖湖滨隧道等。公司目前正在上海建造翔殷路越江隧道,和世界上最大直径的上中路越江隧道。此外,公司在中国香港、新加坡、马来西亚等海外市场承建多个建设项目。公司于 1994 年在上海证券交易所上市,股票代码 600820。2012 年财务报表显示,截至 2012 年 12 月 31 日,公司总资产达到 4 935 950.10 万元,2012 年营业总收入 2 198 897.36 万元,净利润 118 433.25 万元。

本次发行人为上海隧道工程股份有限公司子公司,上海大连路隧道建设发展有限公司。该公司主要经营大连路黄浦江底隧道及其附属设施的建设,注册资本 50 000 万元人民币,由上海隧道工程股份有限公司 100% 控股。

9.4.2 项目基础资产情况

大连路隧道公司于 2001 年与原上海市市政工程管理局(2009 年变更为上海市城乡建设和交通委员会)签订的《专营权合同》约定,公司特许经营权期限为 28 年,其中建设期 3 年,享有政府授予大连路隧道公司对大连路越江隧道工程项目的经营权 25 年。

本期资产证券化的基础资产为《专营权合同》中约定的 2013 年 4 月 20 日至 2017 年 1 月 20 日期间应到期支付的,每年 4 月 20 日、7 月 20 日、10 月 20 日、12 月 20 日和次年 1 月 20 日合同规定的专营权收入扣除(1)隧道大修基金以及(2)隧道运营费用后的合同债权及其从权利,涉及基础资产金额合计约为 5.48 亿元。

《专营权合同》中约定上海市建交委每年以补贴方式向大连路隧道公司支付 16 388 万元,每年的 4 月 20 日、7 月 20 日、10 月 20 日分别支付年补贴的 1/4,即 4 097 万元;每年的 12 月 20 日支付年补贴的 1/6,即 2 731 万元;次年的 1 月 20 日支付年补贴的 1/12,即 1 366 万元。

本期资产证券化基础资产现金流合计为人民币 54 753.80 万元。基础资产的现金流的计算公式为:基础资产现金流 = 专营权收入 − 隧道大修基金 − 隧道运营费用。其中,隧道大修基金每年计提 400 万元,隧道运营费用中的养护费用在 2014—2016 年以每年 8.00% 的增长率进行测算,隧道运营费用中的管理费用和其他费用每年分别计提 500 万元和 30 万元。

9.4.3　资产证券化结构设计

该专项计划,经计划管理人和发行人协商,采用如图 9-7 所示结构设计。

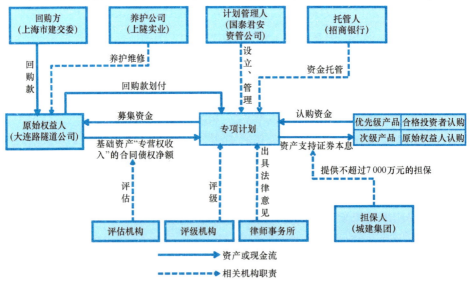

图 9-7　隧道股份 BOT 项目专项资产管理计划产品设计

9.4.4 发行情况

专项计划设置优先级资产支持证券01、优先级资产支持证券02和次级资产支持证券三种资产支持证券,将向合格投资者募集资金4.68亿元。

其中,优先级资产支持证券01于2013年8月21日和2014年2月21日分两次支付预期收益,偿还本金;优先级资产支持证券02在专项计划存续期内每年2月21日和8月21日支付预期收益,于2014年8月21日至2017年2月21日每年2月21日和8月21日偿还本金;次级资产支持证券在计划存续期间不分配收益和本金,于最后一个兑付日,即于2017年2月21日一次性偿还收益和本金。

具体发行结果如表9-4所示。

表9-4 隧道股份BOT项目专项资产管理计划发行情况一览

系列		到期日	还本付息方式	目标评级	发行利率	规模(亿元)
优先级资产支持证券	01	2014年2月21日	每半年还本付息	AAA	5.10%	1.09
	02	2017年2月21日	每半年付息,第2年起每半年还本	AAA	5.63%	3.59
次级资产支持证券		2017年2月21日	到期一次偿付	无	无	0.16
合计		—	—	—	—	4.84

计划管理人委托中证登上海公司办理资产支持证券的登记托管业务。资产支持证券将登记在资产支持证券持有人在中证登上海公司开立的B类或D类机构证券账户中。

优先级资产支持证券在专项计划存续期内可以在上交所固定收益平台进行转让。通过上交所固定收益平台受让优先级资产支持证券的投资者须为合格投资者。投资者不必与转让方、计划管理人、托管人签署转让协议,其受让的优先级资产支持证券将直接进入其证券账户。优先级资产支持证券在初始转让时,每手不得低于500份,每次转让不得低于一手且须为一手的整数倍。优先级资产支持证券转让、登记、结算等相关费率标准以上交所和中证登上海公司公布的为准。

9.4.5 经验总结

作为《金融机构信贷资产证券化试点监督管理办法》施行之后的第一笔 ABS 项目,隧道股份 BOT 项目专项资产管理计划的发行获得了一个较低的利率水平,而审批速度也十分令人满意。分析券商在其中的作用可以看到,相比银行,券商在以下三个方面拥有较显著的优势。

第一,计划设计灵活合理。此项目中,将资产池打包为三种产品,做结构化证券,使产品的整体风险达到可控状态。相比商业银行较为僵化的产品模式,券商更能够适应当时的市场需求,结合企业基础资产的实际状况,设计出更为合理和精巧的产品结构,既能够降低整体风险,又可以适应投资者需求,在市场上达到最佳契合点。

第二,机构效率高,推进速度快。券商资本金较小,对风险也较为敏感,风控部门对项目的风险控制并不比银行弱。但相对而言,券商的效率显然更高一些。这主要是由于券商部门相对较小,沟通较为方便,权力相对集中。反观银行,机构庞大,等级观念较为严重,项目审批在内部流程中就会执行很长时间,大大延缓了项目的推进速度。

第三,服务全面,沟通及时,审批过程顺利。作为这一项目的计划管理人,国泰君安证券股份有限公司对发行人提供了较为全面的服务,包括作为计划安排人对原始权益人整体情况进行研究和尽职调查,设计资产证券化方案,协助原始权益人选择评级机构、律师事务所等,计划各项工作进度,统一协调各个中介机构,检查各中介机构出具的文件,确保内容完整、合规,制作全套申报材料,负责根据主管机关反馈意见修改、补充申报材料;作为计划管理人对原始权益人整体情况进行研究和尽职调查,密切跟踪申请的核准进度,做好各有关机关的工作,尽量缩短审核时间,履行信息披露义务,管理专项计划资产,按照约定分配收益,证监会规定的其他义务;作为推广机构和主承销商,组织承销团,确保发行工作的顺利进行,研究市场情况,提供发行时机选择建议,联系机构投资者,对专项计划进行推介,全面协调承销团成员的销售,收缴募集资金,发行结束后按时划付募集资金,安排资产支持证券在相关场所上市流通。在整体的运作期间,与发行人、证监会保持良好的沟通,及时处理相关问题与反馈,使得审批速度大大加快,整体过程较为顺利。

第 10 章　大力发展金融衍生品与结构化理财产品

10.1　金融衍生品

10.1.1　美国商业银行金融衍生品发展启示

美国作为金融衍生产品的发源地及主要创新领导者,无论是从规模还是交易品种上来看,其金融衍生品市场在全球金融衍生产品市场都占有绝对的领导地位。2007 年美国爆发的次贷危机由衍生产品参与并扮演了重要的角色,其中金融衍生产品的杠杆作用在很大程度上扩大了危机的影响程度。但是,不可否认的是,金融衍生品对美国金融业的发展有着不可或缺的积极作用:一是金融衍生品可有效避险;二是金融衍生品拓展了金融机构的盈利渠道;三是金融衍生品发展推动了金融监管的提升。

同样金融衍生品的发展对于美国商业银行来说,主要有以下两方面的内容:

第一,金融衍生品拓展了商业银行的盈利渠道。汇率、利率是世界金融资产的主要价格形式,一旦它们开始大幅度波动,整个金融市场的风险便会急剧放大,这使得利用衍生品交易来规避风险的办法成为美国商业银行的客观要求。同时,由于来自其他金融机构越来越激烈的竞争压力以及直接融资的发展受限等原因,美国商业银行的传统业务——信贷业务开始不断地萎缩。在政府与美联储的一系列政策的引导鼓励下,商业银行逐步将目光投向衍生品市场,以图实现业务的多元化。经过几十年的发展,衍生品业务已然成为商业银行新的利润增长点,这不仅是因为衍生品业务属于表外业务,可以在不影响资产和负债状况的条件下创造大量的手续费收入;同时由于美国商业银行具有覆盖网点多、技术服务手段先进等有利条件,它们就可以为客户提供各种风险管理以及代理交易衍生品服务,这样增加了中间业务收入的同时也扩大了银行客户群。①

第二,商业银行是场外衍生品市场的主要参与者。凭借巨大的资本规模和在管理大规模、标准化产品方面的特有优势,商业银行迅速成为美国衍生品市场上,尤其是场外衍生品市场上的不可忽视的力量。场内交易所有着较为严格的市场准入机制,挂牌交易的产品必须都是标准化的衍生品合约;而在柜台市场上,非标准化衍生品合约充满了个性色彩,能够在更大程度上满足不同风险需求的投资者,从而极大地扩大了银行的客户群体。不仅如此,柜台市场没有集中的交易场所,参与者私下协商达成协议在很大程度上也降低了交易成本。

目前,中国商业银行提供的金融衍生品的品种不多,量小面窄。国际金融市场上交易的金融衍生品品种已经有一千二百余种,与此形成强烈反差的是,中国商业银行开办的品种还不超过10种。近年来,尽管中国商业银行已经开始关注金融衍生品领域,陆续参与了利率、汇率衍生品和互换(掉期)、远期、期权等一些场外衍生品的交易,但是以股票指数、证券、信用、重要商品和贵金属为基础的衍生产品依旧严重缺乏,无法满足商业银行自身及投资者在金融市场的交易需求。在行业风险与政策风险面前,投资者对风险对冲的需求也越来越大,这些都预示着金融衍生品巨大的市场潜力。随着中国金融衍生品市场的不断向前发展,国内对国际上金融衍生产品知识理论方面的研究还不够深入,这给业务开拓与创新带来了一定的局限性;与此同时,国内资本市场不断完善、利率市场化逐步推进,金融衍生品市场存在大量机遇,有着较为宽阔的发展空间。②

金融衍生品在国际金融市场中地位越来越重要。

迄今为止,国际金融市场衍生品品种已高达1 200多种,几乎发展到"量身定做"的地步。根据国际清算银行(BIS)的统计(见图10-1),2012年12月,在该组织的交易所内交易的金融衍生品期末的账面余额显示为24.7万亿美元,这个数字远远超过了国际银行间市场以及证券市场的期末账面余额,在2003年现实的16万亿美元账面余额的基础上增加了1.5倍;2012年12月,在OTC市场上金融衍生品期末账面余额达到633万亿美元,比2003年6月增长了3倍多。

---

① 程琛. 美国商业银行场外衍生品交易、风险及监管改革[D]. 南京财经大学,2012.
② 钱芳. 美国金融业发展运用金融衍生产品的启示[J]. 中国外资(上半月),2012(3).

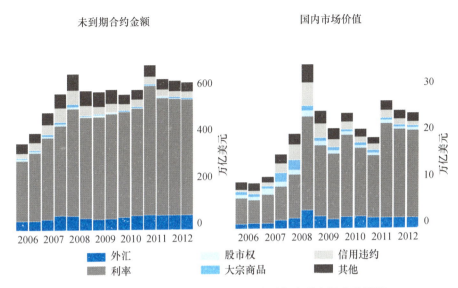

图10-1 2006—2012年每半年国际金融衍生品市场交易情况

资料来源:BISOTC Derivatives Statistics.

10.1.2 商业银行开展金融衍生品业务中存在的问题

随着中国利率、汇率的市场化以及"金融脱媒"的不断向前推进,中国商业银行日益加强国际化和综合化经营,进一步发展金融衍生品的需求越来越强烈。外国商业银行参与衍生品市场的程度较高,如2010年美国规模排名前五的银行控股集团J.P.摩根、美国银行、花旗银行、高盛集团和摩根士丹利,控制了94.8%的美国金融衍生品业务。[①] 相比之下,中国虽然发展起步滞后,但国内商业银行一直致力于发展金融衍生品业务。结合张哲淳(2012)[②]和刘湘虹(2013)[③]的研究,本书总结出中国商业银行金融衍生品的发展存在以下几方面的问题:

第一,交易品种较少,应用范围狭窄。目前国内的金融衍生品主要是远期结售汇、利率掉期以及利率互换等,而利率期权、掉期期权、违约风险互换、股票、债券以及汇期货等衍生品的市场尚未进入开发阶段。外汇市场和原料市场是中国银行业

---

① 刘湘虹.中国商业银行金融衍生品业务发展初探[J].企业家天地(下旬刊),2013(4).
② 张哲淳.中国商业银行金融衍生品业务存在的问题、制约因素及建议[J].现代经济信息,2012(3).
③ 刘湘虹.中国商业银行金融衍生品业务发展初探[J].企业家天地,2013(4).

金融衍生工具最为活跃的领域。相比之下，人民币衍生市场相对沉寂，使用最多的是人民币远期结售汇。同时，当前银行金融衍生品的客户群体主要是公司客户，个人业务开展较少。

第二，产品同质性高，国内银行技术不高。相对外资银行，国内商业银行的产品创新能力严重缺乏，这导致了当前中国银行的金融衍生品多数是模仿和借鉴外资银行得来的，具有较高的同质性，难以为客户提供个性化的定制金融产品。

第三，交易参与者少，对银行的利润贡献低。无论是企业客户，还是个人客户，对属于高端金融产品的金融衍生品的认识不深，忽视了其基础作用是套期保值、锁定风险，以至于客户被动地应对各类风险，而不加入金融衍生品市场。交易参与者较少，也导致衍生品的流动性不足。同时，一般对于中国银行收入构成来说，中间业务收入对于总收入的贡献值在10%左右，而且所开办的中间业务基本是以一些附加值低、技术含量低的低端业务为主，像衍生金融工具交易等附加值高、技术含量高的新兴中间业务开展相对滞后，于是金融衍生产品对银行利润的贡献就更低了。同时，国内银行自己投资衍生品，也屡见亏损，对利润有一定影响，如2009年中国银行业持有美元债券衍生品产生的浮亏额约为27亿美元，其中工、农、中、建、交行约占93%。

第四，产品定价缺位。在金融衍生品业务中，中国商业银行最常采用的交易方式是"背对背"式，即以中间商的身份出现，不需要独立报价与独立操作，在国际金融衍生品交易中处于弱势，仅仅是充当价格接受者的角色。这种情况直接导致了中国商业银行产品定价意愿薄弱、缺乏定价能力，久而久之，形成了一个恶性循环。2008年共8家央企通过工、农、中、建、交行和国开行6家大型银行购买了其推介的摩根士丹利、美林、花旗等境外投行设计的结构性利率掉期和互换产品，但这些产品设计极其复杂，风险难以被国内银行和央企所识别，最终导致巨额亏损。

第五，信息披露不规范，产品交易不透明。当前中国的银行衍生产品大多采取基金式的管理方式，即集合资金后再交由专人进行管理。但是由于中国商业银行严重缺乏专业的操作，加上国内投资人对金融衍生品的认识不够深入，而且对银行金融衍生品业务缺乏专门的监管，特别是由于衍生品业务的交易透明度很低，许多投资人即使在购买了理财产品之后，也不清楚资金的具体交易和操作，而银行几乎不披露金融衍生产品的交易情况,因此投资者无从获取相关的信息,根本无法对衍生品进行合理预期。

第六,银行内部衍生品的风险防控体系尚不完善。中国银行的衍生产品业务刚起步,实际操作经验缺乏,风险管理能力较弱,较易产生如信用风险、市场风险、流动性风险和法律风险等一系列风险。首先,国内商业银行尚未建立完善的风险管理体系。中国银行的风险内控文化还在培育中,部分银行会出现重业务发展、轻风险管理的观念。其次,国内商业银行还在发展金融衍生工具风险度量技术。这是一个不断向外国银行学习借鉴,不断以实践检验理论的过程。最后,国内商业银行的金融衍生品会计披露存在缺陷。由于金融衍生工具交易品种少,份额小,银行对金融衍生产品交易情况的信息披露不够全面,没有真实反映与金融衍生产品相关的业务;同时,国内商业银行的金融衍生品专业人才储备不足,银行部分从事衍生品业务的人员对产品的认识不深,对业务流程和授权管理的了解不足,自我保护、风险意识和法制观念不强,于是容易令银行出现法律风险、操作风险、市场风险等多样风险。

10.1.3 国内商业银行开展金融衍生交易的具体策略

规范和发展衍生品交易是中国金融改革、中国银行业金融机构以及众多银行业客户参与到全球化竞争中的必由之路。同时,国债期货自2013年9月6日上市以来,相关部门也在积极协调推动银行和保险资金等机构投资者入市,以增强市场的广度和深度,金融衍生交易的创新步伐正在加速。

一般来说,商业银行在衍生品交易中同时扮演着交易商与最终用户两个角色。在扮演交易商角色时,商业银行作为衍生产品买卖双方的中介,主要是从中赚取价差以及手续费;而作为最终客户时,商业银行需要对因利率、信用等风险而暴露的头寸进行对冲,以降低风险。

第一,努力提高金融衍生产品的核心竞争力。商业银行发布的金融衍生品的核心竞争力主要有以下两点:一是将高级的、复杂的、流动性差的结构性金融衍生品拆分成基础的、简单的、流动性好的产品,同时利用相对简单的产品来平掉相关风险的能力;二是对衍生品进行自主定价的能力。对于简单产品来说,例如一般的外汇交易,国内商业银行都能很轻松地平掉其风险敞口。但是,在拆分结构性金融产品以及衍生产品的定价能力上,特别是与国外银行相比,国内银行仍旧存在着很大差距。在之前的操作过程中,最常采用的是"背对背"的方式,以图在国际市场上找到相对来说具有较好报价的交易对手,进而达成交易,这种做法实际上是把大部分的利润空间都送给了国外的商业银行。因此,为了提高自主定价能力,国内商业银行可以根据自身的需要从外引进或者是独立开发出一套金融衍生品的定价系统,进而保证银行在承担适当风险的条件下取得相对更多的收益。尤其是在人民币利率、汇率市场化日益深化的今天,更应当制定适合的人民币衍生产品报价,这样不仅可以提高国内金融服务的效率,还能增强商业银行的核心竞争力。此外,引进国际上较为成熟的衍生产品电子交易系统也是一种可行的办法,这样一方面有利于国内银行早日进入国际衍生产品交易市场,另一方面也可以根据国际上衍生品交易的真实价格来合理调整衍生产品定价的系统,进而提高国内银行衍生产品的定价能力,同时也有利于国内商业银行提高自身构造结构性金融衍生产品的能力。金融行业与其他产业相似,只有真正掌握了核心的技术,银行才会具有真正的核心竞争力,简单的来料组装无法带来持续的发展,必须参与到真正的竞争中去。

第二,参与交易是以资产保值和增值为主要目的。一直以来,许多人都认为金融衍生产品是金融市场发展与成熟的标志,并且衍生产品的创新和开发在提高金融服务效率与质量、分散与识别风险、对风险定价等诸多方面都显示了其强有力的效用,同时金融衍生品也在不断盘活着金融机构以及投资者持有的长期资产,进而增加了金融机构的流动性以及资产利用效率。正因如此,金融衍生品刚刚问世,就受到了包括商业银行在内的金融市场主体的热烈欢迎。但是,在现实交易中金融衍生产品却是一把双刃剑,其本身也存在着诸多致命的弱点。例如,高杠杆的财务运作常常存在着高风险的隐患,衍生产品市场交易可以把更多的投资者全部绑定到系统风险的漩涡之中,这种做法为投机炒作打开了便利之门,也很有可能使得"蝴蝶效应"式危机大面积蔓延。因此,在衍生产品市场逐步发展成熟的今天,在金融衍生产品市场的交易中,国际商业银行早已彰显出其明确的交易偏好——即以套期保值者的身份从事金融衍生品的交易,交易主要是为了管理商业银行的金融风险,特别是利率风险。当前国内以国有商业为代表的商业银行,其自身的风险管理水平还十分有限,严格遵循审慎经营原则十分重要,因此在参与金融衍生产品交易时应当多以保值而非投机为目的。

第三,促进交易类金融衍生品的发展。在经历了2013年6月的"钱荒"之后,债券市场中的信用风险已经初露端倪。在市场人士的眼中,政府总是愿意为国有企业兜底,大型国有企业实际上并不存在所谓的"风险"。中小型企业情况则更不乐观,政府刚刚确认了产业过剩的行业黑名单,去库存的压力,市场需求疲软,市场需求价格的变化莫测,都让许多民营企业的盈利能力出现无法避免的下滑。在如此紧张的局势下,各种规模的企业都需要有效的手段来对冲风险,覆盖暴露的风险头寸。从商业银行的角度来看,这正是为商业银行开发金融衍生品指明了方向。

很明显,市场对交易性金融衍生品的需求正在日益扩大,增加日常交易中金融衍生品的运用能够有效规避企业的经营风险,从增加衍生品的标的种类与衍生品的运作方式入手,商业银行不仅可以找到新的利润增长点,还能够使许多中小企业的信用资质得到保证,解决融资方面的难题。

10.1.4 金融衍生品案例——建行"汇贷盈"系列产品介绍

"汇贷盈"是美元贷款、人民币质押存款和远期结售汇业务的产品组合。"汇贷盈"如美元贷款采用自有资金贷款和海外支付两种形式,主要针对有即期付汇需求的客户进行营销。客户将原办理售汇的人民币资金办理定存并质押,申请同等金额美元贷款(海外支付)用于对外支付。美元贷款(海外支付)到期后客户质押人民币购汇还款,购汇汇率通过远期NDF交易锁定,从而保证其能足额还款。

汇贷盈系列产品是建设银行在内外部条件相对成熟的情况下推出的:从外部条件来看,2005年7月21日,央行宣布开始以市场供求为基础,参考一篮子货币进行调节、有管理浮动汇率制度,这为产品提供了套利的基础。从内部条件来看,建设银行即期结售汇系统自动报价及直通式平盘项目上线,实现了即期结售汇总分行直通平盘交易和一日多价,这为产品提供了实施的平台。

为满足客户需要,优化产品的收益结构,"汇贷盈"系列不断进行组合更新,从2005年8月至今已推出了三代产品:第一代是为客户提供美元贷款加远期售汇(全额交割),为客户提供100%人民币质押。第二代是提供美元贷款加差额交割

(NDF)的远期售汇加100%人民币质押。第三代是海外支付(视同开出远期信用证)加差额交割(NDF),以海外代付取代了自有资金贷款,第三代产品具体流程如图10-2所示。

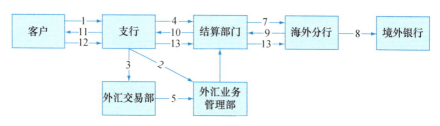

图 10-2　第三代"汇贷盈"(海外代付模式)业务流程

一是由客户提交封闭式人民币质押海外代付的申请以及办理具体业务项有关的单据。

二是通过支行的审核,申请递送至国际业务部外汇管理部。

三是支行为客户办理人民币质押,同时向国际业务部外汇交易部提交封闭式人民币质押海外代付专项审批件,申请办理远期外汇交易。

四是与此同时支行需要将具体业务项下的相关单据提交至分行国际业务部的结算部门。

五是通过分行国际业务部外汇交易部的确认,并递交至外汇业务管理部审核。

六是得到外汇业务管理部的审核通过后,选择办理海外代付业务的海外分行,通知国际业务部结算部门。

七是结算部门向海外分行发送海外代付指示。

八是海外分行对外进行支付。

九是海外分行发电文通知分行国际结算部门海外代付本金、利息、到期日及相关费用等情况。

十是分行国际业务部结算部门通知支行海外代付的具体情况。

十一是支行向客户出示海外代付到期通知书。

十二是客户到期偿还款项。

十三是扣除海外代付加点收益后,支行需归还海外分行海外代付的本金和利息。

各项风险在"汇贷盈"结构下得到了有效的规避。第一,在利率风险方面,1年期美元贷款按贷款起息日的 LIBOR+50 点计息,这样采用固定计息的方式,可以完全确定到期的本息;第二,在汇率风险方面,客户可以通过 NDF 交易锁定 1 年后美元/人民币的远期汇率,这样可以降低购汇还贷的风险;第三,客户可以通过固定计息的方式确定 1 年后贷款的本息,通过锁定的 NDF 交易的方式确定远期购汇应付出的人民币金额,这样很大程度上降低了到期还款的风险。同时,客户在建行人民币质押存款按照定期计息,因而到期本息和一定会大于购汇所需要的金额,这样可以进一步保证客户到期归还美元贷款本息。

考虑到当前人民币升值的情况,美元/人民币即期售汇价格不断下跌,在减少人民币质押金额的前提下,早已降低了客户的付汇成本。同时,随着买入的增多 NDF 价格也比 2013 年年初的时候大幅上涨,因此存在的套利空间越来越小。

还需要注意到的是,NDF 对人民币升值起到了间接的推动作用,例如,CME(芝加哥商业交易所)在汇改进程关键之际推出人民币 NDF,也很可能扰乱正在稳步推进的汇率改革,影响到国内货币政策的有效性。而未来境外人民币 NDF 市场极有可能会受到中国政府较为严格的政策管制,这会使得从事 NDF 交易的空间越来越窄。这也是商业银行在设计相关产品时需要考虑的因素。

但综合来看,本产品作为以汇率远期为衍生工具的一种产品,对商业银行开展外汇相关衍生品设计仍具有参考意义。

10.2 结构化理财产品

近年来,商业银行理财产品发售量快速增加,2006—2012 年,全国商业银行分别发售理财产品 1 278 款、2 912 款、7 307 款、8 684 款、13 474 款、24 625 款和 32 350 款,理财产品发售款数年均增长 3.62 倍。从近年来商业银行理财产品业务发展轨迹和宏观货币政策走势来看,理财产品销售量变化与货币政策等宏观形势变化相伴而生。一方面,理财产品业务成为商业银行应对货币政策调控的重要手段;另一方面,商业银行理财产品业务迅速发展对宏观金融指标产生显著影响。随着商业银行理财产品发行量的迅速增加,新增存款波动亦呈扩大趋势。

10.2.1　结构化理财产品对商业银行管理的影响

结构性理财产品是目前中国商业银行理财市场的主要产品之一。结构性理财产品的发展对中国商业银行产生了深远的影响。其正面影响主要体现在自身收益方面、市场份额方面和催促创新方面。

第一方面,正面影响与潜在的机会。商业银行作为一种特殊的企业,所有经济活动的最终目的都是实现利益最大化。而在实现商业银行利益最大化的过程中,结构性理财产品发挥了重要的作用。

第一,银行的流动性增加。这种产品的高收益吸引了许多客户。即使有的结构性理财产品有较高的风险,巨大的收益仍驱使了大量资金纷纷投资于此。无数笔资金汇聚成的巨额资金给银行注入了相当大的流动性,能在一定程度上降低流动性风险。

当商业银行缺乏足够的流动性储备来随时应付即期负债的支付或满足贷款需求时,就发生了流动性风险。这种情况下可能引发的挤兑风潮会使银行丧失信誉。这种可能性一旦转化为现实,商业银行的损失和在社会上的恶劣影响就难以弥补和消除。这会使银行的生存和发展受到威胁,严重时会导致银行的破产。综观银行危机的历史,无论危机的动因是什么,最终危机的表现形式必然是流动性不足进而陷入困境或破产。

流动性既是安全性的重要保证,又是实现盈利性的有效途径,是"三性"统一的桥梁。当商业银行大量发行结构性理财产品时,高收益吸引来的资金增加了商业银行的流动性,降低了流动性风险发生的可能性,从而为商业银行的盈利打下了坚实的基础。

第二,利润的增加。商业银行将结构性理财产品吸引来的资金贷款给企业、个人等经济个体,可以从中获得利差。贷款业务是商业银行重要的利润来源,结构性理财产品带来的资金为银行开展贷款业务也奠定了坚实的基础。因此,发展结构性理财产品在提高商业银行流动性的同时,也提高了银行可以贷款的数量,可以为商业银行带来更多的利润。

第三,市场份额的扩大。结构性理财产品是一种可以按照客户的预期而设计的产品。商业银行根据投资者具体需求和具体条件量身定做发行相应的产品,通过这种形式,可以让更多的投资者有机会选择符合自身需求、贴合自身条件的产品,这有力地提高了产品普及率,让银行结构化产品成为受大众欢迎的理财工具。结构性理财产品在增加了客户选择的同时,也直接促进了发行理财产品的商业银行竞争力的显著提高,奠定了理财产品市场占有率提高的基础。在另一方面,商业银行发行优质的结构性理财产品会使客户增加对该银行的依赖度,使客户不仅从该商业银行购买结构性理财产品,还在该商业银行办理其他业务,目的在于方便资产在各种形式下的转变。久而久之,客户对该商业银行的忠诚度就培养起来了,以后无论办理什么业务,首先可能想到的都是该商业银行。

第四,催促业务的创新。结构性理财产品的不断向前发展对商业银行进行自身的业务创新也具有很大影响。结构性理财产品将理财收益与国际、国内金融市场参数挂钩,例如汇率、利率、期权、债券、一篮子股票、基金、指数等。挂钩产品的不同,往往决定了理财产品的收益情况。比如,2008年中国民生银行发行的"黄金期货稳健投资"人民币结构性理财产品就受到消费需求增长和投资避险需求增加的双重推动。当年黄金价格持续上涨,为了给广大投资者提供一个参与到国际黄金牛市中获取稳健投资收益的机会,经过审慎分析国际经济形式和金融市场走势,在合理控制风险的基础上,民生银行打造并推出了这一与黄金期货挂钩的人民币理财产品。

结构性理财产品挂钩的产品越多,商业银行投资市场越广——不仅是国内市场,更有国际市场。然而市场的不断扩张都需要有创新的产品作为支撑。

创新不仅体现在可以挂钩的产品上,还体现在从结构上对理财产品进行创新。从国外的资产管理业务的创新经验来看,提供个性化服务才是理财业务创新的根本所在。结构化理财产品在个性化方面已经初具规模,但是个性化程度仍然不够。结构化理财产品也可以向产品系列化的方向发展。系列化的产品具有规范化、模板化的特征,具有很强的兼容性。同一系列产品之间有较为相似的特征,但是在结构和比重上具体的各个产品也都不相同。

在中国,商业银行在发行结构化理财产品的时候,可通过分层技术对不同优先等级分配权进行设置,再由商业银行和客户之间进行互动,来调整资产管理产品的风险收益结构。不同结构的委托资产管理产品对应了不同的自由资金的出资比例,这样形成了满足不同层次客户要求的不同的产品系列。同时,风险收益的特定分割也可在同一客户群体的内部进行。这样在客户之间进行不同等级分配权设计,可以在集合产品的同一风险收益结构中分割出完全不同的风险收益子结构,而这些子结构便会形成单一集合产品下多样化的结构性子产品。从而,委托人可以在相对激进的一般收益子产品以及相对稳健的优先收益子产品之间进行自由选择。

第二方面,负面影响及潜在的风险。商业银行发行结构化理财产品不只存在正面的影响,也会产生一些负面的效应,最常见的负面效应就是"零负收益"效应。

由于中国的理财产品发展才刚刚起步,国内商业银行通常是从国外引进一些国际大型投资银行设计的产品。但是,由于国内银行理财产品设计人员对引进的产品本身设计原理的了解有限,不能够充分识别这类产品的风险,或是银行在引进国外理财产品时,没有具体分析该产品是否适合国内市场的相关情况,因此,所引进产品可能会偏离中国市场发展的具体情形。以上这些因素都有可能造成"零收益"甚至是"负收益"。虽然这里的"零负收益"是针对投资者来讲的,但是这种"零负收益"效应将会对商业银行本身造成巨大的负面影响。

首先,"零负收益"会使得商业银行形象受损,面临一定的信誉风险。商业银行对于从国外引进的理财产品并没有很好地履行其风险预测的职责。特别是在国内理财市场同质化的今天,有些商业银行面临营销业绩压力,在推广理财产品的时候,严重夸大了理财产品的收益率,并且在不同程度上弱化了产品风险。采用这种推广方式,会很容易让投资者在没有正确认识产品风险的情况下,选择购买这类理财产品。但是在受到"零收益"效应甚至是"负收益"的影响后,投资者极有可能会责备银行职责的缺失,并且质疑银行的信誉。这会严重损坏银行的形象,将商业银行置于信誉危机之中,最终会对银行业务的开展和银行的发展造成负面的影响。

其次,"零负收益"会在长期影响银行的发展。产生"零负收益"效应的这类非保证收益理财产品通常是与股市挂钩的。商业银行的收益来源于投资者购买理财产品的价格,因为它早已对冲了自己在股市中的风险。因此,股票市场的涨跌与银行的收益并没有关系,但是投资者的收益会受到相应的影响。因此,银行发行此类产品,投资者自己决定是否购买并自己承担风险和收益,银行置身于股市的动荡之外,经济收入全部都从产品的价格中取得,同时承担着零风险,因此是绝对的获利者。但从长期来看,因为"零负收益"效应的存在,投资者会对银行预测风险职责感到失望,并且对银行信誉产生质疑,这会使得银行的形象大打折扣。商业银行作为信用机构,其信誉风险势必会影响其各种业务的开展,进而降低其他银行理财产品的销售量,最终会影响银行事业的未来发展。在这个角度来说,"零负收益"势必影响银行的长期发展。

最后,"零负收益"会对其他理财产品的发售造成影响,进而影响国内理财产品市场的发展。"零负收益"效应的产生破坏了投资者对于银行理财产品的信任,还很可能蔓延到其他理财产品上,进而影响其他银行理财产品的销售状况。此外,因为"零负收益"效应损害了广大投资者对于商业银行的信任,这对以信誉为发展依托的银行是非常有害的。这种信任危机将会进一步打击我国刚刚起步的国内理财产品市场。

10.2.2 商业银行开发结构化理财产品的运作策略

根据上文对中国商业银行结构化理财产品发展现状以及结构化理财产品的发展对商业银行影响的分析,本书针对性地提出了一些策略。这些策略通常集中在商业银行对于结构化理财产品的创新之中。

第一方面,产品研发方面的策略分析。

商业银行发展结构化理财产品的首要方面在于研究与开发,这个过程很复杂,需要运用到金融工程的相关思想与技术。在具备必要的专业技术的基础上,商业银行在研发结构化理财产品的过程中,需要把握以下一些策略。

第一,基于投资者需求分析,设计多层次、差异化的理财产品。目前,中国本土商业银行设计的结构化理财产品品种过于单一,同时同质性极高,无法满足客户多样化的需求。在这种状况下,中国商业银行应当从投资者的理财需求出发,对理财产品进行细分,为不同的目标市场设计差异化的结构性理财产品。

在设计结构性理财产品的过程中,经常使用的一个理论是1986年由Modigliani、Brumberg和Ando三个人共同提出的著名的生命周期理论。该理论有许多假设,比如将人生分为三个阶段——少年、壮年和老年,将消费者整个生命的消费总量视为其终身收入。Modigliani(1986)[①]指出,人在少年时期与老年时期,因为没有共组能力,所以一般支出会大于收入,超出的部分由家人或个人储蓄所支持。人在壮年时期,工作能力最强,并且懂得为将来打算,所以其收入和储蓄都会相应增加。Modigliani 这个关于收入、消费和储蓄的生命周期理论明确指出在人生的不同阶段中,收入和支出是有差异的。

第二,利用恰当的金融衍生品对冲风险。在设计以及开发结构化理财产品的过程中,选择恰当的关联资产是基础,选择合适的投资策略更是关键所在,而投资策略的选择很大程度上就体现在衍生品合约的设计上。由于衍生品合约种类纷繁、内容复杂,设计出兼顾风险和收益的产品,很大程度上依赖于设计者的专业功底以及对市场的敏感程度。2008 年,由于受到国际金融危机以及经济增速放缓的巨大影响,许多中资商业银行被曝出存在理财产品零收益甚至负收益的事件,根据 Wind 数据库的相关资料,在收益率可获得的 28 310 款理财产品中,实际收益率大于预期收益率的理财产品仅为 186 款,市场占比仅为 0.28%。虽然在此过程中,一些外资商业银行的部分结构性理财产品也发生了亏损,但在《理财周报》"2008 年到期理财产品年化收益 TOP 30 榜"上面,单渣打银行一家便占了 9 款,而汇丰银行占据了 4 款。

渣打银行能"独善其身"的原因在于"障碍敲出期权"。实际上,"障碍敲出期权"是采用"提前终止"的策略来提高其产品流动性。一旦产品满足了某个条件,产品便会提前终止,这样投资者会拿到最高年化收益。虽然"障碍敲出期权"比普通期权价位上更加合理,但是因为它能在较短的时间内满足各种条件拿到回报,使投资者十分青睐其在流动性方面的巨大优势。拿渣打银行 QDSN08006E 举例来说,其产品与孟山都公司、ADM 公司、先正达公司三大环球公司的股票挂钩,设置的提前终止条件为"自第二个月度回报期起,篮子中所有股票在任一交易日的收盘水平不低于其初始水平的 90%"。这意味着,如果这几家股票的价格跌幅没有超过 10%,即满足该产品的提前终止条件。从这个角度来说,这一条件很有可能满

---

① Modigliani. F. Life Cycle, Individual Thrift, and the Wealth of Nations [J]. American Economic Review,1986,76(3).

足。其一,其设置的前提是任何一个交易日,没有限定指定日期;其二,"不低于初始水平的90%",这对于很多基本面良好的优质股票来说,很容易做到短时间内不跌破10%;其三,挂钩的股票仅有三只,这在很大程度上提高了满足条件的概率。

而汇丰银行的这4款产品都用了"亚式平均期权策略",这种恰当的期权策略与精准筛选标的资产的策略成就了这几款结构化理财产品在收益表现上的不错成绩。"亚式期权"又称为平均价格期权,它与标准期权的区别是:到期日确定期权收益的时候,并不是采用标的资产当时的市场价格,而是采用期权合同期内某段时间标的资产价格的平均值,而这段时间通常被称为平均期,因此该期权叫平均价格期权。

第三,支付条款尽量多样化,浮动参数尽量系列化。结构性理财产品的基础资产同支付条款有的时候存在错配的问题,针对这一现象,商业银行的产品设计人员便可以根据基础资产波动趋势的不同,搭配多种多样不同的支付条款,抛弃原有的"单边看涨、单边看跌"的模式,转而采取多种支付条款的组合,比如,依照基础资产的波动幅度来确定收益。举例来说,中国银行发行的澳元"金上加金"理财产品,就是由观察期内的国际黄金价格走势与其收益率直接挂钩的。2009年3月25日至9月22日为产品观察期,在此期间,当黄金的价格达到或者是超过了设定的观察水平的上下限——即期初价格的120%以及80%时,投资者便会获得0.36%的年化收益率;反之,若黄金价格始终在设定的上下限范围之内波动,则投资者获得的收益率便增加至7.5%。只有当期初价格和期末价格完全相同时,才可能会发生投资零收益的情况,但是由于国际黄金价格走势一般波动幅度较大,因此发生零收益的可能性极低。

第二方面,银行也可以从结构性理财产品的参数设置着手,设置一系列如浮动利率、浮动基准、浮动汇率和浮动参与率等的浮动参数,以此来规避特定参数深幅波动的风险,进而最大限度地获取理财收益。之前的大部分理财产品发行机构实现自己的主动性,基本都是靠设计提前赎回条款,而现在的多数理财产品的发行早已经不设置提前赎回的条款,转而通过调整参与率来实现自己的主动性。浮动参与率的具体表现形式是低参与率和区间参与率;单向以及双向浮动都是浮动利率以及浮动汇率的具体形式;一般来说,其比较基准是100%,但是对于未来产品来说,其比较基准可能是 105% 或者采用浮动基准,即基于某一参数变化而变化的浮动值。

10.2.3 产品案例——"广发金管家"多空杠杆集合资产管理计划

"广发金管家"多空杠杆集合资产管理计划(以下简称"广发金管家")是面向广发证券系统内客户开发的一款以沪深300指数为挂钩标的的新型结构化杠杆投资及风险管理工具型理财产品。

"广发金管家"在充分了解客户的情况下(掌握客户的基本情况、投资经历、财务状况、投资行为以及实际需求等内容),综合评价客户的风险承受能力,为其提供适配的服务与产品。充分了解客户的目的有两个,首先是通过细分客户和细分产品,将合适的产品配送给合适的客户,其次是在充分了解客户的基础上对中高级客户提供个性化的投资理财顾问服务(或财富管理顾问服务)(广发证券客户服务部,《金管家服务体系介绍》)。

"广发金管家"的投资目标主要是采用定量和定性相结合的方式,主动地根据市场变化改变资产在不同金融工具间的分配,积极投资于在经济增长模式转变中具有持续高速成长潜力的上市公司,并谋求资产的中长期稳定增值,同时通过分散投资降低风险,使集合计划收益率超越业绩比较基准,即沪深300指数×60% +中证全债指数×35% +1年期银行定期存款利率×5%。其主要特点有以下几点:

第一,提供多空杠杆投资工具。产品的子份额、净值表现分别与沪深300指数表现的多头和空头方向挂钩,并提供3倍杠杆比率(以当期生成日为基准日),为客户提供获取多空杠杆投资回报的机会。

第二,操作灵活性较高、成本较低,"T+0"转换,提高投资效率。产品子份额的生成和转换最低1000份即可申报,可以提高客户操作的灵活性;同时子份额的转换费用相对较低,且可日内进行实时"T+0"转换,成本较低、效率更高,适合系统内广大客户,尤其是中小投资者客户参与。

第三,结构分级,适合不同市场观点。产品内含母份额、看涨份额以及看跌份额三类份额,这三类份额适合三类不同市场方向判断的投资者;在无方向性市场观点时,投资者可持有母份额并获取稳健回报;在预期市场上涨时,投资者可持有看涨份额并且有机会获取杠杆收益回报；在预期市场下跌时，投资者可持有看跌份额并且有机会获取杠杆收益回报。

第四，多空自由选择，套期保值更趋灵活。产品的看涨份额和看跌份额分别为客户提供看多或看空沪深300指数的投资机会，也为持有不同权益类资产部位的客户提供较低门槛、较低成本的风险对冲及套期保值工具，有助于客户实现其投资避险的理财目标。

"广发金管家"产品的看涨份额和看跌份额具体可分为母份额和子份额，而每种份额又可以分为看涨份额A、看跌份额B。其中母份额看涨、看跌份额按同比例分配收益，每日分配，每月支付，投资者只能以母份额参与或者退出集合。

而通过以下几种机制，可以实现母子份额的转变：

折算机制：折算日为每月的第三个星期五，折算日子份额全部注销按净值转化为母份额。子份额到期折算为母份额数量（份）= 折算日子份额收盘单位资产净值 × 子份额数量/母份额单位资产净值。

生成机制：折算日下一个工作日为生成日，生成日可以由母份额生成子份额（看涨、看跌）。

转换机制：除生成日之外的其他日期，可以申请转换，转换方向为母→子，或子→母均可，收取0.03%的转换费。

净值计算：母份额 NAV = 1。

"广发金管家"资产配置方案的杠杆倍数为3倍，挂钩标的为沪深300指数。看涨份额 $NAV_A(T) = NAV(T) + 杠杆倍数 \times (T日挂钩标的收盘价 \div T日前（含T日）最近一个生成日挂钩标的收盘价 - 1)$。看跌份额 $NAV_B(T) = NAV(T) - 杠杆倍数 \times (T日挂钩标的收盘价 \div T日前（含T日）最近一个生成日挂钩标的收盘价 - 1) = 2NAV(T) - 1$。

投资者向券商在T日提出转换申报：

第一，母→子（看涨、看跌）、子（看涨、看跌）→母；第二，子份额的转换数量，转换比例（在有效区间之内）。

一是有效转换比例区间上限：子份额上一交易日收盘单位资产净值 × (1 + 10% × 控制杠杆倍数)/母份额单位资产净值；

二是有效转换比例区间下限:子份额上一交易日收盘单位资产净值×(1-10%×控制杠杆倍数)/母份额单位资产净值;

三是控制杠杆倍数为3,最小转换申报比例单位不低于0.001。

同时广发申报系统对委托人的转换申报,通过以下原则进行匹配:首先,转换比例相同、转换方向相反;其次,相同转换比例的申报按"时间优先"原则匹配;再次,匹配成功的两类转换申报,由广发申报系统进行确认。

在极端情况下,当看涨份额或看跌份额收盘后,单位资产净值低于0.15元时,将触发计划的止损线,管理人对全部子份额按当日收盘后的单位资产净值强制折算为母份额,且全部子份额将同时注销。

这一强制止损操作仅影响当月委托人持有的子份额。在下一生成日,委托人可继续按正常程序申报生成子份额。

管理人可调整子份额强制止损机制中的止损线,并及时公告。

本产品的投资范围主要是固定收益类资产:0—95%;现金类资产:5%—100%。而其相关费用则包括:

认购/申购费、退出费、管理费、业绩报酬:均无。

托管费:按前一日资产净值的0.05%年费率计提。

转换申报手续费:按每次转换数量折算为母份额数量的0.03%计提,并以扣减委托人持有母份额的方式支付。

"广发金管家"产品对资产进行母份额和子份额的分级配置,并且支持在两种份额之间转换,这类似于在该集合计划的投资者之间形成一个对赌协议。如果所有投资者都看空或看多,则本集合计划并不能起到规避风险的作用。

但"广发金管家"的杠杆比例只有3倍,首次参与最低金额10万元人民币,与股指期货默认的7倍的杠杆和50万元的起始资金相比,该集合计划实际上为不能进入股指期货交易的投资者提供了一个平台,尽管其对冲风险或转嫁风险的能力相对较弱,但其产品的创新之处仍值得商业银行在设计结构化理财产品时进行参考。

第 11 章　发展互联网金融

11.1　互联网金融概述

近年来,随着以互联网为代表的现代信息科技,特别是移动支付、社交网络、搜索引擎和云计算等技术的普及推广,人类社会的金融模式也受到了互联网的影响,出现了既不同于商业银行间接融资,也不同于资本市场直接融资的第三种金融融资模式,称为"互联网金融"模式。在这种模式下,支付更加方便快捷,市场的信息不对称程度更低;通过资金供应方和需求方的直接交易,能够实现和现在直接及间接融资一样的资源配置效率,并在促进经济增长的同时,大幅减少交易成本,从而使得市场参与者更为大众化,所引致出的巨大效益将更多地惠及普通百姓。

这种新金融模式的出现意味着巨大的机遇和挑战。对政府而言,互联网金融模式可以用来解决中小企业融资问题和促进民间金融的阳光化、规范化,更可被用来提高金融包容水平(Financial Inclusiveness),促进经济发展,但它同时也带来了一系列监管挑战。对业界而言,互联网金融模式会产生巨大的商业机会,但也会促成竞争格局的大变革。对学术界而言,支付革命会冲击现有的货币理论,在互联网金融模式下大量全新课题将产生于信贷市场和证券市场。

从中国互联网发展历程来看,其发展规模和速度呈现超常规发展态势,自1995年中国上网规模的8 000户,到2012年7月19日中国互联网络信息中心(CNNIC)第30次报告所公布的客户数量5.38亿。从网络流量来看,即时通信使用率截至2012年6月底提升至82.8%,用户数达4.45亿;从现金流量看,在2012年上半年,网上银行用户规模的增速达14.8%,网上支付用户规模的增速达12.3%,截至2012年6月底,两种用户规模分别为1.91亿和1.87亿,相较于2011年年底用户的增量都超过了2 000万;从网络流量转换为现金流量的电子商务市场看,网络购物用户规模截至2012年6月底达到2.1亿,其使用率增长到39%,相较于2011年年底用户量提高了8.2%。一方面,随着网络用户增长速度的放缓,价格战成为电商企业之间的主导客户竞争;另一方面,移动电商以及购物社交化呈现迅猛的增长趋势。在2014年"双十一"电商购物狂欢节,淘宝网的销售创造了单日交易额超600亿元的成绩。第三方支付平台、网络信贷、众筹平台、P2P融资平台、虚拟货币如雨后春笋一般涌现。

在这样的大背景下,互联网金融的兴起与其说是金融领域的又一次创新,不如说是时代造就了以互联网为代表的高新技术与金融的又一次影响深远的革命。

11.1.1 互联网金融的定义

狭义上说,互联网金融特指传统的互联网企业本着"客户优先,用户体验至上"的思维模式为普通用户提供的,相较于传统金融机构更便捷、高效的金融服务。而传统金融机构所提供的线上服务,更多地被定义为"金融互联网"。

在金融互联网时代,金融产品只是放在网上宣传、推广或出售,互联网的角色只是渠道或者流量来源,通常金融互联网被认为是传统的金融服务的延长;然而,互联网金融是使互联网以及传统行业金融双向渗透融合,用互联网的渗透力去打破金融领域信息不对称、交易效率不高、小微用户融资难的属性,让金融面向普通大众用户。

因此,随着技术革新和二者概念的充分融合,互联网金融有了一个更为广义的概念,即互联网金融不是互联网和金融的简单加总,也不是传统金融业务的简单"上网",而是强调依托网络、移动通信、云计算等新技术和移动支付、社交网络、多对多交易等新模式,突破传统金融概念和货币创造模式,提供低成本支付、结算、投资、融资等金融服务,为实体经济商业模式的创新提供支撑,对全球金融模式产生了根本影响的新金融模式。

11.1.2 互联网金融的特征

第一,金融资源有可获得性强的特点。在当前经营模式下,对于小微企业和部分个人客户的业务要求传统商业银行的无法高效应对,导致对某一些客户的金融排斥。Chan(2004)①对于金融排斥给出的定义：在金融体系中，人们缺少分享金融服务的一种状态，其中包括社会中弱势群体缺少途径或方式接近金融机构，以及在利用金融产品或金融服务方面存在困难和障碍。在互联网金融模式下，客户能够在互联网上寻找需要的金融资源来突破地域限制，从而缓解金融排斥，提高社会福利的水平。

第二，交易信息有相对对称的特点。在传统融资模式下，金融机构获得投资企业，尤其是小微型企业的信息需要较高成本，收益与成本不能匹配。通过社交网络生成和传播信息，互联网金融使得任何个人和企业的信息都会与其他主体相互联系。通过互联网搜集信息，交易双方能较全面地了解一个个人或企业的财力和信用状况，减少信息不对称。当贷款对象违约时，互联网金融企业能够通过公开违约和减少评级信息等办法来增加违约成本。

第三，资源配置有去中介化的特点。在传统的融资模式下的资金供求双方，信息常常出现不匹配的状况。在资金需求方无法及时得到资金支持的同时，资金供给方也不能找到好的投资项目。互联网金融模式下，资金供求双方不再需要银行或交易所等中介机构撮合，可以通过网络平台自行完成信息甄别、匹配、定价和交易，去中介化作用明显。

11.1.3 互联网金融的功能

第一，平台功能。客户可通过互联网金融企业的网络金融平台，自行选择适合的金融产品，客户不再需要奔波和等待，只要动动手指，就可以开展支付、贷款、投资等金融活动，既方便又快捷。

第二，融资功能。互联网金融本质上是直接融资的方式。在互联网金融模式下，可以快捷地查阅交易对手交易的记录；找到匹配的风险管理工具以及风险分散工具；通过信息技术作数据分析，从而掌握对手的全面信息，提高融资效率。"自金融"的概念随着互联网金融模式的兴起应运而生。

第三，支付功能。在互联网金融模式下，客户和商家之间的支付交易由第三方

---

① Chan S. Financial Exclusion in Australia[C]. The Third Australian Society of Heterodox Economists Conference, University of New South Wales, 2004.

来完成,这种方式快捷、方便,成本低。第三方支付对传统支付平台、商业银行的地位产生威胁。目前为止,约 200 家第三方支付企业获得了中国人民银行颁发的支付业务的许可证。2012 年,中国第三方互联网在线支付市场的交易规模达到 3.8 万亿元。

第四,信息的搜集及处理。传统金融模式下,由于信息资源的分散庞杂,数据难以有效地进行处理应用。然而互联网金融模式使人们可以用"云计算"原理,将不对称和金字塔形的信息扁平化,从而实现数据标准化、结构化,来提高数据的使用效率。

11.1.4 互联网金融的五类模式

针对上文提出的互联网金融的四大功能并综合互联网金融的发展现状,我们总结出了互联网金融的五类模式,分别为支付结算、网络融资、虚拟货币、渠道业务和周边产业。

第一,支付结算。主要指第三方支付,是独立于商户、银行和消费者提供的支付结算服务。该模式正处于正规运作期,表现为:社会预期回归理性;监管深入;行业创新能力受限;寡头企业出现;行业交易规模稳步提升。寡头企业全面发展,其余领先企业向细分领域逐步专业化。积极向周边产业辐射,建立跨行业的商业生态。

第二,网络融资。主要包含三个方面:P2P 贷款、众筹融资、电商小贷。

P2P 贷款专指投资人通过有资质的中介机构,将资金贷给其他有借款需求的人,是国内互联网金融领域除支付结算业务外开展得较早的业务模式。该模式正处于行业整合期,即将进入泡沫化低谷,表现为:恶性事件爆发;从业者规模增速放缓;社会预期趋于理性。同时,优质企业组成行业联盟;积极收购同业优质资产。

众筹融资指搭建网络平台,由项目发起人发布需求,向网友募集项目资金的融资模式。现在正处于发展的萌芽期,表现为:从业者稀少;用户规模小;社会预期低但弹性大。

电商小贷是利用平台积累的企业数据,完成小额贷款需求的信用审核并放贷的业务模式。该模式正处于期望膨胀期,表现为:从业者增多;用户规模增大;社会预期提高;监管初步介入。通常来讲,在这一阶段,建立科学、公平、开放的运营体系,积极与政府合作是企业最佳的应对方式。

第三,虚拟货币。主要指以比特币为代表的非实体货币,以提供多种选择和拓展概念为主。该模式正处于期望膨胀期,即将进入行业整合期。最近随着众多国家对比特币合法化,比特币的接受程度随之提高,对应的就是其汇率的大幅上扬。

第四,渠道业务。主要指金融网销,即基金、券商等金融或理财产品的网络销售。

第五,周边产业。主要指金融搜索、理财计算工具、金融咨询、法务援助等。

互联网金融主要模式在中国所处的不同时期如图 11-1 所示。

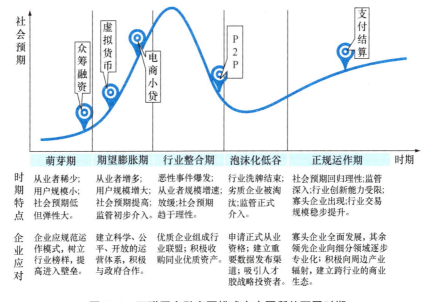

图 11-1　互联网金融主要模式在中国所处不同时期

资料来源:艾瑞咨询。

11.2 互联网金融发展环境分析

11.2.1 国内外互联网金融投融资环境分析

2013年全球经济复苏迟缓,新兴经济体的增速引擎也在冷却,这带来市场信心低落、债务风险、融资瓶颈、经济转型压力等诸多问题。金融业是这场风暴的中心,经济一体化更加速了危机的蔓延。但在危机背后,可以清晰地看到金融领域的变革从未停止,科技创新与金融服务创新正在合并为一股新势力,就像春笋拱破曾经背负的腐土,蓬勃生长。传统银行、证券、基金、保险、理财等,没有哪一个行业不在经受着这场变革,而且比2012年来得更猛烈、更深刻、更全面。

根据资本实验室的统计数据,2013年上半年,全球金融服务行业投资事件125起,披露交易额超过23亿美元,平均交易额约1 850万美元。与2012年同期相比,交易数量增长近4倍,交易额增长近9倍,平均交易额增长85%;与2012年全年相比,交易数量增长近1倍,交易额增长近2倍,平均交易额增长32%。从图11-2中可以看出,2013年金融行业仍然是创业投资的热点领域,创投活跃度继续大幅提升。

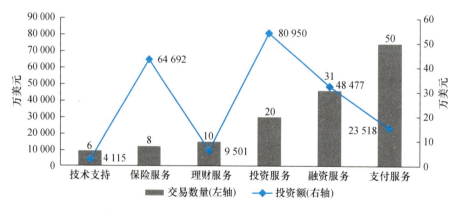

图11-2 2013年上半年金融行业创业投资统计数据

按投资案例的区域划分,美国市场共发生投资交易82起,占总交易数量的66%;披露交易额15.75亿美元,占交易总额的68%。其余交易分别来自:欧洲地区交易29起,交易额1.55亿美元;亚洲地区交易12起,交易额5.8亿美元;北美其他地区交易2起,交易额200万美元。2013年上半年金融行业创业投资区域分布如图11-3所示。

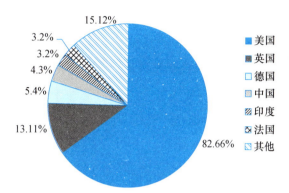

图11-3　2013年上半年金融行业创业投资区域分布

从受资企业所处的细分领域来看,支付服务企业共50家,占所有受资企业的40%;获投金额约2.35亿美元,占总投资额的10%。由此可见,支付服务仍是金融行业创业投资最具活力的主阵地。但同时可以看到,与2012年全年相比,该领域交易数量虽然有所增加(增长率85%),但投资额下降约50%,平均投资额也由上年的2 053万美元下降到470万美元。这说明在支付领域继续保持投资活力的同时,投资风格较去年更趋理性。

融资服务领域交易数量在行业中排名第二,共31家企业获得投资,投资额约4.85亿美元;交易数量排名第三的是投资服务领域,共20家企业获投,交易金额在行业中排名第一,约8.1亿美元;理财服务领域10家企业获投9 501万美元,保险服务领域8家企业获投6.47亿美元,技术服务领域6家企业获投4 115万美元。

与2012年相比,技术服务、保险服务领域创投案例实现了零的突破。这种非常明显的增长验证了一个新的趋势:大数据、电子银行、金融信息等新兴技术正紧密跟随金融行业的变革,实现更好的发展;传统金融机构同样在倡导新技术、开辟新领域、创建新平台,并通过自我变革获得资本青睐。

研究互联网金融领域中的数据,我们得到了如下信息。

第一方面,支付服务。与2012年相比,支付服务依旧保持着获投企业数量最多的地位。但与此同时,其对资金的吸引量正大幅下降。原因可能在于:首先,新型支付服务采用的技术手段、流程、标准不一,在获得用户认可、与现有支付体系融合方面尚需时日;其次,该领域更多的进入者摊薄了投资交易额;再次,距离前几轮投资太近,而新的热点又显不足。和传统金融机构的强势回归、创新与自我革命相比,2012年那些不遗余力地催生新技术、新模式的支付企业似乎平静了很多。相信它们并没有遇到瓶颈,而是在回归理性,走得更稳。

一是支付技术——"老家伙"拥抱新公司。在移动互联网时代,新型支付技术顺风顺水、精彩纷呈,博得了大量资本的关注与青睐。其爆发式的发展带动了技术创新与模式创新,通过其架构的新型产业链一度试图绕过传统银行支付手段的底层,有"不破不立、破而后立"的势头。

同时,传统金融机构也正在向新型支付服务企业靠拢。例如,Visa、American Express这些老牌支付企业就将投资的目标锁定在移动支付和移动银行服务商身上。

Visa自2012年就开始向移动支付解决方案和移动银行技术提供商Monitise提供投资,并将继续投资1560万欧元,还获得了追加投资的选择权。通过整合Monitise的移动支付技术,Visa致力于向欧洲用户提供更好的支付体验。而上述行动的出发点在于:Visa相信,到2020年,欧洲将有超过一半的支付通过移动设备完成。

American Express则在2012年上半年同时为两家欧洲移动支付服务公司SumUp和iZettle提供了资金,额度均超过数百万欧元。至此,传统支付服务企业凭借资本优势和渠道优势,向小公司发动攻势,扶持它们在创新行动中有所作为。这种"霸道"的行为或许正是"老家伙"们更快地拥抱新技术的可行方式。

二是转账与汇款服务——碰撞中的共同进化。除了移动支付服务,自建信用卡体系、国际汇款转账业务同样也在快速发展。其中,移动支付公司Remitly(美菲转账)、英国网络汇款服务公司TransferWise(P2P汇款服务)、资金转账服务商Azimo(全球资金转账服务)、美国汇款公司Pangea Payments(多渠道财务转账服务)、瑞典的iZettle(小商家信用卡支付)都是汇款与转账领域的典型参与者。值得一提的是,来自英国的GoCardless(新型信用支付平台)为消费者提供绕过信用卡体系,实现包括分期付款在内的信用服务,新近获得330万美元融资。

可以肯定的是,支付领域中新老势力的碰撞仍将继续。但到目前为止,不论碰撞有多剧烈,仍不足以产生旧有支付方式或体系被击碎和彻底废弃的案例。老巨人们的影子不但没有退去,反而影射进新的领域。"共同进化"可能正是该阶段新老企业的必经之路。

三是虚拟货币。2012年以来,支付服务已经成为金融行业创新的重镇,而虚拟货币是其中格外耀眼的一个分支。2013上半年,比特币及其他虚拟货币创业企业8家涉及投资案例10起,投资额超过1 740万美元。可以说,虚拟货币创业企业的价值正在得到资本的持续关注,并在2013年上半年实现了一次集体展示和爆发。目前,虚拟货币的竞争目标已经对准了传统支付领域中的"大家伙",并且把商业触角伸向了亚马逊以及其他众多中小商家。虚拟货币除了与传统支付手段和技术的碰撞外,还正在与现有金融体系、法律框架发生着激烈的摩擦。可以说,虚拟货币企业的投融资双方都怀有一颗勇敢的心。

第二方面,融资服务。本领域2013年上半年共有31家企业获得总额约4.85亿美元的投资。其中,众筹平台8家,P2P借贷平台4家。新能源融资服务2家。这三个领域投资交易数量占融资服务总量的60%,涉及投资额共计2.5亿美元,占融资服务领域投资额的51.6%。由数据可见,虽然国内关于众筹、P2P借贷的争议、问题不断,但在国外,这两个领域正在向更多地区、以更快的速度发展壮大。

一是众筹与P2P贷款——团结更广大的力量。各种新势力对传统银行业的挑战同样在向融资服务领域快速蔓延。它们依靠技术和业务创新,正建立起众筹、P2P借贷等新的融资渠道与平台,团结更广大的力量,为更广大的用户服务,抛弃或改变了从银行获得贷款的旧模式。Crowdtilt、CircleUp、Crowdcube、SoMoLend这样的众筹平台,以及诸如Lending Club、Prosper、Auxmoney、Kreditech等在线借贷平台,通过更便捷、更智能的服务,降低了传统银行借贷业务的复杂性和成本付出,让小微和弱势个体能够更快享受到较低利率的贷款,并切实让更多投资人/贷款人获得投资回报。

二是大数据——让融资服务更聪明。可以明确的是,在线贷款领域的发展在很大程度上得益于大数据技术的支持。例如,数据驱动型贷款机构Kabbage、消费者线上贷款公司AvantCredit等都是利用大数据在金融领域积极创新,让贷款更快捷、更智能,成本更低。这两家公司在2013年上半年分别获得了7 500万美元和3 400万美元的融资。与传统银行贷款服务相比,上述平台的颠覆性在于:通过与大数据的深度结合,对传统征信和放贷体系带来不可忽视的冲击。

金融行业大数据的利用正在吸引更多互联网巨头的关注。例如,Google 在 2013 年上半年金融行业的投资榜单上就显得异常活跃,由其主导或直接参与的投资共有 5 项,其中有 4 项落在融资服务领域。和 Google 数据顽童身份最贴近的投资是为 On Deck(依托大数据的贷款服务)提供的 1 700 万美元资金。

2013 年上半年还值得一提的是:更多风险资本和企业开始在大数据创业领域投入重金。例如,Accel 将建立大数据投资基金 Big Data Fund 2,与其于 2011 年建立的第一期大数据投资基金同为 1 亿美元;同期,彭博社宣布将成立一只 7 500 万美元的风投基金 Bloomberg Beta,为大数据及人机交互类创业公司提供支持。

第三方面,理财服务。在 2013 年上半年,理财服务行业共有 10 家企业获得投资,涉及金额 9 500 万美元。其中,8 家企业来自美国,另外 2 家来自英法两国。受投企业主营业务以在线、移动个人财富管理和理财服务为主。

在理财服务中,受资额最高的三家企业是:Credit Karma 关注消费者自我信用评价和信用维护,管理自我信用和财务状况,获投 3 000 万美元;Personal Capital 提供基于移动终端的、管理大学生群体闲散和凌乱资金的服务,获投 2 500 万美元;Wealthfront 致力于为高科技专业人士提供低收费的网上金融顾问服务,获投 2 000 万美元。

第四方面,保险服务。除支付、投/融资、理财等金融服务外,2013 年上半年保险行业中共有 8 家企业获投。这在 2012 年的金融行业数据中是一块空白。这在一定程度上说明,新兴企业正在切入除银行、证券等领域之外的保险行业。而保险行业在创新动力的驱使下,自我调整力度也越来越大,并开辟出新的市场和商业模式。

2013 年上半年获投的 8 家保险服务企业,总融资额超过 6.47 亿美元。其中,在线保险比价平台 Insurance Zebra 获种子轮融资;同样经营在线保险及理财比价服务的 Comparafinanza 获 460 万英镑投资;在 PC 端及移动端同时布局的 Cover-Hound 致力于为消费者提供保险对比与购买服务,获 450 万美元 A 轮融资;Consumer United 为用户提供在线保险团购服务,获 5 250 万美元股权与债务融资。

纵观 2013 年上半年金融领域动态,我们能够发现:无论国内还是国外,传统金融机构已经开始反击。它们一方面在自我创新、抢滩登陆,夺取被新势力挤压的资源和空间;另一方面对新势力企业进行出手阔绰的投资,从封闭和垄断转变为创新金融的推手和利益分享者。互联网金融行业的进步就在这样的过程中悄然完成。

11.2.2 互联网金融发展的历史机遇

第一,宏观趋势。中国经济经历三十多年的发展,金融市场从效率较为低下的初级阶段,向高效而活跃的新时代过渡。这使得金融模式的创新成为发展的必然趋势。2006—2012 年中国社会融资结构变迁情况如图 11-4 所示。

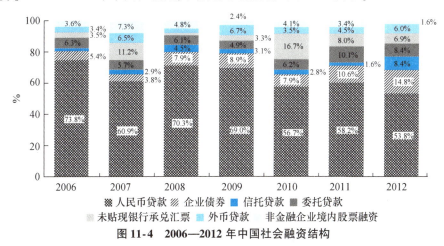

图 11-4 2006—2012 年中国社会融资结构

第二,自身进步。2003 年,泡沫破裂后的互联网行业重新爆发出新的活力,整体产业呈现出强劲的增长态势。随着金融与互联网交叉渗透的深入,互联网的经济模式已经孕育出很多具有强大竞争力的创新金融模式。

第三,用户需求。目前,随着中小微型企业及创业者的资金需求逐步提高,传统银行体系并不能完全予以满足,这给创新型的金融手段提供了历史性的发展机遇。

互联网金融的重要意义在于:当通过金融市场融资的项目成功率超过银行融资时,金融市场的活跃不仅有助于自身效率的改善,而且将通过与银行部门的互补性竞争,促进金融市场和银行部门双方效率的共同提升,从而大大提高金融体系的整体效率。因此,互联网创新金融模式的增多,不仅是多种融资方式的简单替代,而是促进金融市场向成熟高效演变的重要助力。

11.3 互联网金融行业发展优势

11.3.1 大数据应用状况分析

下面从大数据概览、大数据在金融行业中应用重点、数据挖掘与互联网金融风险控制三方面探讨大数据的应用状况。本部分内容参考了《大数据行业应用展望报告》的相关观点。

第一方面,大数据概览。[①]

第一,大数据的特点:Volume、Variety、Velocity。大数据满足以下三个条件(见图11-5):首先数据体量巨大。根据 IDC 的研究数据显示,2011 年全世界的信息量是 1.8 万亿 GB,相当于每个美国人在 Twitter 上每分钟发布三条推文整整 26 976 年,预计到 2015 年全世界将会有 8 万亿 GB 的信息量。其次数据类型繁多。除了包括以往便于存储的以文本为主的结构化数据,也包括网络日志、音频、视频、图片、地理位置信息等大量的非结构化数据。据 Gartner 预计,全球信息量中的 85% 由各种非结构化数据组成。再次处理速度快。大数据的 3V 构成还导致其数据价值高但价值密度低的特点,也被称为大数据特点的第 4 个 V,即数据价值 Value。

一是 Volume:全球数据增长趋势。随着数字化信息的发展,人类产生和储存的数据量呈现爆发式增长,全球总存储数据的量级已突破艾字节(EB)甚至泽字节(ZB)(1ZB=1 024EB,1EB=1 024PB,1PB= 1 024TB)。

2000 年,数字存储信息只占全球数据量的 25%,75% 的信息存储在报纸、书籍、胶片、磁带等媒介上。到 2007 年,人类共存储超过 300EB 的数据,其中数字数据占到 93%。预计到 2013 年,全球总存储数据量将达到 1.2ZB,其中数字数据占比将超过 98%。数字数据的存储量维持每三年增长一倍的高速增长。信息数据化程度的大幅提升推动了数据的商业价值显现。

2010 年,北美地区数据储存量超过 3 500PB,欧洲地区数据储存量超过 2 000PB,中国数据储存量超过 250PB(见图 11-6)。

[①] 本部分内容参考了《大数据行业应用展望报告》的相关观点。

图 11-5　大数据满足的三个条件

图 11-6　各地区数据存储量

二是 Variety：数据类型繁多。随着物联网的发展，人类产生和储存的数据类型越来越多样化，包括人与人之间产生的数据如社交网络、即时通信等信息，人与机器之间产生的数据如电子商务、网络浏览等信息，以及机器与机器间产生的数据如 GPS、监控摄像等（见图 11-7）。

图 11-7　数据类型繁多

三是 Velocity：每分钟都有大量数据产生（见图 11-8）。

图 11-8　每分钟都有大量数据产生

第二,大数据改变数据分析思维(见图11-9)。过去,由于数据获取的困难程度,人们在分析数据时倾向于使用抽样数据,并通过不断改进抽样方法来提升样本的精确性,从而对整体数据进行推算,并竭力挖掘数据间的因果关系。但当前数据处理思维方式正逐步向全体性、混沌性以及相关性演变,以适应数据量的爆发式增长。

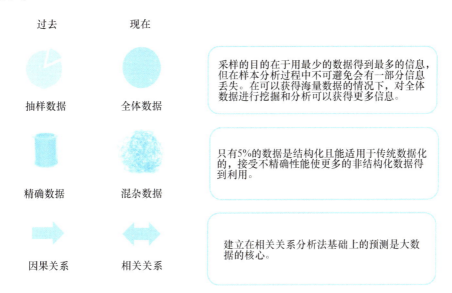

图11-9 大量数据的转变

第三,大数据的具体应用方向(见图11-10)。大数据在越来越多的领域中逐渐得到广泛的应用。通过对大数据的储存、挖掘与分析,大数据在营销、企业管理、数据标准化与情报分析等领域大有作为,从实力雄厚的传统IT企业及互联网公司到基于hadoop平台的初创公司纷纷进入大数据领域中掘金。

第二方面,大数据在金融行业应用重点。

第一,客户洞察力:开发、服务、营销。在客户洞察方面,金融企业可以通过对行业客户相关的海量服务信息流数据进行捕捉及分析,来提高服务质量,同时可利用各种服务交付渠道的海量客户数据,开发新的预测分析模型,实现对客户消费行为模式的分析,使客户转化率提高。

IBM预测分析软件大中华区销售经理刘海亮指出:"金融行业应用大数据的主要目的是通过更深层次地理解客户习惯来更好地提升用户体验。因为数字化的关

图 11-10　大数据的具体应用方向

系模式,使得客户对服务形式以及结果产生的期待更多。另外,高度集成化的数字使更完整地理解客户习惯变得更加可能。"从 IBM 调查数据可以看出,金融企业的首要运作目标是以客户为中心,该目标占据整体战略计划的 50%。

目前的中国金融业中同质竞争很严重,建立在庞大人口基数上的海量客户数据更应该得到有效利用,加大客户转化率。比如,已经通过 Greenplum 数据仓库解决方案实现了秒级营销的中信银行的信用卡中心,通过利用统一的客户视图,结合实时和历史数据进行全局分析,从而使营销活动配置的平均时间从两周缩短到 2 至 3 天。中国国内金融行业的大数据应用已经开始起步,银河证券信息中心的技术总监唐沛来先生认为:"目前公司已经利用结构化数据为客户提供服务,如根据客户的买卖信息来分析客户的投资偏好,是激进型、保守型还是平衡型等。"兴业银行北京分行的 IT 经理黄晟认为:"兴业银行目前已经通过对还款数据的比较分析区分优质客户,如每月还款 2 000 元以上和 5 000 元以上的客户是不同类别,对此采取的服务方式和提供的产品也会不同。"以上内容是对数据的初步分析,还可以通过不同角度的筛选分析来实现大数据的进一步应用,支持企业的业务运作。例如,兴业证券通过营利率数据分析来对客户进行分类,从而分析出某些客户是适合进行开发还是适合进行营销,市场团队可以依据这些成果去开发客户,提高了至少

30%的成功率。

通过大数据技术来扩展现有的客户视图,合并外部和内部的信息源,将数据变为实际的洞察力。从前,需要客户经理一对一地和客户进行沟通,并需要以自身的经验和知识水平提供反馈。然而,在大数据时代,通过数据主动掌控进行客户经营,这样不仅降低了成本,而且能覆盖到更加广泛的用户群,为用户提供更全面、贴心的金融服务。

第二,市场洞察力:策略、模式和产品。大数据在市场洞察方面可以帮助金融企业分析历史数据,寻找其中的金融创新机会。

在金融投资分析的领域,大数据超越了传统的金融分析师,能够对全部数据进行整合分析,使用低成本建立针对各个市场、面向不同用户的交易策略。全球最大的对冲基金 Bridge Water 搜集了近百年的金融数据建立交易模型,在其管理的资产中99%的交易由电脑决策做出。在2010年,国内量化交易已经在期货市场开始有小规模尝试。期货行业协会信息部主任刘铁斌表示:"利用大数据在证券市场进行量化交易的应用非常广泛,期货品种的丰富也为量化交易提供了更多的策略选择,以大数据分析为基础的跨市场交易、跨品种交易、跨期交易等都值得尝试。"

互联网金融的兴起彰显了大数据的策略优势,提出了金融模式的发展新思路。以阿里集团为代表的互联网企业以客户资源和信息数据库为基础,用数据挖掘技术产生的金融创新模式正在冲击着银行传统的运营模式。在海南博鳌论坛上经济学家巴曙松提出:"金融企业借道IT公司,可通过大数据及时采集信息、行为数据,能够利用比较低的成本,获得数据应对策略。"阿里集团进入金融行业的优势在于数据。阿里巴巴的年交易额超过万亿元,用户从搜索到浏览、支付,每一个节点都将产生大量的数据。

互联网公司在利用数据向金融业渗透,与此同时,金融企业也在主动寻求互联网公司的数据支持,平安集团与百度合作,利用大数据研究消费者在互联网上的行为习惯,来进行产品创新。平安渠道咨询公司总经理助理徐汉华认为:"未来平安和百度的合作,将涵盖保险、银行、投资等全产品线。"

第三,运营洞察力:治理、监管和风控(见图11-11)。在运营方面,大数据可协助企业提高风险透明度,加强风险的可审性和管理力度。同时也能帮助金融服务企业掌握业务数据的价值,降低业务成本并发掘新的套利机会。

图 11-11　大数据的运营洞察

第三方面,数据挖掘与互联网金融风险控制:阿里模式。

互联网金融发展的关键是风险控制(见图 11-12),"风险控制"已然成为决定诸多互联网金融企业能否长大的魔咒,这个不争的事实像一座大山摆在众多互联网金融领导者与创业者的面前。为什么阿里金融能够将它的网络小贷不良率控制在不到 1%？这是因为阿里金融所运用的区别于传统金融的风控技术。

利用电商大数据进行风控,阿里金融对于大数据的谋划非一日之功。在很多行业人士还在云里雾里的时候,阿里已经建立了相对完善的大数据挖掘系统。通过电商平台阿里巴巴、淘宝、天猫、支付宝等积累的大量交易支付数据作为最基本的数据基础,卖家自己提供的销售数据、银行流水、水电缴纳甚至结婚证等情况作为辅助,阿里很早就开发出了自己的风控标准。加之 2013 年以 5.86 亿美元购入新浪微博 18%的股份获得社交大数据,阿里完善了大数据类型,达到了社会化数据挖掘的条件。在所有信息汇总后,将数值输入网络行为评分模型,进行信用评级,形成独有的风控模型。

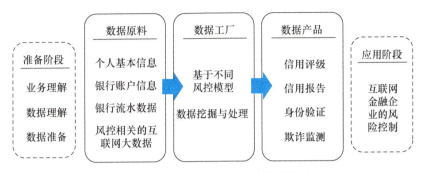

图 11-12　互联网金融企业的风险控制

11.3.2　搜索引擎应用状况分析

搜索引擎作为除电商数据外又一个理解用户意图的入口,在互联网金融时代,依然发挥着无可替代的作用。通过搜索引擎获取用户意图然后提供精准和个性化的金融服务、销售金融产品是众多互联网金融公司所期望的营销手段。

因此,搜索引擎在互联网金融时代并没有因为金融概念的兴起而走向没落,相反,因为掌握着用户意图的关键大数据并有着影响用户选择的能力,未来搜索引擎的提供商会成为金融渠道业务的一个主要入口。

根据艾瑞咨询发布的数据:2012 年全年百度营收 223 亿元(见图 11-13),占搜索引擎企业年度总营收的 79.5%,继续占据行业领先地位,优势明显。谷歌中国虽流量份额收缩,但由于其联盟广告及"出口易"广告业务的支撑,仍以 15.8% 的收入份额位居第二。搜狗营收 8.3 亿元,占比 2.9%,搜搜以 4.1 亿元营收占比 1.5%,分别位居第三、第四位。

在需求方面,搜索引擎 PC 端用户数量稳定增长:2012 年中国 PC 端搜索引擎月度覆盖人数呈现稳定增长态势(见图 11-14),环比波动较小,同比增长维持在 9%—14% 区间。至 2012 年 12 月,中国 PC 端搜索服务月度覆盖人数为 4.54 亿。

综上可见,搜索引擎未来趋势依然会表现得较为稳定。已经在互联网金融领域有所建树的百度继续保持行业领先地位,进而对自有金融平台进行高份额、高质量的流量导入有着十分重要的意义。如果百度公司能将自身的金融平台与搜索引

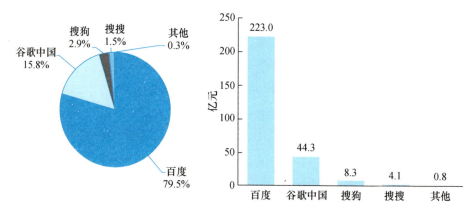

图 11-13　2012 年中国搜索引擎企业营收份额及收入规模

图 11-14　2012 年中国 PC 端搜索服务月度覆盖人数趋势

擎打通，实现用户搜索的快速切换，在金融渠道这一重要互联网金融分支的萌芽期培养建立起良好的用户习惯，在未来这必将成为其金融业务的增长点和爆发点。

11.3.3　移动互联网应用状况分析

下面从移动互联网发展情况、智能终端普及情况、技术发展推动支付终端向移动端转移三方面探讨移动互联网的应用状况。

艾瑞数据显示,2012年移动互联网经济规模达976.2亿元(见图11-15),同比增长148.3%,增速远远超过桌面互联网经济,且两者规模之间的差距正在不断缩小。

图11-15　2006—2015年中国桌面和移动互联网经济规模

注:中国移动互联网市场规模包括移动增值、移动电子商务、移动营销、移动搜索、移动游戏等细分领域市场规模总和。其中,移动电子商务统计的市场规模为交易规模。从2011年四季度开始,移动互联网市场规模包括手机和平板电脑两类移动设备上创造的市场规模总和。

随着中国移动互联网发展环境的不断改善,移动互联网产品逐渐形成合适的盈利模式,移动互联网经济规模将会迎来急剧增长。

艾瑞数据显示,2012年中国智能手机保有量达3.2亿台(见图11-16),同比增长88.2%,渗透率达28.7%,预计2016年中国智能手机渗透率将超过50%。

图11-16　2010—2016年中国智能手机市场保有量规模

艾瑞咨询认为,移动终端的快速发展为移动支付提供了可视化的、便捷的操作界面与客户端,并且大大降低了成本。随着智能终端设备的快速发展和普及,各种新兴的移动支付模式开始向全球范围内延伸。

移动网络的发展为移动支付提供了全球无缝的网络接入链接,为移动互联网以及移动电子商务的发展提供了技术基础,移动互联网基础设施的完善使得用户使用成本大幅降低;随着技术的不断进步和用户对信息服务需求的不断提高,越来越多的传统互联网用户开始使用移动互联网服务,加速移动支付普及。图11-17显示了技术发展推动支付终端向移动端转移的趋势。

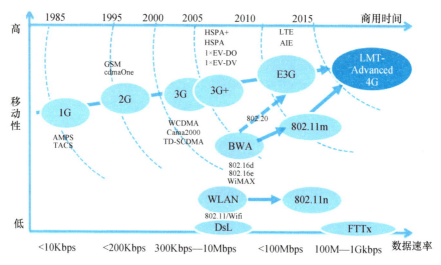

图11-17 技术发展推动支付终端向移动端转移

11.4 互联网金融模式研究

11.4.1 概述

2013年是互联网金融蓬勃发展的一年,被外界称作互联网金融元年。2012年,金融界才刚刚把"互联网金融模式"作为一个前沿命题来研究,可在短短一年时间里,以阿里巴巴的"余额宝"为代表的互联网金融产品就已经席卷了整个金融市场。

巨大的市场号召力已经吸引各方力量云集互联网金融市场。所谓的互联网金融,是指依托于云计算、大数据、电商平台和搜索引擎等互联网工具而产生的一种新兴金融模式,具有融资、支付和交易中介等功能。互联网金融的逐渐兴起,是对传统金融行业的有益补充和延伸,有助于解决中小企业融资难问题,促进民间融资阳光化、规范化,更好地支持实体经济发展。

尽管互联网金融产品登陆中国市场的时间不长,但其发展却极为迅速。当前,市场上的互联网金融主要有以下五类模式:支付结算、渠道业务、网络融资、虚拟货币以及其他业务形式(见表11-1)。

表11-1 互联网金融的主要模式

	包含内容	行业特点	所处时期	创新能力
支付结算	第三方支付	独立于商户和银行为商户和消费者提供的支付结算服务	正规运作期	※
网络融资	P2P贷款	投资人通过有资质的中介机构或网络平台,将资金贷给其他有需求的人	行业整合期	※※
	众筹融资	搭建网络平台,由项目发起人发布需求,向网友募集项目资金	萌芽期	※※
	电商小贷	利用平台积累的企业数据,完成小额贷款要求的信用审核并放贷	期望膨胀期	※※※
渠道业务	金融网销	基金、券商等金融或理财产品的网络销售	期望膨胀期	※※
虚拟货币	虚拟货币	以比特币为代表的非实体货币,以提供多种选择和拓展概念为主	期望膨胀期	※
其他业务	周边产业	金融搜索、理财计算工具、金融咨询等		

资料来源:艾瑞咨询。

11.4.2 第三方支付

下面探讨一下第三方支付的定义、市场概况以及细分市场分析。

近年来,随着电子商务在中国国内的快速发展,为其提供支付结算方式的第三方支付的发展也较快。第三方支付就是一些与产品所在国家,与国外各大银行签约并具备一定实力信誉保障的第三方独立机构所提供的交易支持平台。

在电子商务中,第三方是在缺乏信用保障或法律支持的情况下买卖双方的资金支付"中间平台",买方将货款付给买卖双方之外的第三方,第三方提供安全交易服务,它的运作实质上是在收款人与付款人之间设立中间过渡账户,使汇转款项实现可控性停顿,双方意见达成一致时才能决定资金去向。第三方并不承担什么风险,因为它担当中介保管及监督的职能,所以这是一种支付托管行为,是通过支付托管实现支付保证。

下面我们从以下几个方面来探讨一下第三方支付的市场概况。

第一,政策环境。2012年中国第三方支付行业监管体系逐步细化、完善,逐步从细分业务层面明确第三方支付企业权责界限;支付牌照持续发放,截至2013年3月底,中国获牌企业数量增至223家,确立第三方支付企业法律地位,并明确划分业务空间。政策环境的完善推动了行业健康平稳发展和企业良性竞争。

第二,市场空间。银行卡规模持续增长推动了非现金支付用户习惯的培养和非现金支付受理业务的增量;社会零售市场,尤其是零售市场电商化的不断深化,为第三方支付行业的发展奠定了基础。

第三,用户基础。网民与移动网民规模的快速增长为互联网支付和移动支付行业的发展构建了坚实的用户基础。

第四,产业结构。经过十多年的发展,中国第三方支付行业已形成较完备的产业链结构,支付渠道、支付介质以及支付应用呈现多元化发展趋势。但从企业布局来看,不论是地域分布还是企业市场份额分布均表现出较高的集中度,第三方支付企业集中分布在北上广等经济较发达地区;而以银联、支付宝为代表的集团企业更具优势。

从第三方支付的细分市场来进行分析,2012年中国第三方支付行业交易规模突破十万亿大关,达12.9万亿元。其中,线下收单市场占比最高,为68.8%;其次为互联网支付,占比28.3%;移动支付市场尚处于起步阶段。

第一,线下收单市场。线下收单市场交易规模包含通过POS机刷卡和线下自助终端进行的银行卡交易总额。

2012年中国第三方支付线下收单市场交易总规模达到8.9万亿元(见图11-18),同比增长49.3%,未来市场整体呈现出稳定增长的态势,预计2016年总交易规模将突破35万亿元。从市场结构来看,POS终端占据了绝对优势;然而近年来,以拉卡拉为代表的便利支付终端也取得了快速发展。

图 11-18　2009—2016 年中国第三方线下收单市场交易规模及交易规模结构

未来几年,预计中国线下收单市场中 POS 收单规模占比将出现上升,一方面是源于网购货到 POS 付款规模的扩张以及行业应用的深入拓展;另一方面是由于中国便利支付终端主要应用于个人端用户,其市场拓展难度相对较大,且受限于业务范围,市场增长空间有限。

第二,互联网支付。互联网支付是指客户通过桌式电脑、便携式电脑等设备,依托互联网发起支付指令,实现货币资金转移的行为。

近年来,随着国内网民数的增加和电子商务的高速发展,中国互联网支付市场取得了较为快速的发展。2012 年,中国第三方互联网支付业务交易规模约为 3.66 万亿元(见图 11-19),同比增长 66.0%;2013 年三季度中国第三方互联网支付市场交易规模达 14 205.8 亿元(见图 11-20),环比增速 26.7%。

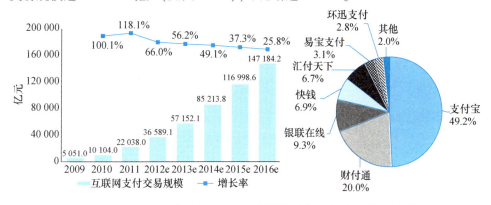

图 11-19　2009—2016 年中国第三方互联网支付市场交易规模及竞争格局

图 11-20　2012 年三季度至 2013 年三季度中国第三方互联网支付业务交易规模及
2013 年三季度中国第三方互联网支付核心企业交易规模市场份额

在传统优势领域,如网购、航空、游戏等细分市场已经趋于饱和,整体行业正逐渐步入稳定增长的成熟发展阶段;但基金、证券、保险等传统金融企业与第三方支付企业的联姻,为互联网支付交易规模的提升注入了新的活力。在余额宝对金融行业的刺激作用下,大批金融机构纷纷与第三方支付企业寻求合作,为第三方互联网支付市场带来了变革力量。一些与金融机构合作密切的第三方支付公司,优势已经开始显现,也为未来企业的发展奠定基础。

从市场格局分布来看,阿里巴巴集团的支付宝已经占据了互联网支付市场的半壁江山,腾讯的财付通占据的市场份额约 20%。

第三,移动支付市场。移动支付是指基于无线通信技术,通过移动终端实现的非语音方式的货币资金的转移及支付。移动支付市场交易规模统计中包括用户购买第三方平台提供的产品和服务的行为,还包括使用移动支付购买实物商品及信息化服务的支付。

据统计数据显示,2012 年中国移动支付市场的交易规模同比增长 89.2%(见图 11-21),达到 1 511.4 亿元;从交易规模结构看,在 2012 年移动互联网市场整体爆发的情况下,移动远程支付占比达 97.4%,正在进入高速成长期,其中移动互联网支付占比达 51.7%,超过了短信支付,而近端支付只占 2.6%。

2013 年二季度,移动远程互联网支付交易规模取得了爆发式增长,季度环比增速达 90.7%;短信支付与上季度基本持平,维持 2% 的环比增速;在近场支付产业链各方的积极推动下,线下近场支付增速达 50%。

图 11-21　2009—2016 年中国第三方移动支付市场交易规模及增长率

推动移动支付行业快速发展的因素主要包括：移动电子商务市场的高速发展为移动支付带来常规性增量；移动支付在便捷性层面的独特优势，提升了用户黏性，以还款、缴费、电信充值为代表的个人业务正在从 PC 端向移动端迅速移动；移动支付产业链各方在移动互联网快速发展和移动支付标准逐步明确的趋势下，积极布局并进行业务试点，进而推动了行业取得高速发展。

从市场格局分布来看，2013 年二季度第三方移动支付市场整体中支付宝以 60.7% 的市场份额位居第一，并在移动互联网支付细分市场中占据 75% 的市场份额。不过，随着各个支付机构对于移动支付的重视，以微信支付为首的其他支付方式将会对支付宝的主导地位形成有力的冲击。

第四，第三方支付的发展趋势。中国第三方支付市场经过十余年的发展已经形成规模，并且成长迅速，但第三方支付自身存在的问题和面临的一系列发展瓶颈因素如盈利模式、恶性竞争、风险控制等也将使其在发展过程中受到越来越多的挑战。

随着行业的进一步发展，第三方支付行业整体发展将有如下趋势：一是借跨境支付，拓展国际市场；二是国内支付下一片蓝海——二三线及农村市场；三是支付大融合，创造业务拓展新空间；四是第三方支付助力传统企业互联网化；五是商业模式转型，从支付到金融。

11.4.3　金融网销

下面探讨一下金融网销的定义、现状以及互联网基金的收益率。

互联网金融营销是指利用电子商务网站庞大的用户群，将金融产品和网络服务深度结合,借助互联网渠道向客户提供金融服务。用户可直接在网上购买包括货币基金在内理财产品,获得相对较高的收益。相对传统金融产品而言,互联网金融产品具有成本低、不限购买门槛等优点。

实际上,基金和券商机构通过互联网销售理财产品的模式早已存在,比如基金公司可以通过自己的网站开展基金销售业务,或者可以选择商业银行或者支付机构从事基金网络销售支付业务。但是,以上模式只是将互联网作为一个销售渠道,本质上只是将线下销售业务移植到线上进行而已。而当前互联网企业大规模进入理财产品的销售业务,在价值理念、商业模式、行为模式等方面与传统的金融机构有着很大的不同。

随着监管机构对于金融创新的鼓励以及互联网企业积极的营销策略,2013年互联网理财产品的销量取得重大突破。

2013年6月13日,支付宝携手天弘基金推出货币基金"余额宝",3个月内规模突破500亿元。根据天弘基金官方数据,截至2013年11月14日15时,该货币基金规模突破1 000亿元,开户数超过2 900万,已成为国内基金史上首只突破千亿关口的基金,也是目前国内规模最大的基金。

2013年10月28日,百度金融首款理财产品"百发"上线,在4个多小时内,销售已超过10亿元,参与购买用户超过12万户,首批创始会员额度已满。三天后,第二款号称年化收益是2012年活期利息收益12倍的产品"百赚"继续热销势头。

2013年"双十一"期间,"易方达聚盈A"基金在淘宝网于11月13日15时按时结束发行,卖出3.39亿元。该基金销售期不足3日,共成交34 887笔,累计收藏近8万次,有效认购户数26 245户,远超2012年以来同类产品的认购户数。

当前互联网金融销售的理财产品主要匹配传统的货币基金。"余额宝"即对接天弘基金公司的天弘增利宝货币基金,百度的"百发"亦对接华夏基金的货币基金产品。与银行的活期存款利率不同,货币基金的收益率明显高得多。衡量货币基金收益率的重要指标是货币基金七日年化收益率。当前,货币基金的七日年化收益率大幅度提高,使得货币基金具有很强的吸引力。货币基金收益率的提高,主要有以下几方面的原因。

第一,在月末、季末、长假将至等因素的叠加下,近期货币市场利率持续走高。

货币基金主要投资于短期货币工具(一般期限在1年以内,平均期限120天),如国债、央行票据、商业票据、银行定期存单、政府短期债券、企业债券(不低于AAA级)等短期有价证券,还可以自身规模20%为限,参与银行间市场回购。上述投资品种的收益水平,与货币市场收益率水平息息相关。近期银行间7日质押式回购加权平均利率(见图11-22)和SHIBOR隔夜利率(见图11-23)均有所上扬,货币基金平均收益率自然随之上涨。

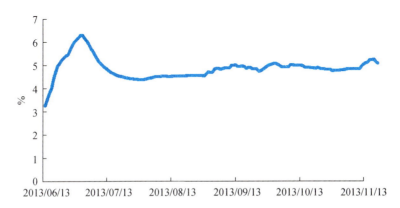

图11-22　2013年6月13日至11月13日"余额宝"7日年化收益率

资料来源:天弘基金官方网站。

图11-23　2013年SHIBOR隔夜利率

资料来源:SHIBOR官方网站。

第二,资金紧张总体利好货币型基金。目前流动性虽有所紧张,但未造在恐慌,利于货币基金投入资金。在 2013 年 6 月下旬流动性紧张时,货币基金遭遇恐慌性赎回,虽然拆借利率提高,但没有钱去投资,因此,虽然资金紧张,但货币基金却未能享受到其实惠。而在当前情况下,央行积极调控,流动性虽有所紧张,但投资者情绪稳定,货币基金总体稳定,可以去投资那些收益率升高的资产,所以收益率亦有所提高。

第三,为了配合中国结构化转型、深化改革的进程,央行在货币市场上始终维持着紧平衡状态,既不令货币环境过于宽松,重燃地方政府、产能过剩行业等的投资热情,也不使资金面骤然收紧,引发区域性、系统性危机。这一紧平衡状态在促进中国经济缓慢转型的同时,也推动利率中枢逐渐上移。由于经济转型和改革的长期性,资金面紧平衡状态仍将持续。可以预计,在未来较长一段时间内,利率中枢都将处于较高水平,而货币基金将因此受益,收益在较长时间内都将处于较高水平。

11.4.4　P2P 贷款

下面探讨一下 P2P 贷款的定义、现状以及互联网基金的收益率。

P2P 网络信贷是指 P2P 公司搭建网络平台,把资金的需求和供给信息直接在互联网上发布并匹配,资金供需双方直接联系,绕过银行、券商等第三方中介,为用户提供直接投融资服务,其本质是一种民间借贷方式。

P2P 贷款是目前互联网金融模式比较完善的一种,2007 年进入中国,目前正在结合中国的特殊国情,逐渐本土化。2012 年多家 P2P 贷款平台连续发生恶性事件,暴露出该行业在本土化进程中的问题。尽管如此,P2P 贷款依然呈现高速发展的态势。

下面我们简要分析中国 P2P 市场的发展现状。

第一,P2P 贷款产业链及流程(见图 11-24)。P2P 贷款的核心理念是最大限度地方便民间资本融通,因此它的运作模式相对简单。从外部看,P2P 贷款平台的运营只有四步,且除了投融资双方和 P2P 贷款平台外,并不涉及第四方的介入。但是由于中国环境的不同,P2P 贷款在本土化的进程中不免要与其他相关方面合作。

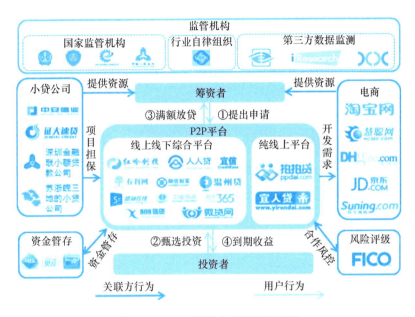

图 11-24　P2P 贷款产业链及流程图

根据 P2P 贷款的运作流程,可以结合中国现阶段的国情,将中国 P2P 贷款分为四个具体的运作模式(见表 11-2)。目前中国 P2P 贷款平台在本土化进程中,很少采取单一模式运营,95% 以上的 P2P 贷款平台都是综合运用以下四种模式的综合型 P2P 贷款平台。

表 11-2　P2P 贷款平台的四种模式

	主要方式	模式优点	模式缺点
传统模式	搭建网站,线上撮合	利于积累数据,品牌独立,借贷双方无地域限制,不触红线,是最正规的 P2P 贷款平台	需要先期培养竞争力,如果没有用户基础,则很难实现盈利
债权转让	搭建网站,线下购买债权,再将债权转售给投资人,赚取价差	平台交易量提升迅速,适合线下	有政策风险,程序繁琐,由于需要地勤人员,因此地域限制不利于展业
担保模式	搭建网站,线上撮合,引入保险公司或小贷公司,为交易双方提供担保	可保障资金较多,适合中国人的投资理念	涉及关联方太多,如果 P2P 贷款平台不够强势,则会失去定价权

(续表)

	主要方式	模式优点	模式缺点
平台模式	搭建网站,与小贷公司达成合作,将多家小贷公司的融资需求引入平台,协助其进行风险审核	成本小,见效快	核心业务已经脱离金融范畴

第二,P2P贷款平台发展现状。据不完全统计,2011年,全国P2P平台大概有50家(见图11-25),到2013年9月末,这个数字已经超过了500家,而截至2014年年末,纳入统计的平台共1 843家,正常运营的有1 456家。网贷行业2012年全年成交量约200亿元,2013年全年总成交量1 058亿元,而2014年P2P发展迅猛,交易总额已突破2 500亿元。与此同时,平安、招行等传统金融机构也开始上线P2P产品。

图11-25　2009—2016年中国P2P贷款公司数量、交易规模及增长率

然而,需要注意的是,一方面,由于2012年P2P贷款行业已经暴露出风险,全行业面临洗牌,劣质的公司将被淘汰,并且新的进入者将会趋于谨慎,因此未来公司规模增速将进一步放缓;另一方面,未来P2P贷款行业或将面临政府加强监管、牌照发放等正规化进程,这将导致全行业野蛮拓展的终结,也会影响从业公司规模的扩张。

综合以上分析,我们认为P2P贷款未来将会有以下发展趋势。

第一,更多行业联盟将会出现。基于国内信用环境和用户投资意识的局限性,P2P贷款行业是"零起步、自生长"的发展路径,一方面要在发展过程中,逐步普及投资知识,培养投资环境,另一方面还要在公司运营的过程中从零起步,完善信用体系。虽然取得了一定的成绩,但随着2012年业内不断有恶性事件传出,也使得P2P贷款的行业生存环境有所恶化。

P2P贷款自2007年登陆中国以后,到2010年就形成了第一个地方性的行业联盟——中国小额信贷联盟,这说明P2P贷款从业者们吸取了以往互联网行业和金融行业的经验,意识到一个开放性强、兼容性强、同业间信息可以自由沟通的环境对行业健康发展的重要性。因此,可以预计2013—2015年间,将会有更多P2P贷款行业联盟和行业自律组织出现,形成针对不同地域、不同贷款行业、不同营运模式的多维度的自监管体系。

第二,政府对P2P贷款行业的监管将会加强,主要分为以下三个方面。

一是行业标准。随着P2P贷款行业联盟和行业自律组织的出现,业内标准逐步趋向统一,并且随着各联盟内企业交易数据的积累,风险控制体系的完善度将会大幅提升。这种变化将会受到政府监管机构的欢迎,工商管理部门、司法机关、网络管理等相关监察机构可以将已有的监控体系与联盟内的普遍共识顺利对接,方便管理。

二是社会征信体系。目前中国唯一的地方性P2P行业联盟正在积极争取与央行的信用体系数据库进行对接,这种积极的态度对于未来中国信用体系建设十分有益。由于现在P2P贷款企业在信用评价环节得不到央行的支持,因此它们所构建的信用评级方法和所收集到的数据也是央行所缺失的。目前,中国人民银行征信中心正在建设企业和个人信用信息基础数据库,相信会对P2P的良好有序发展具有重大推动作用。

三是牌照发放。业务许可是中国金融行业由来已久的运作体系,这种体系在银行脱媒之前对中国金融稳定做出了巨大贡献。未来在面对金融脱媒的背景下,更多非传统的金融机构将会大量涌现,因此金融牌照的类型也应该根据市场情况增加相应的类型。未来P2P网络信贷牌照将成为国家监管的主要手段。

11.4.5 电商小贷

电商小贷是指互联网企业将电子商务平台上积累的客户信用数据和行为数据映射为企业和个人的信用评价,批量发放小额贷款。网络小额信贷将大数据处理和云计算技术结合在一起,从海量数据中挖掘出有用的客户信用等信息,具有"金额小、期限短、纯信用、随借随还"的特点。

电商涉足小额贷款,网络与金融相结合已经成为一种潮流。浙江阿里巴巴小额贷款公司在2010年6月成立,截至2012年9月贷款规模已超260亿元,在2013年年初又推出"三天无理由退息"贷款政策;2012年11月,京东与中国银行合作推出"供应链金融服务";重庆苏宁小额贷款有限公司也正式获得营业执照。另外,慧聪等电商企业与银行合作来提供金融服务,电商将企业运营的平台数据转化为银行认可的信用额度,银行依此来进行贷款。

下面重点介绍一下电商小贷的一个业界案例——阿里小贷。

阿里巴巴作为电子商务领域的领头军,近两年在金融服务领域开展了卓有成效的商业模式创新,其利用庞大的客户资源、海量的交易数据及信息技术手段,实现了微贷业务的"批量化生产","小额金融贷款工厂"模式逐渐成形,成为公司又一收入和利润增长点,这种充分发挥自身的资源和优势进行商业模式创新的实践值得借鉴。

2010年6月,阿里巴巴小额贷款股份有限公司成立,标志着阿里巴巴"电子商务+金融服务"商业模式的建立。2011年6月,重庆阿里巴巴小额贷款股份有限公司成立,成为阿里巴巴第二家小额贷款公司。

阿里巴巴小额贷款主要有两种模式(见表11-3),"阿里巴巴贷款"和"淘宝贷款"分别针对不同的客户类型,采取不同的贷款方式。

表11-3 阿里巴巴小额贷款的两种模式

	淘宝小贷	阿里小贷
平台类型	B2C平台,为淘宝和天猫的客户提供订单贷款和信用贷款	B2B平台,为阿里巴巴上的企业客户提供信用贷款
贷款额度	订单贷款:贷款额度较小,最高设限为100万元,贷款周期30日 信用贷款:最高额度100万元,贷款周期6个月	信用贷款:门槛为5万—100万元,期限为1年
贷款方式	解决燃眉之急的贷款,经审核通过,即打入客户的支付宝账户	循环贷:获取一定额度作为备用金,不取用不收利息,随借随还 固定贷:获贷额度在获贷后一次性发放

(续表)

	淘宝小贷	阿里小贷
盈利方式	利息收入:订单贷款(日利率0.05%),信用贷款(日利率0.06%)	循环贷:日利率0.06%(年利率约合21.9%),用几天算几天,只算单利 固定贷:日利率0.05%(年利率约合18.25%)

阿里巴巴介入金融服务领域,核心优势是其拥有的庞大的客户资源和数据,并能基于云计算平台通过对客户信息的充分分析、挖掘,实现对客户信用水平和还款能力的准确、实时把控。阿里小贷公司建立了多层次微贷风险预警和管理体系(见图11-26),实现了贷款前、中、后三个环节的紧密结合,有效规避和防范了贷款风险。

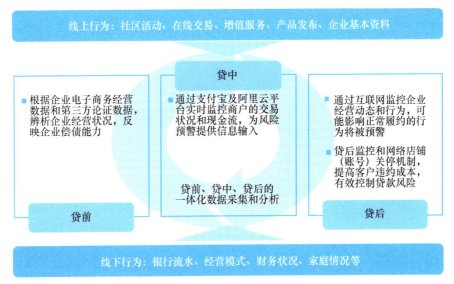

图11-26 多层次微贷款风险预警和管理体系

阿里巴巴金融凭借强大的数据支持,充分发挥成本和效率的优势,使得微贷工厂化的运营模式日趋成熟,极具发展潜力(见图11-27)。从提出申请,到商户收到贷款,整个过程全流程系统化、无纸化,最快只需三分钟。

然而,阿里巴巴小额贷款业务也存在诸多发展瓶颈,还需要在整合产业链方面进一步创新,也尚需等待政策的进一步开放。主要包括以下几个方面。

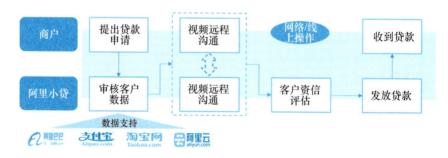

图 11-27 微贷款工厂化的运营模式

一是产业链整合。目前阿里小贷的贷款客户集中于销售和购买端,这种状况是与其电子商务的模式高度匹配的(电子商务只连接商品提供者和购买者,且交易信息可控),未来业务能够考虑拓展至产业链的其他环节,但是因为受制于信息技术平台的搭建,所以目前的模式难以复制到产业链上的其他参与方。

二是贷款资金。贷款资金仅限于注册资本金,向客户发放的贷款只能来源于股东的注册资本金,若公司在银行获得授信,央行规定不超过注册资本金 50% 的部分可以放贷,因为涉嫌非法集资,所以商户和个人消费者的资金理论上阿里巴巴不能发放贷款,浙江和重庆阿里小贷公司的注册资本金达到 16 亿元,相比平台上的庞大客户群,贷款资金来源问题迟早会成为其发展的桎梏。

三是差别待遇。小额贷款公司面临着较为沉重的成本负担,如税收等,然而非金融机构的身份使得小额贷款在所享受政策等方面与金融机构有着较大差别,发展前景也比较模糊。

11.4.6 虚拟货币

下面探讨一下虚拟货币的定义和分类,并重点讨论比特币的运作流程、交易规模和节点分布以及缺陷。

广义上讲,一切非实体的货币都是虚拟货币。随着数字技术的发展,电子货币的出现极大地提升了虚拟货币的重要性以及应用价值。

全球用户对虚拟货币需求提升的原因在于:纵观历史,任何一种货币体系都没能阻挡通货膨胀对社会购买力以及金融系统的毁灭性打击,其主要原因在于货币管理当局对货币价值的操纵。而虚拟货币的出现将竞争机制引入货币体系,这就迫使各国货币管理当局无法任意操纵货币价值,从根源上缓解了通货膨胀发生的人为因素。

虚拟货币带来的影响有:货币信用无国家信用支撑,由于虚拟货币的发行机构是私人企业或根本没有发行机构,因此也不具备国家信用,这对用户广泛的接受和使用造成障碍;稳定性,因为失去了国家信用,所以一种虚拟货币能否被广泛接受完全取决于其购买力的稳定性,波动过大的虚拟货币将失去竞争优势。

虚拟货币主要分为以下三类。

一是次级货币。没有正式货币地位,但却可以参与正常经济生活的虚拟货币。一般通过电子挖掘获得,或与真实货币进行双向兑换。典型代表是比特币、耐特币、Ripple 币。

二是商品货币。通过购买获得的虚拟货币,用以在发行方平台内部使用。类似点卡,只可用真实货币购买,很难反向兑回。典型代表是 Q 币、亚马逊币、各类游戏平台点卡、手机充值卡。

三是道具货币。没有实际货币意义的道具、积分或产品,用以增加用户黏性。通过购买或用户在平台内的使用行为获得,几乎无法兑回。典型代表是游戏货币,如金币、论坛积分、商场积分等。

三类虚拟货币在货币职能方面的对比如图 11-28 所示。

其中,次级货币广为人知的代表比特币的运作流程有以下步骤。

一是获取:比特币的获取过程俗称挖矿。每一个挖矿的节点会形成一个数据块,数据块中所储存的数据是通过散列运算将任意长度的数据变成固定长度的数据串,这个数据串被称为哈希值。通过计算获得的哈希值有可能是已有的交易信息,也有可能是新的比特币。如果确认为是新比特币,即宣告挖矿成功。

二是存储。比特币储存的地方被称为地址。每一个比特币地址大约 33 位长,是由字母和数字构成的一串字符,总是由 1 或者 3 开头。比特币软件可以自动生成地址,生成地址时也不需要联网交换信息,可以离线进行。

三是交易。收款方新建一个地址用以接受比特币,付款方提出一个交易申请。付款方使用收款方的私钥对该申请签名,以保证其他地址无法获取这一组比特币。

四是安全。当一笔交易申请提出后,比特币的交易数据被打包到一个数据块

图 11-28　三类虚拟货币在货币职能方面的对比

并向整个网络广播。一旦另外 6 个数据块确认这笔交易,此交易便不可逆转。由于任何一个节点的数据块都可以确认已有的交易,因此如果想用非法手段更改交易信息,或劫获比特币,就需要对所有节点的数据进行修改,这是不可能完成的任务,所以保证了交易的安全性。

比特币的交易规模和节点分布(见图 11-29)。

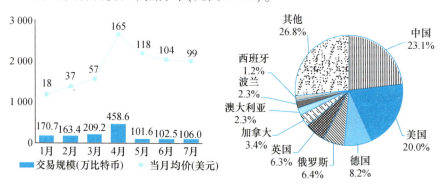

图 11-29　2013 年 1—7 月比特币价格走势及交易规模以及截至 2013 上半年全球比特币节点分布

资料来源:MT. Gox 公开市场数据,企业及专家访谈,根据艾瑞统计预测模型核算及预估数据整理。

2013年1—7月，Mt. Gox比特币交易平台的比特币交易规模高达1 311.9万比特币，其中随着4月比特币创造266美元的新高，交易规模猛增到458.6万比特币，但5月比特币走势平稳，因此交易规模又回复到100万比特币的平均水平。

截至2013年上半年，全球比特币挖矿节点分布中，中国占比23.1%，美国占20%，遥遥领先于其他国家。欧洲地区，德国占比8.2%，俄罗斯6.4%，英国6.3%，其余地区均未超过4%。

比特币作为一个新生事物存在以下缺陷。

一是价值不确定性。虽然比特币是货币体系改革的重要尝试，但其依然没有和实体经济挂钩，因此其价值难以衡量，存在极大不确定性。

二是过度投机。目前存在大量的投机资金对价格进行炒作。这使周边产业火爆异常，如挖矿机、挖矿托管等。但是大量投机资金一旦清盘，不但比特币价值暴跌，周边产业的泡沫也将破裂。

三是法律地位不明。由于比特币直接挑战全球现行的货币体系，因此政府出于国家安全的考虑，势必会对其进行打压，但这并非良策。随着虚拟货币的逐步成熟，法律地位问题有可能妥善解决。

11.4.7 众筹融资

下面探讨一下众筹融资的定义、优势、缺陷及发展趋势。

众筹融资(Crowd Funding)是指利用网络良好的传播性，向网络投资人募集资金的金融模式。在募集资金的同时，达到宣传推广的效果。主要有三种模式：项目众筹、股权众筹、债权众筹。

项目众筹：最原始的众筹方式，团购加预购的结合。通过众筹平台使发起人和支持者对接，完成项目的筹资。一般流程是：项目发起人提出项目申请→平台对所提交项目进行审核→审核通过的项目在网站列出→在筹资期限内进行融资→融资完成。

股权众筹：以股权作为投资标的物，进行融资。涉及大量线下审核过程，与传统风险投资差别不大。存在法律风险。通常附带视频以及具体落地方法的项目最容易得到支持。股权众筹的审核需要工作人员与项目发起人直接沟通，风险控制主要依赖于审核人的个人判断。股权众筹的收费方式是打包收费，并不针对某一服务收费,费率为 0—5%。

债权众筹:因为债权的标准化程度高,因此是项目众筹最简单的衍生模式。存在法律风险。一般流程是:部分众筹网站允许项目发起人自行提出所需资金额度和筹资期限→标准化程度较高、落地较容易的项目审核过程相对简单→成功的项目,众筹公司会收取服务费。目前债权众筹免费。

中国的众筹融资尚处起步阶段,因此多数项目发起人进行众筹融资的目的并不是获得资金,而是推广宣传;而众筹平台也乐于吸纳这些不缺资金的项目,借助项目已有的影响力,提升自己的平台价值,从而达到双赢。

众筹融资的优势主要体现在以下几方面。

一是融资速度快。项目细节完善、可落地性强且创意上佳的项目一旦发布,很容易得到项目支持者认可,融资效率远高于传统金融渠道。

二是增强参与感。相对于传统金融方式来说,众筹模式更加透明,项目支持者能够亲身经历项目完成前的所有流程,增加对项目的认同感。

三是利于宣传推广。由于项目支持者直接使用资金支持,因此缓解了"劣质粉丝"的不利情况。创意好的项目能够迅速借助支持者进行社交网络传播。

众筹融资的缺陷包括以下几点。

一是类似团购。由于项目众筹不涉及资金回报问题,这样的模式闭环已经脱离了金融的范畴,更像是一种团购。

二是法律风险。股权众筹、债权众筹面临巨大的法律风险,有非法集资的嫌疑,所以在中国法律体系完善之前,众筹融资的金融属性很难有所体现。

三是服务缺失。一个项目从诞生到落地需要各个不同领域的支持和补足,尽管众筹可以帮助企业融资,但是融资之后企业仍然需要财务管理、企业运营、技术顾问等其他服务,这是众筹无法全部满足的。

综合以上分析,我们认为众筹融资未来有以下发展趋势。

法规:众筹融资法律法规逐步完善,立法原则将注重消费者保护或颁发众筹融资牌照。

垂直:市场结束跑马圈地的阶段,将按照不同行业进行细分,出现垂直众筹平台。

线上:线上模式能最大限度地发挥互联网的优势,线下活动减少。

11.5 互联网金融领先企业布局规划

互联网正在实现对各行各业的颠覆与重塑,金融则是其中之一。从2012年下半年开始,互联网金融逐渐成为业内最炙手可热的话题。2013年下半年以来,互联网金融更是持续升温,各种形式的创新不断出现,那么其中可能存在泡沫吗?要想认清这些,就要把握一点,即金融要服务于实体,不能成为无本之木。互联网金融的形式可以是多样化而且创新的,但一定还是要嫁接在实体之上。马云提出了"平台、金融、数据",正是因为看到了平台之于金融的基础性作用。

基于这样的逻辑,基于平台并服务于平台内生态的互联网金融将会有更好的发展。只要有足够大的平台就有可能衍生出有效率的互联网金融,银行涉足电商也是此理。因此在这一领域,不管是对于作为新秀的百度,还是已经"蓄谋已久"的阿里,抑或是动作并不太多的腾讯,都面临着极大的机会。表11-4对BAT互联网金融的概况做了一个简单的横向对比,在下文中将会逐一解读。

表11-4 BAT互联网金融横向对比

	阿里巴巴	百度	腾讯
战略切入点	基于交易平台	基于搜索平台	基于社交关系链
战略地位	与电商并列的业务	重要的发展方向	不明确
组织架构	单独金融集团,资源高度集中	各事业部独立开展业务,锁定不同客户群	不明确
发展阶段	互联网金融和传统金融全方位尝试	全面布局浮现,对传统金融尚未深入渗透	更多基于现有业务探索金融方向,整体布局尚不明晰
主要面向对象	小微企业,公众网民	金融客户,小微企业客户,公众网民	公众网民
现有业务布局	阿里小贷"支付宝"(含理财)、担保、保险、基金、金融产品销售	百度小贷、"金融知心"百度理财(含百度钱包)	会员以及游戏的增值服务,财付通(含理财),微信支付(含理财),金融产品销售
强势业务	阿里小贷	基于流量分发的(金融知心)	会员及游戏增值服务

(续表)

	阿里巴巴	百度	腾讯
未来方向	金融全产业链布局	金融全产业链布局	不明确
核心优势	最大的电商交易平台	70%的搜索流量份额；搜索、大数据、云计算技术	强势的社交关系链
竞争最激烈的领域	针对用户个人理财中心的布局		

11.5.1 阿里巴巴

互联网金融热潮的兴起与阿里巴巴有着莫大的关系。2012年9月，马云将阿里巴巴未来的战略重点定义为"平台、金融、数据"，互联网金融时代的序幕拉开。此后，阿里巴巴动作不断，布局新业务、推出新产品、调整组织架构多项工作并行。

目前，阿里金融的布局中既有自身已经渐成气候的互联网金融业务，包括支付宝、阿里小贷等，也有向传统金融领域的尝试与渗透，包括融资担保、资产证券化、互联网保险、基金等。无论是业务的类型还是范围，阿里金融还是始终围绕两条线进行：消费者金融和小微企业金融（见图11-30），其中消费者金融以支付宝为核心，通过与传统金融机构的合作推出具有吸引力的理财产品，改变支付宝单纯的支付工具属性，使其向消费者的理财中心转变，信用支付和余额宝是前期推出的两款重要产品。小微企业金融则以小贷为核心，一方面扩大优质客户的数量，另一方面通过担保、资产证券化、信托乃至银行等业务方向的探索找到适合小微企业更好的融资解决方案。

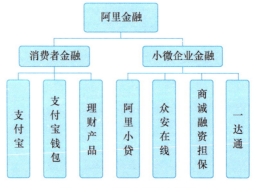

图11-30 阿里金融的分类

基于自身的战略考虑,阿里金融目前的策略就是多业务线尝试,不管是基金、证券、保险,还是银行、信托等,只要有可能都去尝试,一方面是对各个业务的尝试和学习,另一方面是因为只有尝试得多了才能实现更好的组合,从而保证资源搭配的效率。

在百度、阿里和腾讯三家互联网巨头中,阿里金融无疑是走在最前的,这与电商天然地集合了物流、信息流和资金流有关。阿里金融的最大优势就在于依托电商交易平台的海量卖家,一方面这些卖家与阿里电商平台实现了更为深度的绑定,阿里金融可以掌控他们大量的行为数据和交易数据;另一方面阿里金融起步较早,基于自身掌控的大量数据,阿里巴巴已经逐步建设了相对完备的信用评估体系和风险控制模型,这对于信用贷款业务来说无疑是非常核心的。因此,目前阿里金融的最大优势也在于小贷,下面作详细说明。

一是支付宝。支付宝在阿里的金融体系里是起步比较早、发展最好的一个板块。2012年12月为止,支付宝的注册账户已超过了8亿,日交易额最大值超过了200亿元人民币,日交易笔数最高达到1亿零580万笔。EnfoDesk 易观智库数据表明,2012年中国第三方互联网在线支付市场交易规模已达38 039亿元,支付宝占据市场份额的46.6%,占据绝对的领先地位,市场优势短时间内很难撼动。

二是支付宝钱包。伴随着智能手机的普及,移动支付以及线下支付已成热点,市场规模将是互联网支付的数倍,与移动支付相伴而生的个人移动金融服务则具有更广阔的发展空间。作为该布局领域的重点,支付宝把新版手机应用软件"支付宝钱包"将作为独立产品发展,依次推出了条码收银、条码支付、摇摇支付、二维码扫描支付、"悦享拍"、声波支付等移动应用特色服务。这款手机客户端不是简单地将网上支付宝平移到手机终端上,而是能够绑定多张银行卡,能够进行个人账单管理,同时还能够管理优惠券、会员卡、球赛门票、礼券,一定程度上类似于 Passbook,这是"以用户账户为中心"的移动金融应用的雏形。

三是余额宝。2013年6月13日,阿里金融进军互联网理财服务,为支付宝定制了余额增值服务——余额宝。用户通过余额宝不仅能够得到比较高的收益,而且随时可以消费支付和转出,没有任何手续费。在支付宝网站内用户能够直接购买基金等理财产品,获得比较高的收益,而且余额宝内的资金还可以随时用于网上购物、支付宝转账等支付功能。转入余额宝的资金在第二个工作日由基金公司进行份额确认,并开始计算对已确认的份额的收益。余额宝的优势在于转入余额宝的资金不仅可以获得较高的收益,而且可以随时消费支付,灵活便捷。

可以预见,在消费者金融领域,阿里金融将一方面继续向更多支付领域渗透来巩固其在互联网支付中的地位,如基金市场、证券市场等;一方面加快促进移动支付和线下支付的布局,抢占市场先机;另一方面基于现有庞大用户基数和平台业务,推进消费金融的创新。

四是阿里小贷。阿里金融的重要组成部分是小贷和微贷,实施较早。"网上征信系统"借助"诚信通"、"诚信通指数"等服务建立,商家是阿里金融得以运行的基础和根本。阿里小贷提供了两种不同类型的贷款服务:淘宝贷款和阿里巴巴贷款。其中,淘宝贷款主要面向天猫、淘宝以及聚划算的卖家,分为订单贷款和信用贷款;而阿里巴巴贷款主要面向阿里巴巴的会员。由于淘宝、天猫、聚划算商户业务经营全过程均在淘宝平台上实现,其经营状况、信用历史记录等都很详尽,并且系统已经为其自动评价,因此放贷审核、发放可全程在网上完成,而B2B业务放贷的流程中需要实地勘察环节,由阿里金融委托第三方机构在线下执行。

五是众安在线。由阿里巴巴、中国平安和腾讯等联手设立的中国首家网络保险公司——众安在线财产保险有限公司于2013年11月6日正式开业亮相。众安在线财产保险公司的注册资金为10亿元人民币,注册地为上海。众安在线在全国没有任何分支机构,销售和理赔服务完全通过互联网的方式进行。

六是商诚融资担保。2012年9月,商诚融资担保有限公司是由阿里巴巴、淘宝、浙江融信网络技术有限公司三方联合在重庆市合资设立的,注册资金为3亿元。其中,阿里巴巴公司出资2.1亿元,淘宝公司出资6 000万元,融信公司出资3 000万元。该担保公司主要为重庆中小企业贷款和融资提供担保。

七是一达通(投资并购)。阿里巴巴于2010年11月收购了深圳市一达通企业服务有限公司。资料表示,一达通成立于2001年,是国内首家B2B外贸出口服务商,主要业务是通过互联网为中小企业进出口外贸提供通关、运输、保险、码头、外汇、退税、融资、认证等全程服务。

11.5.2 百度

2013年5月,李彦宏在百度联盟峰会上发布了一年一度的趋势观察,力陈互联网将加速淘汰传统产业。同年6月份,百度宣布对组织架构进行调整,首次成立面向消费者收费的"前向收费业务群组"(以往百度的用户产品主要任务就是带流量,百度几乎没有涉足过向网民收费的业务),并把原有的网页搜索部、网页搜索产品市场部、商业运营体系、销售体系组成新的"搜索业务群组",以提升搜索业务的协同效应。

金融无疑是"前向收费业务群组"中的重要方向之一。组织架构调整后,百度在互联网金融领域的发力节奏明显加快,整体布局也逐渐浮出水面。这里面既有传统的金融搜索流量变现,又有以交易为核心的闭环金融体系打造,也许还不乏金融全产业链布局的野心。

7月10日,"百付宝"(已更名为百度钱包)获得了央行颁发的第三方支付牌照,这是百度推出的在线支付服务平台。两个月后,百度推出"百度钱包SDK",切入移动支付领域,主要用于游戏内支付。

8月份,百度低调上线金融频道百度金融测试版。此外,市场上也传言百度正在和不久前完成巨额融资的金融垂直搜索网站融360洽谈深入合作。

9月24日,百度宣布在上海嘉定区设立小额贷款公司,注册资本为2亿元,目前可以提供的贷款额度为3亿元,预期后续将会继续增资。3亿元的资金量不大,但却是百度探索小微企业互联网融资的重要一笔。

10月,百度宣布"百度金融中心—理财平台"即将上线,并且联合华夏基金联合推出首款理财计划"百发"。"百发"其实就是百度版的余额宝,不管是从产品形态还是收益率来看瞄准的都是余额宝。

2013年10月28日,百度金融首款理财产品"百发"上线,在4个多小时内,销售已超过10亿元,参与购买用户超过12万户,首批创始会员额度已满。三天后,第二款号称年化收益是2012年活期利息收益12倍的产品"百赚"继续热销势头。

短短半年的时间里,百度金融可谓是到处落子布棋,连连出手。至此,百度金融的整体布局也逐渐清晰起来。目前百度金融主要有三大服务体系:面向金融客户的流量分发(据悉内部称这一项目为"金融知心")、面向小微企业的百度小贷以及面向互联网用户的"百度理财"。

相比另外两个巨头,百度涉足互联网金融最大的优势自然是搜索和技术,这也使得百度在流量分发的"金融知心"和百度理财两项业务上将具有一定的竞争力。

首先说"金融知心"。搜索是百度的传统项目,百度2013年在知识图谱、知心搜索等方面进行了大量的创新,一些产品也已经面世。越来越个性、智能的强大搜索技术可以实现金融需求和供给的智能化匹配,实现有效的流量分发,这对金融客户来说无疑会非常具有吸引力。

"百度理财"则是面临着机遇与挑战。百度拥有信息的入口,基于对海量用户检索请求的大数据分析,很容易了解理财的热点和网民的需求,因而也更容易有针对性地推出或推广相应的理财产品,这是百度独有的优势。不过,理财是一个交易的闭环,需要以支付工具作为载体,因此第三方支付尤其是移动支付的活跃用户数将非常关键,而这方面目前并不是百度的优势。百度通过"百发"的疯狂推广,主要的目的也是想唤醒足够多用户对百度钱包的注意。

"百度钱包"是百度理财的战略重点,也是百度理财能否成功的关键之一,手握近70%的搜索流量和国内数一数二的移动分发渠道,百度钱包市场份额的拓展还是应该有所期待的。此外,对于理财产品百度毕竟是初入者,金融又是强监管的领域,如何在创新与监管之间、收益与风险之间做好平衡也是百度面临的一大挑战,不过这也是三巨头都会面临的问题。

"百度小贷"的业务模式与阿里相似,依托的是平台上数以百万计的长期广告客户、开发者以及合作伙伴。不过百度对这些企业的绑定和了解的深度不及阿里,业务模式的探索也许还需要一些时间。百度当前需要做的是在业务的推进过程中,将与中小企业的合作关系和信任数据化,搭建一套适合自身的信用评估体系,逐步实现需求的自动化匹配,从而以更快的速度和更低的成本为小微企业提供融资服务。

金融知心、百度小贷、百度理财显示了百度金融布局的三个重要方向:互联网金融流量分发平台、小微企业的互联网融资平台以及互联网用户的个人理财中心。这些业务是从百度的传统优势出发,思考的是如何利用互联网为金融企业和用户服务,其中互联网因素占有很大的成分,承担的也更多的是传统金融领域的补充。

11.5.3 腾讯

在微信5.0整合财付通推出微信支付之后,腾讯互联网金融的呼声很高,其中更是有腾讯申请民营银行这则被否认的消息推波助澜。但在三巨头之中,腾讯的动作其实并不多,金融产品和服务还未成体系。当前,腾讯涉足金融主要是为了两点,自有产品服务的支付以及提高用户黏性。目前,腾讯在互联网金融方面的服务主要有以下几个方面。

一是财付通。腾讯在支付领域主要的产品是财付通,在第三方支付领域仅次于支付宝,占有20%左右的市场份额。财付通和QQ的产品服务是相辅相成的关系:若没有财付通带来便捷的支付,QQ增值类产品服务及游戏业务等也无法迅速成长;同样,若没有QQ傲人的产品,财付通也无法稳居市场老二。

二是微信支付。微信支付是建立在财付通的第三方支付牌照之上的,主要有三个使用场景:微信公众平台的支付、APP支付、二维码扫描支付。微信公众平台的支付与微信将会推出的会员制度有关;APP支付主要用于腾讯自有的两个产品——表情商店和微信游戏;二维码支付实际是在叫板支付宝钱包的二维码支付以及当面付(声波支付)功能。

三是保险业务。2013年11月6日,由阿里巴巴、中国平安和腾讯等联手设立的中国首家网络保险公司——众安在线财产保险有限公司正式开业亮相。此外,财付通联合中民保险网推出保险超市,帮助保险公司卖产品,自己成为一个业务柜台。

四是证券投资。腾讯继收购益盟操盘手、推出腾讯操盘手,成功跻身股票软件行业之后,2013年5月,腾讯财经联合济安金信共同完成并发布了腾安价值100指数,这是中国第一只由网络媒体发布的证券市场指数。

腾讯的模式是通过他人验证然后迅速复制。十分重要的是它会在复制前做好各种考量和准备,否则就无法快速复制并且赶超先行者。例如互联网金融,马化腾虽然一直在考虑之中,但是三马联合、上级考察、指数产品推出、参股民营银行,均有所准备,后劲十足。

11.6　商业银行应对互联网金融的对策

现在互联网金融的持续走热,已经引发了大家对如何实施金融服务的新的思考,概括而言,传统的金融是以金融机构为中心,而互联网金融的涌现已经显示出现代金融有了以用户为中心的趋势。有了对于用户精准的定位,金融产品的营销才能够一步到位。不夸张地说,银行之所以在互联网金融兴起的时候慢了半拍,与缺乏详尽的网络客户群体和相应的消费数据有着很大的关系。如何能够在互联网金融这块越来越大的蛋糕中分一杯羹,并且改变被动的地位,银行的对策可以集中体现为"发挥优势,取长补短",即两种模式:合作模式与差异化竞争模式。

11.6.1　积极与互联网企业进行合作

互联网金融需要快速发展,离不开的是客户基础。阿里集团之所以忌惮腾讯的发展,无非是因为后者有着不可比拟的客户端优势,腾讯相关产业的发展,也都是基于这一优点而迅速扩大规模。许多互联网企业已经有了很好的客户端基础,这为金融服务的开展已经奠定了一定的基础。随着民营银行创立资质的放开,传统的银行能够利用的互联网企业的合作资源也会越来越少,现在正是利用自己金融品牌的良好时机,找到适合的合作伙伴,用来弥补自己在各种网络终端的劣势,免除一些不必要的技术成本和开发支出。

以"P2P"这个典型的互联网金融创新模式为例,P2P贷款的核心就是利用互联网几亿用户之间的信息不对称,使用户之间相互对接,将这种信息不对称大大缩小,从而减少交易成本,提高资金流动的速度。人人贷等公司利用信息的不对称实现了在俱乐部成员之间的互相借贷;"阿里小贷模式"采用和传统银行的做法完全不同的自动放贷机制也是利用了自己的信息优势。淘宝商户所有的行为构成了本身风险的定价,根据风险定价,给它授信额度,可以随时贷款、随时还息,最终形成一个动态的风险定价过程。这些互联网企业全部都是依托自己的客户端提供的信息优势而吸引了传统商业银行忽略的小众团体,不需要繁复的手续和复杂的申请程序,自己也不需要大费周章进行细致的考核和审查。

现在各大金融机构与互联网企业的例子不胜枚举,这也是时下商业银行参与到互联网金融大潮中的主要选择。以最近大热的百度的"百发"理财计划为例,百度也已经开始利用自身的客户端优势来扩展相关的业务,而百度之前推出的"百付宝"就是与银联合作的第三方支付工具。在电子支付领域,百付宝凭借自身领先的技术优势和百度自身的品牌,很快就赢得了商业银行的高度认同,截至目前,已与中国工商银行、招商银行、中国农业银行、中国建设银行、中信银行、中国银联等建立了战略合作伙伴关系。这些银行虽然也许不能够通过此平台实现很高的收益,但是在"支付脱媒"普遍存在的情形下,不断拓宽各种服务渠道也是可取的防守措施。广发银行已经将较传统的"电子银行部"更名升级为"网络金融部",新部门将致力于推动基于互联网技术和领域的"广发云营销",并联手阿里巴巴打造网上营业厅。新的网络金融部除了涵盖原有的电子银行部业务外,将加大对互联网金融的投入,这包括与阿里巴巴联手推出网上营业厅,尝试和国内其他一些第三方支付平台展开合作等。这些举措也都充分体现了商业银行在传统业务遭到打击的同时进行反击的决心。

除了广发,多家银行已在互联网金融上有实质性动作。早在2012年,光大银行就在淘宝上尝试建立了网上营业厅并售卖"定存宝"产品,开了定存触网的先河。建行则在2012年6月份推出"善融商务"平台,成为银行做电商的先行者。

11.6.2 利用商业银行传统优势,发展结构化理财产品

阿里集团余额宝在推出后便吸引了大量的资金,这是互联网企业与商业银行业务直面竞争的最好例子,这种互联网创新模式在金融发达的美国早就已经屡见不鲜,而美国的相关金融产品的后续发展也给本书制定策略提供了前车之鉴。

美国的贝宝(Paypal)公司早在1999年就设立了利用账户余额的货币市场基金。用户只需简单地进行设置,存放在贝宝支付账户中原本不计利息的余额就将自动转入货币市场基金,0.01美元起申购,余额宝的运营方式与其如出一辙。2007年,贝宝货币基金的规模曾一度达到巅峰的10亿美元,并且当时也有了不错的市场反响与口碑。但在2008年金融危机过后,美国货币市场基金收益水平逐渐降至0.04%,不足2007年高峰时(5%)的1/10。在这种情形下,贝宝货币基金的

收益优势就逐步丧失,规模不断缩水,在2011年7月,贝宝只好将该货币基金清盘。从"美国余额宝"失败的例子中就可以看到,这类互联网金融产品的失败之处就在于它们的宣传着重高收益,用户往往忽略了它们内含的高风险。

中国商业银行在信用领域就有着先天的优势,中国的国情特殊,虽然在逐渐经历"股份制改革"、"利率市场化"等过程,但是商业银行依然有着政府的信用支持,在推出类似的理财产品时,信用无疑是一张很好的王牌。另外,互联网企业的金融产品虽然在逐步发展,但是一些弱点也方便了商业银行进行对抗。例如,工商银行推出的"现金宝"业务就很好地发挥了传统商业银行的优势,同样的高收益削弱了余额宝的竞争力度,并且利用庞大的现金流推出了"T+0"存取的业务,一改客户的"银行利率跑不过物价上涨"印象。信用的保障既稳定了本来的客户群,又盘活了客户的资金,"T+0"快速取现更是直接让该理财产品有了差异化的优势。另外,余额宝的功能更加注重于便捷的网络消费,而现金宝则更注重于强大的投资功能。

利用互联网金融的机遇改进自身业务、直面竞争的另一例子是广发银行,广发银行通过将广发基金"钱袋子"与信用卡相挂钩,推出钱袋子关联信用卡自动还款的业务。该服务一方面省去了人工还款信用卡的精力,另一方面也让闲置资金获得4—12倍于活期利率的大幅收益。数据显示,2012年中国个人活期储蓄余额约16万亿元。如果将这些储蓄全部购买年收益率4%的货币基金并持有一年,将为个人储户带来约5 800亿元的收入,远高于活期储蓄。但鉴于随时使用及传统理财观念等因素,人们往往将几百、几千元的资金视为闲钱或零用钱,并不投资于理财市场。这次通过将广发基金钱袋子与广发银行信用卡进行绑定,持卡人预留的原本为信用卡还款、只能用于活期存款的资金,就可以在货币基金的投资下,享受4—12倍于活期利率的收益。同时,只要钱袋子的可用余额充足(余额大于当月账单),系统每月都会在消费者的基金账户中进行相应份额的基金赎回,无须任何人工操作便可实现自动还款,省去消费者每月还款的精力。并且,系统还款同时自动触发的通知短信,使持卡人能够随时掌握自己的卡片信息。钱袋子基金赎回最快仅需1分钟到账,具有相当于活期账户的高流动性。

这些都是由商行支持的理财产品的长处,只要学会扬长避短,互联网金融给银行带来的冲击仍然可以被转化成为推动力,促进着商业银行的全面转型。

11.6.3 重点发展小微企业和零售业务

互联网金融对银行的公司业务、零售业务、资金业务、小微企业业务、投行业务等都会造成巨大的影响。一直以来,民生银行的战略重点是小微企业业务,零售业务和小微企业这些年来在其业务的占比提高较快,并给民生银行带来了可观的回报,为其建立了良好的社会形象。然而,其他大中型银行和金融机构也逐渐把目光转向小微企业,小微企业业务竞争加剧,特别是只依靠客户经理一对一的营销模式已明显不能适应小微企业批量业务的发展和风险控制,其投入的成本会逐渐升高。所以,在继续完善原有小微企业信贷模式的同时,需要另辟蹊径,以全新的视野把握网络市场发展的规律,探索利用搜索引擎、社交网络和云计算进行信息处理,从网络和数据着手开辟小微企业信贷的新模式,构建可靠实用的信用审核体系,利用互联网IT技术来全方位地完成,从事前的信息采集处理、事中的授信放贷到事后的监督还款等,使小微企业业务不仅在数量上而且在质量上都成为民生银行有竞争力的核心业务。

在零售业务上国有银行和一些大中型股份制银行具有很强的优势,它们不仅有历史形成的广泛客户基础,而且在电子银行上形成了特色,对客户有很强的吸引力。在激烈的市场竞争中,中小商业银行要想使零售业务有更出彩的发展,一方面,从市场实际出发来进一步理清市场定位,业务重心可适当下移,面向社区,面向乡镇,面向中低收入群体,面向未来客户,并且以此建立扎实的零售业务基础;另一方面,努力跟进并赶上国内外零售业务的新模式、新技术,利用互联网和IT技术使自身的零售业电子银行业务水平快速提高,并且审时度势,为客户提供灵活多样的产品和便利快捷的服务,要抓住已形成特色并且有良好市场前景的互联网金融产品,迅速推广,达到批量优势。

第 12 章　结　语

商业银行一直在中国的金融市场中扮演着重要的角色,伴随着新局面的打开,金融脱媒的出现也增加了商业银行维持以前竞争地位的难度。本书主要研究了日益融入全球化金融市场竞争的中国商业银行,在金融脱媒时代已加速来临的环境中,应该怎样加快变革创新步伐,重新塑造经营管理体系,拓展新兴业务,以更强的竞争力迎接市场经营环境的剧变。

从第5章对金融脱媒给商业银行带来的危机的探讨中,可以看到随着金融信息技术的发展、金融工具的创新以及政府改革措施的进一步深化,中国的金融脱媒大体上将从资产、负债以及结算这三方面同时推进,具体体现在直接融资规模的扩张、企业融资渠道的多元化、居民投资理念的变化以及市场融资工具的层出不穷几个方面。

第一,直接融资的迅速发展。这可以从多方面进行印证,最明显的便是在社会融资结构中,传统的人民币贷款的增长速度与社会融资总量的增长已经开始分化,融资手段逐步多元化,并且从显示数据可以看到,直接融资市场也在迅猛发展。

第二,企业融资渠道的多元化。它从需求角度解释了金融脱媒的出现,在对企业融资结构的进行分类分析时,尽管不同规模的企业对融资需求手段有着迥异的偏好,但是整体而言,通过商业银行的间接融资已经不再是唯一的选择。

第三,居民投资理念的变化。伴随着经济水平的提高,在通货膨胀与经济增长的双重作用下,银行储蓄的低收益率已经无法满足社会的投资需求,这就导致需求端的疲软,居民资产已经被更多地配置在证券、基金、保险等金融资产上,特别是金融机构主动发行的理财产品也成为居民资产配置的一个新渠道。

第四,市场融资工具的层出不穷。这是中国金融市场趋于完善化的表现,虽然商业银行在中国金融领域的地位仍然不可撼动,但是随着权力的下放,它们也面临着越来越多的非银行金融机构的直接竞争,尤其是在融资方信用风险较高的情况下,如雨后春笋般出现的新型融资工具分流了大量的传统贷款。

为了探究金融脱媒出现的原因,本书做出了诸多研究工作。

首先,"信贷管制与金融脱媒"这一章总结指出,除了表面的市场不断发展催生了融资格局的改变,政府的管制也起到了不可忽视的作用。为了应对政府的严格监管同时保证高收益增长,商业银行普遍采取了主动将贷款分流的手段,典型的后果就是催生了大量的"影子银行",这些银行资产负债格局的改变带来了"抑制脱媒"的后果,剔除这些商业银行的主动出击手段造成的影响后,才是商业银行真正遭遇到的"金融脱媒之殇"。

其次,本书对不同规模企业的融资手段偏好的研究侧面印证了这一观点。对于商业银行的主要客户——大型企业而言,最偏好且最主要的融资方式依然是信贷融资,大型企业不存在严重的金融脱媒情况。相对而言,中小型企业的融资手段偏好改变更能体现脱媒的存在,模型显示中型企业更偏好内源融资和债权融资,本书认为,这主要归结为商业银行对中小型企业存在规模歧视与所有制歧视。并且目前诸多大企业自身的盈余状况较差,一旦盈利能力上升,大企业便可以利用得天独厚的信用优势,推行"主动脱媒",开始使用内源融资或其他成本较低的直接融资手段。但中小企业由于调查成本高,盈利不稳定等原因,只能放弃信贷融资,选择成本较低的融资渠道。短资长用、借新还旧都是由于中小企业的艰难处境催生的结果。

再次,从商业银行本身来看,"抑制脱媒"的影响也已经深入到了业务格局。最典型的变化就是银行大量理财产品对传统的存款造成了分流,理财产品余额爆发式增长。银行理财产品与以贷款形态在金融市场中融通的一般存款的主要差异在于,理财产品的存款创造能力要弱于一般存款转化成为的贷款,发行理财产品的环节只是将存款转存账户,目前中国的经济在上行阶段,信贷需求的扩张趋势仍然能够维持银行现行的盈利模式,一旦经济下行,由于惯性,这类盈利模式会造成存款的外溢,侵蚀传统信贷的资金流,一般存款的利息率也已经被迫理财产品化,可见银行的资产配置变化无疑导致了更高的风险。本书对利率市场化下不同银行的利息收入变化进行比较后发现,一般存款不断被理财产品替代的过程中,商业银行将会面临越来越高的利息成本。所以,一味地依赖于理财产品带来的收益是不可持续的,利息成本的增长无法避免,在无法维持低利息成本时,应当主动通过将贷款目标转移到风险相对更高的企业以提升利息收入,保证一般存款与理财产品之间的差异。当然,这要求商业银行有更多的风险意识与防范措施。

最后,在对不同国家进行金融脱媒现象比较的时候我们发现,相比美国、西欧等地区的脱媒进程,中国的金融脱媒的出现更加迂回与复杂,这与中国经济体制的特殊性密不可分,这也更加要求中国商业银行在借鉴外国经验时,需要灵活变动,因地制宜。

然而,机遇与挑战并存,金融领域的深化与发展都给商业银行提供了新的平台与推行新型业务的条件,适应金融业创新趋势的必然选择是监管理念的变化。银行以盈利为目标,任何限制性的政策都可以被银行绕开,最后反而造成风险的积累。监管部分通过"开正道",可以便于监管和规范,银行的业务领域只会不断地扩大。

结合上文的分析,本书在后文对商业银行如何针对金融脱媒这一挑战进行合理应对与转型给出了一些有效的建议,主要分为优化商业银行传统资产负债业务、深化商业银行金融、商业银行资产证券化、大力发展金融衍生品与结构化理财产品、互联网金融背景五个部分。

其中,在优化商业银行传统资产负债业务中,供应链金融是解决中小企业融资难的有效手段,它以信息流、资金流、物流为背景,银行能够在此模式中扮演平台、中介的角色;大额可转让存单的管制的逐步放开也给银行的资金链注入了新的流动性。

在深化商业银行金融方面,新型的债务融资工具的推出能够让商业银行积极加入直接融资市场的竞争,而中国并购市场的快速发展大大方便了商业银行开展并购业务;信用交易的广泛也增加了银行资金的流向,银行资金能够顺利地通过融资融券业务的推行进入股市,进而沟通资本市场与货币市场,有效地释放金融市场风险;金融创新的主要方向则是推行类似股债结合的新型金融创新产品。

在资产证券化部分,"大资管时代"的来临给商业银行推行资产证券化提供了相应的条件。2013 年 9 月 26 日,中信银行获首批理财资产管理业务试点资格。2013 年 10 月,中国工商银行理财管理计划推行,银行凭借客户及信誉优势,理财业务增长很快,并且银行系基金和信托公司依托母行渠道也实现了较快发展。从这个趋势看来,银行今后可以自为通道,在资产管理行业中占据竞争地位。商业银行混业经营脚步加快,资产管理市场大幅扩容,这些都允许商业银行找到新的盈利增长点。

对于金融衍生品和结构性理财产品的发展,目前商业银行已经做了很大的努力,成效也比较显著,这类金融产品能够有效避险,拓展金融机构的盈利渠道以及推动金融监管的提升,因此依然是商业银行的重要战略领地。

现在互联网金融持续走热,传统的金融是以金融机构为中心,而互联网金融的涌现已经显示出现代金融有了以用户为中心的趋势。如何能够在互联网金融这块越来越大的蛋糕中分一杯羹,并且改变被动的地位,银行的对策可以集中体现为"发挥优势,取长补短",即合作模式与差异化竞争模式并存。

总而言之,商业银行的转型已经势在必行,这需要银行本身认清局势,转变传统的思路,控制风险,利用机遇,注重金融产品的质量并发挥自身的优势,才能够在利率市场化的进程中稳扎稳打,守住自己的优势地位。